广东开放大学
信息化应用案例集

宋 波　曾祥跃　吴刚汉◎编

中山大学出版社
SUN YAT-SEN UNIVERSITY PRESS

·广州·

图书在版编目（CIP）数据

广东开放大学信息化应用案例集/宋波，曾祥跃，吴刚汉编. —广州：中山大学出版社，2023.7

ISBN 978 - 7 - 306 - 07845 - 2

Ⅰ. ①广…　Ⅱ. ①宋…②曾…③吴…　Ⅲ. ①开放大学—网络教学—教案（教育）—广东　Ⅳ. ①G724.82

中国国家版本馆 CIP 数据核字（2023）第 120313 号

GUANGDONGKAIFANGDAXUE XINXIHUA YINGYONG ANLI JI

出　版　人：王天琪

策划编辑：赵　冉

责任编辑：陈　莹

封面设计：曾　婷

责任校对：梁锐萍

责任技编：靳晓虹

出版发行：中山大学出版社

电　　话：编辑部 020 - 84111997，84110283，84113349

　　　　　发行部 020 - 84111998，84111981，84111160

地　　址：广州市新港西路 135 号

邮　　编：510275　　　　　传　　真：020 - 84036565

网　　址：http：//www. zsup. com. cn　E-mail：zdcbs@ mail. sysu. edu. cn

印　刷　者：广东虎彩云印刷有限公司

规　　格：787mm×1092mm　1/16　20.75 印张　406 千字

版次印次：2023 年 7 月第 1 版　　2023 年 7 月第 1 次印刷

定　　价：68.00 元

前　言

　　开放大学以信息技术立校，推进信息化应用是开放大学的核心工作。2020 年 8 月，教育部印发《国家开放大学综合改革方案》，提出要加快建设服务全民终身学习的在线教育平台，构建纵向贯通、横向融通的学习网络，支撑信息技术与教育教学的深度融合，促进开放教育的数字化、智能化、终身化、融合化，提高教育现代化水平。这充分体现了信息技术在开放大学中的重要地位和作用。

　　为总结广东开放大学体系信息化应用成果，表彰信息化应用先进个人，2020 年 10 月，广东开放大学启动了首届信息化应用先进个人评选工作。信息化应用先进个人评选分省校和市县开放大学两组，每组分为信息化教学、信息化管理与信息化服务三种类型。经过个人申报、市县开放大学初审，省校组织国内教育信息化专家进行评审，于 2021 年 2 月评选出信息化应用先进个人 77 人，其中信息化教学方向的先进个人 31 人，信息化管理方向的先进个人 24 人，信息化服务方向的先进个人 22 人。本次信息化应用先进个人评选，彰显了广东开放大学体系在信息化应用方面所取得的成绩。

　　在首届广东开放大学信息化应用先进个人评选活动中，我们发现了很多值得推广与借鉴的经验做法。为了进一步总结和宣传信息化应用成果，我们于 2021 年 4 月面向信息化应用先进个人及所在单位，组织征集了信息化应用案例，经过整理汇编，编印成了《广东开放大学信息化应用案例集》。在此，我们要感谢提供信息化应用案例的单位与个人，希望通过相互借鉴，共同推动广东开放大学体系信息化应用再上新台阶。同时，还要感谢广东开放大学信息化建设部何志斌、姜楠、赵凤梅、傅龙、杨涛、黎剑峰老师，以及惠东开放大学詹斌老师为本案例集的收集与整理所付出的努力。

宋　波

2023 年 1 月

目　　录

第一部分　信息化教学篇

第二部分　教学管理篇

第三部分　信息化服务篇

第一部分　信息化教学篇

基于雨课堂的远程教育智慧教学实践

王 杰 赵海霞*

一、背景与问题

（一）信息技术对教育的推进

"互联网＋"时代给高校课程建设、教学互动和教学管理带来了挑战和机遇，信息技术和教育理念的发展给高校教师提出了更高的要求，针对学生学习、教师教学及师生互动、生生互动、"线上＋线下"、混合式教学等新模式进行创新与实践刻不容缓。

目前，智慧教育、智慧校园、智慧教学等新技术、新理念层出不穷。智慧教育就是通过构建技术融合的学习环境，让教师能够施展高效的教学方法，让学习者能够获得适宜的个性化学习服务和美好的发展体验。智慧教学是指在信息技术的支持下，合理地运用教学方法和教学策略，智慧地组织教学活动，完成由知识向智慧的过渡，并通过新兴的智慧教学理念与技术来改革传统教学形态。

（二）开放教育需要智慧教学

对于开放大学而言，开放教育与现代信息技术密不可分，开放教育是以现代信息技术为支撑的教育，利用计算机技术、通信技术和网络技术，搭建开放性信息技术系统平台，构建与现代信息技术条件下在线学习相适应的教学方式，凸显以学习者为中心、基于网络自主学习、远程支持服务与面授相结合的教学特点，推动信息技术与教育教学的深度融合。

---

* 王杰：广东开放大学人工智能学院，副教授。赵海霞：广东开放大学经济管理学院，副教授。

开放教育希望通过引入智慧教学工具，教师能够积极开展智慧教学活动，建设适合远程教育的教学资源与教学模式，全面提升教学效果，使师生互动更为频繁、教师教学更为便捷，让课堂教学动起来，最大限度地释放教与学的能量，推动教学改革，全面实现智慧教学。表1列出了开放教育在新时期的一些教学痛点。

表1　开放教育在新时期的教学痛点

教师教学的痛点	管理者的痛点
1. 学生工作、学习时间有限，工学矛盾突出 2. 学生非全日制学习 3. 师生"时空分离"，教师难以组织教学	多级办学，省校难以接触学生

要解决上述痛点，必须推进教育信息化建设中课堂教学建设与应用，促进教学模式改革，培养学生自主独立的学习能力、教师利用信息化手段开展课堂教学的能力，实现以学生为中心的混合式教学模式，真正体现以人为本的教育理念。

由于远程教育时空分离，师生缺乏交流互动，因此，可以借助信息技术开展"互联网＋"教育，创建信息空间中的虚拟班级，通过云课堂、雨课堂等最新信息技术，师生可以自由交流。远程教育的学生主要是成人，接受在职教育，虚拟班级可以节省学生的时间，因而受到学生的欢迎。

面对智能手机极高的普及率，是"堵"还是"疏"，关键在于我们能否合理地应用智能手机和微信平台等工具。学校可以在不改变教师教学习惯的情况下引入最新的信息化技术，为学校教学改革和教学质量提升提供支持和保障。

二、方法与举措

（一）雨课堂

多年来，笔者结合信息技术的发展与开放大学的发展，一直开展信息化教学应用实践，使用过许多教学平台和信息化教学工具，也开发过一些教学平台和软件。2016年5月，笔者在清华大学参加培训时，首次使用雨课堂，被雨课堂简单易用的特点以及雨课堂能与PPT、微信相结合等功能所吸引，因而开始关注雨课堂、使用雨课堂、推广雨课堂。

雨课堂是清华大学和"学堂在线"共同推出的新型智慧教学解决方案，是教育部在线教育研究中心的最新研究成果，致力于快捷、免费地为所有教学过程提供数据化、智能化的信息支持。从 2016 年起，笔者开始深入学习雨课堂，并在日常教学、教学资源建设、教学模式构建中充分应用雨课堂。

（二）基于雨课堂开展智慧教学

首先，通过使用雨课堂，教师得以利用信息化手段开展课堂教学，提升教学效果。教师可以合理地安排课堂内外的教学活动，教学设计更加开放灵活，从而激发学生学习的自主性。对"课前预习 + 实时课堂 + 课后考卷"智慧教学活动的数据进行采集，可以帮助教师教学从经验主义向数据主义转换，以全周期、全程的量化数据辅助教师判断分析学生学习情况，灵活调整教学进度和教学节奏，做到教学过程可视、可控。

其次，通过雨课堂组建班级，可以将分布在全省各分校的学生组织成一个个虚拟班级（见图 1）；教师可以克服空间、时间的阻隔与学生进行交流，向学生发送课件、试题和复习资料，学生也可以通过雨课堂向教师反馈问题。

图 1　雨课堂虚拟班级

再次，将雨课堂与教学直播等信息技术结合应用。通过云课堂教学直播，可以将云课堂和雨课堂有机结合起来，其中，云课堂负责传送教师教学视频，雨课堂负责传送教学课件和教学信息，两者互为补充，效果非常好。

最后，通过使用智慧教学工具，可实现学校教学信息化与数据可视化（见图2），为学校管理者提供校级、院级和班级等多层级、全方位教学大数据的实时展示和数据分析，建立学校课堂的实时管理系统。

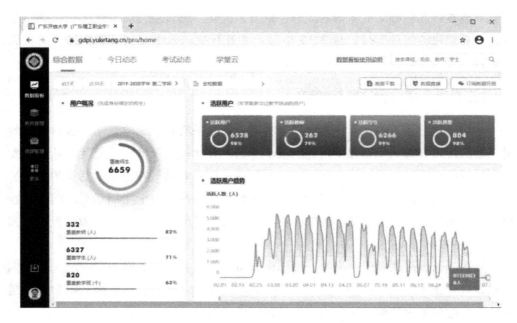

图 2　雨课堂教学数据可视化

三、成效与特色

（一）教师的培训工作

　　从 2017 年开始，我们将雨课堂应用于教学工作并总结雨课堂使用经验，随后又在全省的开放大学中推广使用雨课堂，如在全省开放大学的计算机教学会议、经济管理学院教学会议、创业指导教师培训会议上开展雨课堂专题培训，在梅州开放大学、阳山开放大学开展智慧教学培训，等等。通过培训，雨课堂已经在全省多所分校得到应用，如在惠州、东莞、开平、珠海、江门、中山、雷州、红日、阳山等市县分校取得了良好的使用效果。

　　广东开放大学积极探索基于雨课堂的课堂教学改革，并在全校推广与应用。在教务处的安排下，学校多次对教师进行培训，提高教师的技术水平，做好示范引领作用，为人工智能学院、法律与行政学院、马克思主义学院的教师开展培训，让更多的教师使用雨课堂，培训教师 1400 余人次（见图 3）。

　　此外，广东开放大学将智慧教学经验向全国开放大学推广，先后与山东开放大学、宁夏开放大学、陕西开放大学、国家开放大学计算机专业的教师进行经验分享与交流。2017年，广东开放大学被评为教育部在线教育研究中心"智慧教学试点项目"单位（见图4）。

图3　针对雨课堂的教师培训

图4　广东开放大学被评为教育部在线教育研究中心"2017年智慧教学试点项目"单位

（二）疫情期间积极开展信息化教学

2020年，面对疫情，为落实教育部"停课不停教、停课不停学"的要求，根据学校教务处、信息化处的安排，教学团队成员积极开展信息化培训与进行示范，精心编写了雨课堂 12 个培训案例，培训案例实用性强，方便教师学习和使用。教学团队通过雨课堂为学校教师开展培训，培训教师 400 余名，对教师在使用过程中的问题及时解答（见表 1）。

表 1　雨课堂培训安排

任务	培训内容
任务 1	雨课堂安装
任务 2	开始使用雨课堂上课
任务 3	教学课件微改造
任务 4	雨课堂试卷
任务 5	语音直播
任务 6	雨课堂视频
任务 7	PPT + 语音
任务 8	数据
任务 9	视频直播
任务 10	雨课堂共享桌面
任务 11	教师身份绑定
任务 12	学生身份绑定

自适应学习在综合实践课程教学中的应用案例

——以计算机科学与技术专业综合实践课程教学为例

何康乐*

一、背景与问题

在"互联网＋"教育和自适应学习的背景下，开放大学开展实践教学可以为社会培养现代化的应用型人才，计算机科学与技术专业实践教学体系的建设和完善在培养计算机专业人才方面的促进作用更是体现得淋漓尽致。培养实践能力是开放教育人才培养的重要内容和目标，尤其是构建完善的实践教学体系，这是职业教育的内在要求和关键，更是提升高校核心竞争力的重中之重。实践教学的目标是培养和提升学生对相关技术的应用和实践能力，在教学计划中所占比重很大。在实际教学过程中，实践教学不依附于理论，更不属于理论教学体系，而是与理论并行甚至高于理论的核心组成部分。实践教学的任务是培养学生在掌握并熟练运用理论知识的基础上完成实际专业领域的工作的基本能力和基本技能，并最终服务于职业能力的形成。所以，推进开放教育计算机科学与技术专业实践教学必须从相关职业能力的培养入手进行分析，进而设计出兼具针对性和实用性的实践教学体系。

在实际教学中，计算机科学与技术专业的学生需要提升认知，培养实践和团队协作能力。当然，这些能力的提升不是一朝一夕便能完成的，更不是学好几门课程就可以达成的。该专业的学生不仅必须学习公共基础课程，还要学习计算机理论、高等数学等理论课程和软硬件、网络技术等实践课程，这样才能提升计算机实践专业能力。在实践教学中，应坚持"模块式培养、项目化实现、零距离对接"的教学原则，以就业为目标，以操作技能的养成为导向，充分体现开放教育的职业特性和

---

* 何康乐：珠海市斗门开放大学教学部主任，讲师。

岗位对口性，并以应用性和实践性为原则编制实践课程，使计算机科学与技术专业实践教学的内容更加符合职业资格标准，建设符合计算机技术人才标准的、能够将理论与实践完美有机结合的实践教学体系。

自适应学习源于人工智能的发展，对于与其相关的概念，学术界目前还没有形成统一的认识。从教育资源投入者的角度来说，自适应学习需要面向特定的学习对象，更加贴近受教育者自身的学习能力与风格，为其提供个性化以及个人化的教学内容，从而使不同受教育者的学习需求得到更好的满足。从学习系统或者学习平台的角度来看，自适应学习本质上是一种在线学习，能够满足个性化学习的要求。在学习的过程中，自适应学习系统可以针对学习者的个体差异，提供合适的学习支持，如个性化的学习策略、学习资源以及学习过程等。总的来说，自适应学习有别于传统教学中"一刀切"式的学习方式，其通过计算机和信息技术等，满足学生依据自身学习任务与进度进行学习的需求，通过个性化和个别化的学习来满足不同水平、不同层次学生的学习需要。

作为一种新兴的教育技术，自适应学习技术在教育中受到了越来越多的关注，它对教学效果和学生学习质量的提升有很大的帮助。对自适应学习进行研究，能够帮助我们明确其与开放教育教学相结合的关键所在，从而提升开放教育教学的有效性。计算机科学与技术专业实践教学是开放教育计算机教学工作的重要组成部分，作为计算机理论教学的延续、扩展和深化，更是培养计算机技术应用型人才的核心所在。本案例结合开放教育计算机科学与技术专业实践教学体系发展的现状和存在的问题，分析开放教育计算机科学与技术专业实践教学体系发展的特点，并提出发展开放教育计算机科学与技术专业实践教学体系的举措。

二、方法与举措

（一）主要方法

1. 行动研究法

教学行为的改变不是单纯地靠学术研究就能完成的，它往往是在对照新课程理念、审视教学行为、边实践边研究的过程中逐渐发生、发展的。因此，聚焦课堂、以课堂为载体成为我们主要的研究方法。我们将通过课堂实践、活动讨论聚焦高校计算机科学与技术专业实践教学体系发展的现状和存在的问题，用现代的理念进行审视，提出发展高校计算机科学与技术专业实践教学体系的举措。

2. 文献研究法

采用文献检索手段，从有关论文、期刊等文献中收集相关资料，借鉴他人的经验教训，并结合本校实际找到新的生长点，避免重复和走弯路，为课题研究保驾护航。简言之，即廓清理论，明确概念；掌握动态，探求新路。

3. 逻辑归纳法

在实践过程中总结、探讨该课题的一般教育理论与实践模式等。

4. 个案研究法

本课题的研究是实践研究，它来源于实践，又服务于实践。因此，我们要积累大量的教学个案，从中发现问题并展开分析。在研究过程中，笔者根据在一线课堂的经验积累以及平时听课、评课所得，在研究中有效整合这些教学案例，理论联系实际，避免空洞说教、纸上谈兵，使本课题能够贴近教学实际，反映教学问题，具有一定的现实意义。此外，笔者欲以此指导高校计算机科学与技术专业实践教学体系的实践，从而提升高校计算机科学与技术专业课堂教学的有效性。

5. 经验总结法

收集并整理一系列具有借鉴意义的教学案例，从中提炼出具有指导价值和可操作性的课堂实施模式，以实现其对高校计算机科学与技术专业实践教学的示范和指导作用。

（二）主要举措

1. 自适应综合实践课程教学模式的构建

在自适应教学中，有三个至关重要的环节：一是学习诊断环节，二是综合实践内容动态组织环节，三是综合实践策略环节。因此，自适应开放教育综合实践教学模式的构建也应该从这三个环节入手。

2. 自适应综合实践课程教学系统的结构建设

自适应开放教育综合实践教学系统是开放教育教学应用自适应学习技术的重要平台。在自适应开放教育综合实践教学系统的结构中，应该包含学习层、实践层、支持层以及教学管理层四个层次。

一是学习层的建设。在学习层中，除了要有供学生注册和登录等的基本功能外，还要有与学习诊断相关的功能。学生可以通过系统中的测试来进行认知能力等级、知识水平等级、学习策略偏好、认知风格等的评估。这些数据构成了学生认知模型的初始数据，系统可以通过这些数据完成对学生知识水平、认知能力的诊断。通过自适应引擎，系统可以组建适合当前学生特点的教学课件，对同一知识点，针对不同的学生采用不同的表现形式。同时，通过动态组建学习课件，系统可以组合出适合学生当前学习水平和进度的学习内容，供其学习。此外，学习层还要有呈现教学内容的功能，让学生开展学习活动。在学习过程中，学生可以在系统中自主选择合适的学习策略，而系统也会根据评价的结果向学生推荐学习策略，如向学习能力强的学生推荐协作式学习、探索式学习等更加注重自主学习的策略，向学习能力相对较弱的学生推荐传授式策略。

二是实践层的建设。实践层也就是自适应实践教学层，其能够对学生在学习层中的各种学习活动的综合实践教学做出自动响应。在自适应实践教学层中，智能答疑是一个至关重要的功能。在开放教育教学中，智能答疑系统可以为学生提供必要的指导，帮助学生顺利完成各个阶段的学习。智能答疑系统包括机器答疑以及教师答疑两个组成部分。当学生提出学习疑问，寻求学习帮助时，系统首先进入机器答疑流程，通过知识库自动检索，进行自动应答，满足学生的答疑需求。当系统无法解答学生的疑问，或者学生对自动答疑的结果存在疑问时，系统会向教师进行求助，教师可以通过系统对学生进行在线指导，提供解答。在自适应实践教学层当中，自适应引擎是一个关键的部件，承担着实践内容的动态组织的实现，对学生的请求进行响应，执行自适应规则等功能。

三是支持层的建设。支持层主要由学科问题库、领域知识库、自适应题库以及学习策略库构成。其中，学科问题库存储着学生曾经提过的问题及其解答过程；领域知识库包含教学内容，而教学内容则由众多学习单元构成；自适应题库可以测试学生对各个学习单元的掌握情况，确定其是否完成了现阶段的学习任务；学习策略库能够为学生的学习提供与之相应的学习策略。

四是教学管理层的建设。在自适应开放教育教学系统中，教学管理层承担着支持层数据维护、管理、初始化的职能。一方面，教学管理层需要对教学课程进行管理和维护，包括建立试题库，将教学内容划分成各个认知单元，构建教学策略等；另一方面，教学管理层需要在教学过程中，对学生了解学科知识的程度进行调查，并形成具有针对性的学习建议，同时对学生之间的协作进行管理和协调等。

三、成效与特色

（一）提出计算机科学与技术专业综合实践课程教学模式的方法与策略

一是根据学校实际情况，调查需求，做到与时俱进，持续改进计算机科学与技术专业的教学方法和教学模式。相关教师要认识到开放教育的计算机科学与技术专业和高等职业教育的不同，避免出现职业教育化倾向。此外，还要调查社会的实际需要，制订计算机科学与技术专业人才培养方案，做到科学选择计算机专业教学内容和课程体系。同时，在对计算机科学与技术专业的学生进行实践教学的过程中，要更加注重培养学生的专业实践能力和创新思维。

二是投资建设计算机创新实验室，并通过开展开放实验项目，支持和引导学生进行科研活动。学生在学习计算机相关知识的同时，可以更多地利用课余时间去探索和研究感兴趣的实验内容。这有利于学生认识并掌握科研的基本程序和基本技能，进而提升实践能力。

三是设立科学合理的实践教学培养目标。在教学中，相关教师要根据计算机科学与技术专业实践教学的特点，针对学生的创新意识、操作能力和学习兴趣等方面进行教学，重视教学过程的整体性和系统性，以达到良好的教学效果。

四是加强相关师资队伍的建设。高校要注重引进优秀的师资，提高教师待遇，促进教学模式的创新。这样才能更加科学地建立高校计算机科学与技术专业实践教学体系。

（二）总结对计算机科学与技术专业综合实践课程教学模式发展进行评价的方法

在案例研究过程中，笔者总结出如下四种比较简单、易操作的评价方法。

一是注重个体差异。这是将评价对象——学生自身作为参照点的一种评价方法。

二是科学运用绝对评价法。以教学目标作为客观参照点，在评价时，把评价对象与客观标准进行比较，评价每一位学生的达标程度。在操作时，对不同层次的学生采用不同的客观标准，使学生保持正常的心理状态。

三是相对评价法。相对评价法是指在某一集体（班级）中，以这个集体的平均成绩为参照点，评价每一位学生在这个集体中所处的位置。

四是激励性评价法。该评价方法是捕捉学生在学习活动中的闪光点和成功之处并进行引导式评价，以满足学生的心理需要，调动其创新积极性。

（三）基于学生信息大数据收集模式的自适应学习平台的构建

该类平台主要依托交互式学习系统，对学生的学习信息进行收集，并以学生的历史学习信息为基础，通过大数据分析技术来了解学生学习的特点，形成学生的自画像，在此基础上开发具有针对性的个性化学习服务。其中，Knewton 公司（一家总部位于纽约的网上教育初创企业）的平台就是该类平台的代表。该类型的自适应学习平台将学生作为学习过程的中心，通过对学生相关课程学习信息的收集、分析来完成学习效果评估，并以此为依据研发与更新自适应学习系统，提供学习服务。

（四）以教师为中心的自适应学习平台的构建

该类平台更加关注在教学的过程中教师的角色，使教师可以制定标准以进行课程安排，并在自适应学习系统中调整课程。Smart Sparrow（来自澳大利亚的自适应平台）是其中的代表之一。该类型的自适应学习平台系统在学生学习的过程中，会自动将学生的学习情况实时反馈给教师，使教师能够在教学中对学生的学习情况有较全面的把握，及时了解学生在学习当中遇到的问题和困难，以协助教师进行教学内容的改进，增强教学效果，实现教学目标。Smart Sparrow 支持数百名学生在线上进行学习和互动，对学生的自主学习有很大的帮助。

基于 Wiki 的在线协作式网络实践教学活动实证研究

王 鑫[*]

一、背景与问题

1995 年，沃德·库宁汉姆（Ward Cunningham）创建了世界上第一个以 Wiki 语言建立的网站，即众所周知的维基网。Wiki 是一种基于网络的协同创作工具，所有参与者都可通过网络对 Wiki 页面进行查看、创建、编辑、恢复等操作。出于"教育者热衷于将一切新技术应用于教育"的想法，21 世纪初，人们在教育中开始尝试应用 Wiki，随后 Moodle 等教学平台将 Wiki 嵌入基本功能以供教师使用。关于 Wiki 的研究在 2010 年左右达到高潮，随后由于应用范围和技术等因素限制，研究逐年减少。迄今为止，Wiki 在教育方面的应用主要有以下三种形式。

（一）构建教学社区

由于任何人都可以对 Wiki 内容进行编辑，因此，Wiki 最早被尝试用来构建网上虚拟教学社区，如师生沟通区、常见问题汇总区、经验夹、灵感单、学员间讨论评价等。但是，Wiki 不利于多人同时段进行编辑和修改，因而不支持多人同时在线互动，此类功能现已被界面更加友好、支持大量学员同时在线互动、更加便捷的 BBS、微信、微博等平台，甚至是集合沟通功能的教学平台所取代。

（二）组建知识资料库

教师希望通过 Wiki 的协同学习功能，让学员自发地扩充资源，提供学习及复

＊ 王鑫：广东开放大学机电工程学院，讲师。

习资源库、丰富笔记、补充词条或术语。然而，随着教学配套资源越来越完善，学员对整理笔记的积极性反而越来越下降；加上网络资源越来越丰富及获取更加便捷，创建术语库的意义并不大。此外，部分教师忽略了学员还只是"学员"，尚未具备阅读大量学科文献的实力。因此，该应用方法的利用率也较低。

（三）项目性协作学习

根据知识构架理论和情境认知理论，一部分教师提出在项目任务中使用 Wiki。这是因为教师独自一人很难根据课程设计一个较完整的项目情景，需要学员配合才能完成。学员通过 Wiki 完成小组项目共建，不仅可以实现成员的分工合作，而且可以使教师清楚地看到每位成员的贡献度，有助于教学管理。这种应用形式是在线协作式学习的高级应用方式，有助于提高学员的问题解决能力和培养其团队合作精神。

目前，国内外公开发表的论文显示，对 Wiki 协作式教学活动的研究多止步于教学设计和浅层的案例分析，对应用效果的评价也多为感性分析，极少见到基于实践数据的实证分析研究。因此，本研究尝试通过实证研究的形式，对在多个学期开展 Wiki 协作式教学活动的数据进行采集和分析，以此总结 Wiki 项目协作式网络实践教学活动的应用规律，并提出实践应用的注意事项。

二、方法与举措

（一）实验对象

"服务标准化"课程是广东开放大学标准化工程专业（服务业方向）的必修课，模式以远程教学为主。由于该课程的建设属全国首例，可借鉴的实践教学经验匮乏，因此，如何在远程教育模式下更好地开展实践教学，培养应用型人才是该课程面临的难题。为此，我们在该课程中采用了应用教学策略，基于 Moodle 教学平台的 Wiki 模块，设计在线协作式网络实践教学活动，以任务为驱动引导学员进行服务规范的编写，从而解决实践不足的问题。本研究的实验对象为 6 个学期（A1、A2、B1、B2、C1、C2）的"服务标准化"网络课程中 Wiki 实施情况的数据，选课学员来自广东开放大学系统标准化工程专业的课程注册生和学历注册生。

（二）工具

1. 实施工具：Moodle 平台的 Wiki 模块

教师利用 Wiki 模块可以添加一个网页供所有学员编辑，使学员按指定要求协作完成一个规范的内容编写。该 Wiki 的每个页面的历史版本均会被保存，教师通过"历史"可以查看每位学员的编辑操作。

2. 比较工具：Word 的比较功能

利用 Word 2010 版本的"审阅"模块下的"比较"功能，可对任意两个版本进行比对，并可标记出增加的文字、删除的文字、移动的文字，同时会显示插入的位置数和删除的位置数，笔者据此获得本次实验的数据。

（三）教学设计及实施

本课程采用任务驱动策略，围绕近几年"垃圾分类"这一热门话题来激发学员的兴趣。利用平台的 Wiki 功能，组织主题为"小区垃圾分类处理服务规范接龙"的在线协作式网络实践教学活动，目的是让学员们共同编写一个服务规范，以增强其应用能力和协作能力，从而培养应用型和复合型标准化人才。

为更好地开展本次实践教学活动，活动开展前，教师研究制订实施方案，细化活动规则。随后，教师通过 Moodle 平台的 Wiki 功能创建在线协作式网络实践教学活动，并将设计的相关活动规则放置在相应位置，在规定的时间内将活动开放给全体学员参与。活动进行期间，教师在 Wiki 配套的讨论区回答学员的相关问题，点评学员研制本规范的依据，引导学员进行思考和反思。活动结束后，教师根据学员的参与情况赋予相应分值。

三、研究数据

在 Wiki 协作活动开展了 6 个学期之后，教师对每学期的情况进行汇总，统计总字数变化、每版增加字数、删除字数、插入位置数和删除位置数，并对数据进行分析，以研究学员的参与情况及活动效果。

（一）基本信息

课程教师至今已完成"服务标准化"课程 6 个学期的 Wiki 教学活动（见表1）。有效选课学员共计 294 人，其中 211 人参与了 Wiki 讨论部分，170 人参与了

Wiki 的编辑部分，参与 Wiki 讨论部分的学员占总人数的 71.77%，参与 Wiki 编辑部分的学员占总人数的 57.82%，均少于选课学员数。各学期的学员参与情况均为：参与 Wiki 编辑部分人数少于 Wiki 讨论部分人数，且少于选课学员数，这是因为本次 Wiki 活动主要考核的是学员对知识的综合应用能力，属于布鲁姆认知领域里教育目标的"综合"层次，难度较高，因此，部分学员放弃参与该活动。C2 学期参与 Wiki 活动的学员占总学员数的比例明显低于其他学期，这是因为之前学期的学员以行业在职人员为主，而该学期主要为准备参加专升本考试的专科在读学员，其学习基础较为薄弱且工作经验相对较少，因而选择放弃完成考察综合应用的 Wiki 作业的学员比例较高。

表 1　Wiki 实践基本信息

项目	学期					
	A1	A2	B1	B2	C1	C2
选课人数（人）	57	9	22	32	112	62
参与 Wiki 讨论人数（人）	50	7	19	24	95	16
参与 Wiki 讨论人数占比（%）	87.7	77.8	86.4	75.0	84.8	25.8
参与 Wiki 编辑人数（人）	31	7	19	20	77	16
参与 Wiki 编辑人数占比（%）	54.4	77.8	86.4	62.5	68.8	25.8
有效版本数（版）*	35	8	20	23	82	16
人均编辑次数（次）	1.1	1.1	1.1	1.2	1.1	1.0
最终版本总字数（字）	3773	3529	3301	3072	2017	1949
人均贡献字数（字/人）	121.7	504.1	173.7	153.6	26.2	121.8
平均每版删减字数（字）	212	78	88	127	98	8
平均每版增加字数（字）	317	509	250	258	116	125
平均每版删除位置数（处）	9	4	8	4	2	2
平均每版插入位置数（处）	10	7	9	5	2	5
教师评价（满分为 10 分）	8	9	10	7	5	6

注："＊"表示在统计"有效版本数"时，剔除了网络或系统导致的时间相近、内容相同的重复版本，也剔除了同一学员短时间内连续多次编辑的前期版本，仅统计其相邻的最后版本。

从表 1 可以看出，各学期平均每版增加字数为 116 ～ 509 字，其变动规律与人均贡献字数存在一定关联，但相关度较低，这是由于学员在增加内容的同时也删除了一些内容。从最终版本的效果看，B1学期完成得最好，最终版本已属于完善的"服务规范/标准"；A2学期虽然选课人数较少，但完成效果比较理想；C1学期完成的效果最差，最终版本的格式、内容均达不到要求，与教学目标相差较远。整体而言，前3个学期课程的完成效果较好，后3个学期课程的完成效果较差。

（二）版本总字数

原设想版本总字数应随编辑次数（版本数）的增加而增加，仅每次增加的幅度有所不同。然而实践表明，除A2和C2学期的情况符合设想外，其余4个学期的版本总字数随编辑次数的增加呈波浪状上升，且波动较大，有较多断崖式增加或减少的情况出现（见图1）。究其原因主要有两点：一是优秀学员一次性增加较多内容或大胆删除了大量无关内容，如B1学期第13版删除了第5版添加的参考文献（与内容不符）；二是对活动规则或操作界面不熟悉的学员在添加内容时错误覆盖了之前的所有内容，如有学员在C1学期第21版增加17字的内容时错误删除了之前累积的1432字，在B2学期第2版进行检查时错误删掉了所有内容。此外，存在该问题的还有A1学期第14版、C1学期第30版、C1学期第36版、C1学期第43版和C1学期第8版。同时，受学员错误操作影响的还有教师评价。例如，C1学期Wiki最多字数为第29版的2247字，多于最终版的2017字，其内容也比最终版更为完善，但第30版的误删导致最终版的评价反而不如第29版；B2学期Wiki最多字数为第21版的4277字，远多于最终版的3072字，但第22版删掉了"前言"和"规范性引用文件"部分造成结构缺失，导致教师评价分数降低。

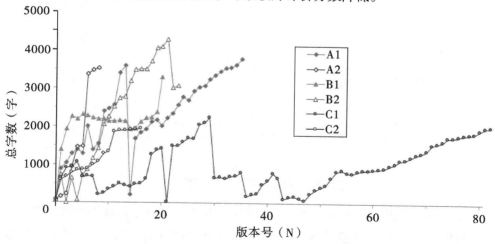

图1 版本总字数变动

（三）增加和删除字数

比较版本之间的字数变动，即研究各版增加和删除的字数。为减少各学期参与 Wiki 编辑人数所造成的视觉差异，本研究将各学期各版本号除以该学期的总版本数（N/n），得到从 0 到 1 的一组区域数据，然后将各学期所有增加字数和删除字数按照数量大小进行排序，得出图 2。如图 2 所示，各学期变动字数整体以（0，0）为起点，以 X 轴为轴心，呈喇叭状分布，各学期增加或删除字数与区间（N/n）之间基本呈类似指数函数的关系。

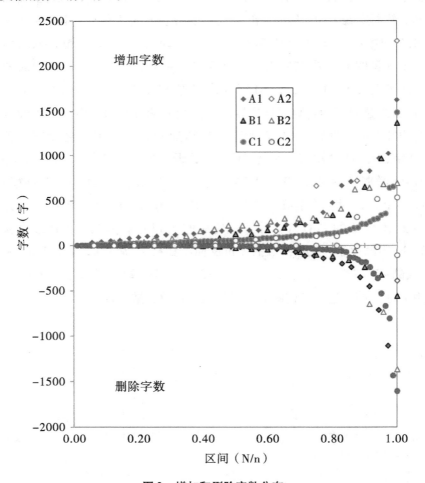

图 2　增加和删除字数分布

从分布可以看出，在 0.00～0.65 区域内，增加字数的变动较为平缓，表明大部分学员编辑的字数在此范围内；在 0.73～1.00 区域内，学员单次增加字数较多，在300字以上，结合修改效果和学员来源分析，分布在该部分的学员多为有行业工作经验且完成作业较为认真的学员；在0.00～0.50区域内，学员的删除字数均为0，随后开始增加，即在Wiki编辑中，只增加内容而不删除内容的学员占总学员的50%；在0.90～1.00区域内，删除字数在450字以上，结合编辑结果分析发现，其中字数删除较多的版本多出现错误操作。

此外，结合单次编辑效果和生源分析，可以看出：当参与学员数较多时，字数变动辐度较为平缓且变动量不大；当参与学员数较少时，增加字数变动辐度较大且相对较多。

（四）插入位置数和删除位置数

修订位置数即学员在上一版的基础上改动（插入或删除）的数量。对Wiki相邻版本的内容进行比对，分别统计各版插入位置数和删除位置数，并汇总6个学期相同修订位置数出现的频次，可得到修订位置的频次图（见图3）。从图3可以看出，只插入1处和只删除0处出现的频次最多，分别占总数的39.1%和41.1%。结合改动字数和编辑效果考虑，此部分编辑行为多为知识运用能力相对不足的学员所做出，其无法从整体对Wiki活动进行编辑，也不具有判断已有内容是否符合要求的能力，而只能选择某一个切入点，扩充相关文字，达到完成作业的目的；修订位置数为1～5处时，改动频次显著递减；修订位置数为6～10处时，改动处于较平稳的波动状态；插入位置数从15处开始、删除位置数从11处开始频次突然减少，

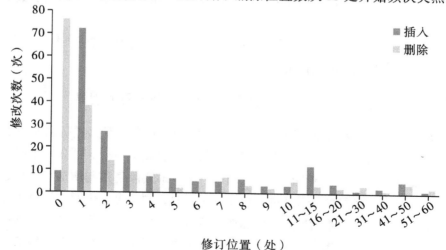

图3　修订位置频次

后段均仅占总数的 7.6%。统计结果表明，各版本的最多插入位置数为 54 处，最多删除位置数为 59 处，编辑内容中过半数是对编号的编辑。实践结果表明，插入位置数和删除位置数均为 4 ～ 10 处，内容质量较为理想，此部分学员编辑的效果较好。

四、成效与特色

经过 6 个学期的实践，可以确定项目协作式 Wiki 活动能有效提高远程教育模式下学员的实践能力。此外，通过对数据进行综合分析，发现以下 7 点 Wiki 实践规律，并由此对教学实践及技术开发提出相应建议。

（一）改动处数比修改字数更有参考价值

从图 2 可以看出，删除字数和增加字数均能体现学员的参与程度。正常情况下，删除字数比增加字数更能体现学员对知识的理解和应用，因为前者要求学员对内容有更强的判断能力。然而在实践中，由于存在学员对 Wiki 界面操作不娴熟，直接用自己增加的内容替换（删除）前一版的所有内容，导致该版删除字数较多的情况，因此，不建议直接将修改字数作为评价学员参与程度的指标。此外，从表 1 可以看出，相对于增加字数和删除字数之间的差距而言，各学期平均每版删除位置数仅略少于甚至等于平均每版增加位置数，差距更小，且相对于改动字数，改动位置数与最终成果教师评价之间的关联性更显著，表明改动位置数比修改字数更有参考价值。

建议：在制定 Wiki 活动的评分规则时，不应将"增加字数"或"改动字数"作为评价学员参与程度的直接指标。

（二）综合考虑改动字数与改动位置信息可揭示一定的规律

将改动字数与改动位置信息结合考虑，可对学员修订情况进行初步判断。例如，当某一版本的删除字数远远多于增加字数，且仅删除一处、插入一处时，则该版本极可能存在学员错误操作的问题；当某一版本的删除字数与增加字数相近，且改动位置数较多，删除位置数和插入位置数相近时，则很可能表明该学员主要对编号进行了编辑；当某版本的增加字数和增加位置数均较多，且删除位置数远远少于增加位置数时，则很可能表明该学员比较细致地进行了全文编辑，并且编辑的效果较好；当某版本的增加字数为 0，删除一处时，通常表明该学员虽然没有编辑 Wiki 的能力，但不愿意放弃该作业的分数，于是随便删除一处，试图蒙混过关，例如

C1 第 13 版中，学员直接删掉了"1.6.1"部分包括序号在内的 58 个字，造成序号及内容衔接错误。

建议：目前，Wiki 活动通常以编辑效果和贡献度作为评价指标，且以教师的主观判断为主要依据，但随着信息化技术的发展及学员人数的增多，未来更需要自动评分功能的助力。建议技术开发人员在编写 Wiki 自动评分规则时，可结合本研究发现的"增加字数""删除字数""插入位置数""删除位置数"之间的规律编制后台算法。

（三）Wiki 活动存在理论人数上限

在对实践数据进行分析前，笔者认为参与 Wiki 活动的学员越多，实施效果越好。然而统计数据显示，最终版本的总字数为 1949 ～ 3773 字，人均贡献字数为 26.2 ～ 504.1 字。当参与学员人数相对较少时，最终版本总字数与 Wiki 编辑人数之间并无明显相关性，即并非参与的人数越多，最终版本的总字数越多；当人数超过一定阈值时，人均贡献字数反而随着参与人数的增加呈下降趋势。该现象与 Antonio Balderas 发现的 Wiki 项目协作式学习中用户贡献度随人数增加而呈可伸缩变化的结论一致。造成该现象的原因是：本次 Wiki 活动理论上最终版本的合理字数应该为 3000 字左右，当编辑次数达到一定程度，内容趋于饱和时，随后参与的学员可增加的内容减少，则平均数被拉低了。此外，随着参与学员人数的增加，错误操作出现的次数增加，"归零"情况频发，这也影响了最终版本的总字数和人均贡献字数。

建议：虽然 Wiki 活动一次可容纳较多学员同时参与，但为了取得较好的教学效果，建议结合 Wiki 教学活动的难易程度和工作量等属性，调整单个 Wiki 活动的人数，如本次研究数据显示 Wiki 活动应控制在 20 ～ 30 人。此外，当课程学员人数较多时，建议采取分组的形式开展活动。

（四）最终效果与学员水平相关度较高

理论上，Wiki 活动最终版本的效果应与参与学员人数紧密相关。然而，通过研究最终版本的效果与学员人数和学员成分的关系可以发现：Wiki 的实践效果与参与学员人数的相关度较低，而与参与学员的整体水平（知识运用能力和实践经验）相关度较高；当学员的整体水平较高时，即使参与人数较少，依然能达到较好的教学效果。

建议：开课前，教师应通过学员基本信息表或调查问卷等了解学员情况，对学员能力水平做出初步判断，根据情况调整 Wiki 活动的难易程度，同时以此作为教师调整跟踪和辅助 Wiki 活动程度的依据。

（五）Wiki 活动具有一定的自我修复能力

经过对版本总字数的研究，可以发现 Wiki 活动具有一定的自我修复能力，即使有学员错误地对 Wiki 的编辑功能进行操作，导致意外删除之前的所有内容，之后参与编辑的学员也会重新添加文字或直接恢复之前的正确版本，使内容回归正确。然而自我修复能力的速度与其后学员的水平密切相关。例如，A1 学期第 15 版和 C1 学期第 22 版均及时恢复了前一版误删的内容，未造成太大损失；C1 学期自编辑第 43 版的学员错误地将从网上复制来的定义替换了之前所有正确内容，其后的学员都在被误导的基础上进行编辑，直到第 48 版的学员重新编写了题目和基本结构后，才从"歧途"上走回"正轨"。

建议：当学员在 Wiki 活动中所展现的自我修复能力不足时，教师应及时出面干预，根据情况重新粘贴模板或恢复成错误出现之前的正确版本，以便尽快恢复正常教学。

（六）模板能对学员起到引导作用

在 6 个学期的实践中，除 C1 学期外，教师均在空白 Wiki 的基础之上设置了模板（含题目、基本框架、提示学员可编辑部分等）；而在 C1 学期，教师未设置模板，尝试让学员自己从无到有完成任务，以检验模板对学员有无引导作用。实验结果显示：在没有模板的情况下，学员"跑题"严重，且并无学员能主动纠正"跑题"情况。于是，在等待学员编写了第 17 版之后，教师看趋势不对，就重新设置了模板作为初始材料，引导后续学员完成 Wiki 活动。结果表明，模板能对学员起到很好的指引作用，可以帮助教师更顺利地达到教学目标。

建议：不要让学员直接在空白 Wiki 上开始编辑，教师需要根据教学目标和实践内容设计模板或基本框架，让学员在此基础上"填空"。此外，建议技术人员在 Wiki 后台开发"模板"功能，使教师能设置基本框架、允许学员编辑某部分内容、不允许学员编辑某部分内容，以防学员不慎修改模板。

（七）学员会多次参与 Wiki 活动

统计结果显示，有效版本数约为参与编辑 Wiki 学员人数的 1.1 倍，即有约 10% 的版本是由于学员隔段时间后再次编辑 Wiki 作业产生的。这是由于在 Wiki 活动中，学员可以不限次数地进行编辑，因此，版本数通常多于参与活动的学员数。"回头看"行为能更进一步激发学员的创意或灵感，提高其应用知识的能力，有利于头脑风暴的形成。

建议：教师不应限制学员参与 Wiki 活动的次数，应鼓励学员"回头看"，并在分数上给予相应的奖励。此外，建议技术开发人员在 Wiki 的"历史记录"或"统计功能"部分增加关于参与次数的统计，并在版本信息部分增加该成员第几次参与的提示。

"管理会计"课程信息化教学创新应用案例

杨水燕*

一、背景与问题

随着现代科技信息技术的发展，智能手机的普及，QQ、微信及其他 App 的广泛使用，移动学习成为不少求学者首选的学习模式。利用移动技术和各种 App，组织实施教学和教学管理活动，改变现有学习模式、学习方法，使移动学习成为开放教育众多模式中一种不可替代的学习方法和途径，是开放教育体系的未来发展方向。

基层开放大学立足于教学一线，利用现代科技信息技术，充分利用和转化上级开放大学的学习资源，探寻一种与移动学习相适应的教学模式，不仅能破解长期困扰开放大学学生的工学矛盾突出的难题，还能打破目前各基层开放大学面临的"面授课到课率低，网上教学学生不参与"的尴尬局面，让教学真正落到实处。

虽然有很多专家、学者在研究移动学习模式，但其立足点都是针对有学习自觉性、学习能力很强的学习者。而基层开放大学的学生因各种原因在没有专人督促和指导的情况下很难开展有效的自主学习，他们的移动学习需要帮助和监督。因此，一些专家、学者研究的移动学习模式在他们看来实用性和操作性不强，所以应用不广。

在长期的教学实践过程中，笔者积极探索适应在职学生不断变化的多元化学习需求的教学模式，探索在更好的移动学习环境下的教学过程的组织实施方法，以改善降低面授课次数后教与学脱节的状况，有效把学生分散在不同 QQ 群、微信群的学习讨论组织起来，并将其纳入开放教育的教学中，将教学落到实处。

基于这样的背景，笔者针对学生目前拥有的学习设备以智能手机为主的情况，探索"QQ 直播 + 布卡互动 App 直播"教学模式，从 2018 年秋季学期起，开始在

---

* 杨水燕：珠海市斗门开放大学教务处，会计讲师。

实践移动学习模式下进行信息化教学尝试。以广东开放大学"管理会计"课程为试点，笔者在 2018 年秋季学期进行以 QQ 直播为主、雨课堂为辅的网络教学；2019 年春季和秋季学期即在对学生进行学习形式需求调查的基础上充分利用现有的 QQ、微信及布卡互动 App，建立学习群，建立微信雨课堂，安装布卡互动 App；在 2020 年春季和秋季学期，进一步完善直播教学设备，不断提高教学效率。经过 5 个学期的课程实践，学生反映学习效果较好。

二、方法与举措

"管理会计"是国家开放大学开放教育专科会计学专业必修课程。

（一）2018 年秋季学期教学应用情况

教学应用对象为广东开放大学"管理会计直播群"，群内学生共有 300 多名。这些学生主要来自广东东莞、惠州、肇庆、中山和珠海等粤港澳大湾区的开放大学。广东开放大学"管理会计"课程由专业教师团队进行直播，粤港澳大湾区开放大学的学生共同上课。教学策略是专业教师开展专题教学，团队中的其他教师负责录课，以在 QQ 群直播的形式上课，专业教师团队共同在网上直播并进行课堂答疑。2018 年秋季学期"管理会计"课程直播教学安排见表 1。

表 1 2018 年秋季学期"管理会计"课程直播教学安排

课次	讲授内容	直播时间			主讲人	主持学校
		日期	星期	具体时间		
1	本量利分析案例（习题）评析	11 月 7 日	星期三	19：30～20：30	杨水燕	斗门开放大学
2	生产决策案例（习题）评析	11 月 28 日	星期三	19：30～20：30	杨水燕	斗门开放大学
3	利润预测	11 月 30 日	星期五	19：30～20：30	林佩珊	中山开放大学
4	净现值法	12 月 6 日	星期四	19：30～20：30	李永霞	三水开放大学
5	内含报酬率法	12 月 13 日	星期四	19：30～20：30	蔡壁洪	广东开放大学
6	标准成本控制	12 月 20 日	星期四	19：30～20：30	杨华兵	肇庆开放大学
如何参加直播课？	1. 加入"管理会计"课程直播 QQ 群 2. 支持台式或笔记本电脑、手机、平板电脑等终端 3. 请浏览群共享关于直播注意事项的文件，积极参加互动					

2018 年秋季学期共开展 6 次专题直播教学，主讲教师分别来自粤港澳大湾区 5 所基层开放大学，参与学生人数超过 300 人。课后，教师将直播课堂录像与学生共享，方便其回看和学习（见图 1 至图 3）。

图 1 "本量利分析——案例习题评析"的主页

图 2 QQ 群直播界面

图 3　直播课程资料分享情况

（二）2019 年春季学期教学应用情况

参与"管理会计"课程网上教学的基层开放大学有 2 所，分别是斗门开放大学和三水开放大学，学生总人数 33 人，其中年龄最小的是 19 岁，年龄最大的是 42 岁，学生的学历起点为中专或者高中。

教师树立"以学习者为中心"的教学理念，适应学生个性化学习需求，建立灵活多样的方法路径以开展网上教学活动。该学期采用"网络直播教学 + 网上讨论教学"相结合的方式。网上教学活动方案设计如下。

1. 网络直播教学

（1）在 QQ 群进行视频直播教学。各校教师根据本校学生情况建立 QQ 群，分别在 QQ 群开展视频直播教学。

（2）在布卡互动 App 进行直播教学。教师下载和安装布卡互动客户端，学生手机安装 App 即可上课。笔者结合学校实际情况，开展小班教学。具体教学安排见表 2 和表 3。

表2　2019年春季学期"管理会计"QQ视频直播教学安排

授课日期	教师	教学专题内容	教学视频时长
3月20日	杨水燕	课程导学指引及课程概论	90分钟
3月31日	杨水燕	成本形态分析及成本核算方法	90分钟
4月2日	杨水燕	本量利分析案例（习题）评析	90分钟
4月9日	杨水燕	经营预测案例（习题）评析	60分钟
5月6日	李永霞	责任会计、管理会计发展趋势	90分钟

表3　2019年春季学期"管理会计"布卡互动App直播教学安排

授课日期	教师	教学专题内容	教学视频时长
4月16日	杨水燕	短期经营决策案例（习题）评析	90分钟
4月30日	杨水燕	生产决策案例（习题）评析	90分钟
5月7日	杨水燕	长期投资决策案例（习题）评析	90分钟
5月14日	杨水燕	标准成本及成本差异计算分析	90分钟
5月21日	杨水燕	课程复习	60分钟

2．网上讨论教学

（1）教师上好开学第一课。在开学的第一课上，教师抓住时机引导学生浏览和了解国家开放大学教学平台网上的资源。

（2）实行任课教师网上值日责任制。周一至周日安排值班教师在网上进行答疑，对学生发表的见解或者提出的问题要及时给予回应，一般回复期限不超过2个工作日，而且要尽可能详细地回答。

（3）根据各校学生的学习情况和课程重难点，定期发布专题讨论主题和进行集中专题讨论。其中，包括定期专题讨论6次，各校集中专题讨论2次，各校自主组织学生参与专题实时讨论2次。

（4）关于期末复习的答疑。根据国家开放大学学习网发布的期末考试复习范围，组织学习，参与对期末复习的答疑，并针对学生期末复习期间遇到的问题进行解答。

以上的网上讨论教学情况统计见表4和表5。

表4　2019 年春季学期师生参与课程专题讨论情况统计

序号	专题内容	组织时间	组织形式	参加人数	发帖总数
1	简述对固定成本、变动成本和混合成本的理解	3 月 1 日至 6 日 30 日	专题	23 人	35
2	举例说明变动成本法与完全成本法的区别	3 月 1 日至 6 日 30 日	专题	30 人	43
3	贡献毛益的相关指标有哪些，如何计算？	3 月 1 日至 6 日 30 日	专题	26 人	22
4	如何应用经营杠杆系数进行企业销售和利润预测？	3 月 1 日至 6 日 30 日	专题	20 人	26
5	现金流入流出量包括什么？净现金流量如何计算？	3 月 1 日至 6 日 30 日	专题	28 人	37
6	简述对责任中心及其考核指标的理解	3 月 1 日至 6 日 30 日	专题	30 人	41

表5　2019 年春季学期基层开放大学组织学生集中专题讨论安排

序号	基层开放大学	主持教师	讨论形式	时间
1	斗门开放大学	杨水燕	专题实时讨论	6 月 18 日
2	三水开放大学	李永霞	专题实时讨论	6 月 19 日
3	斗门开放大学	杨水燕	专题实时讨论	6 月 26 日
4	三水开放大学	李永霞	专题实时讨论	6 月 26 日

（三）2020 年春季学期教学应用情况

斗门开放大学 2018 年秋季会计班结合学校实际情况，开展小班教学，具体按照 2020 年春季学期"管理会计"课程直播教学安排表（见表6）执行。

表6　2020 年春季学期"管理会计"课程直播教学安排

授课日期	直播平台	教学专题内容	教学视频时长（分钟）
3 月 20 日	QQ 直播	课程导学指引及课程概论	90
3 月 31 日	QQ 直播	成本形态分析及成本核算方法	90
4 月 2 日	QQ 直播	本量利分析案例（习题）评析	90
4 月 9 日	QQ 直播	经营预测案例（习题）评析	60

续表6

授课日期	直播平台	教学专题内容	教学视频时长（分钟）
4月16日	布卡互动	短期经营决策案例（习题）评析	90
4月30日	布卡互动	生产决策案例（习题）评析	90
5月7日	布卡互动	长期投资决策案例（习题）评析	90
5月14日	布卡互动	标准成本及成本差异计算分析	90
5月21日	布卡互动	课程复习	60

1. 直播教学具体实施情况

受疫情影响，2020年春季学期"管理会计"课程采用全网直播教学。网络直播课堂共开展9次，每次60～90分钟，其中QQ直播4次，布卡互动App直播5次。网络直播课堂是一种充分利用和扩展互联网的优势，使用视频方法实时将课堂内容发布到互联网，学生利用移动终端和PC终端实时加入课堂、参与课堂交互，课堂结束后，学生可随时点击链接进行课堂的重播、点播的课堂模式。

2. 微学习环境的创建

微学习环境的创建包括课程微视频、微课件的制作及传送，移动学习环境下的练习与考核题库建设及学习操作的便利性设计，等等。教师不断穿梭在文字教材、国家开放大学学习网、学生QQ群、布卡互动App、雨课堂之中，精心加工并设计各种学习资源，向学生提供便于获取、乐于接受的知识碎片；同时，将课程讨论集中在国家开放大学学习网进行。教师做好学生的学习提醒和监督工作，将分散的学生QQ群、学生微信群纳入开放教育轨道，真正将教学落到实处。

3. 学习碎片的推送技术综合运用

这包括QQ视频、QQ群文件、雨课堂、手机App、微信群等。教师结合考核要求加工课本知识点，及时引导学生利用国家开放大学教学平台的学习资源，将系统的课程资源分解成独立、小模块的知识碎片，以微课程视频、PPT课件、练习考核题、知识点讨论题等灵活多样的形式，通过QQ群、微信群等推送给学生。

（四）2020年秋学期教学应用情况

结合学校实际情况，斗门开放大学2019年春季会计班共开展6次面授教学以及3次网上直播教学。

三、成效与特色

通过对 2018 年秋季学期至 2020 年春季学期参与学习的学生人数统计及逐一调查学生意见发现，学生出勤率在 86% 以上，大部分学生比较容易接受移动教学模式，积极配合。从 QQ 直播转到布卡互动 App 直播极其方便，学生只要打开 App 就可以听课，提高了学生学习的灵活性，其中布卡互动 App 直播教学的互动性更强，成效主要体现在以下五方面。

（一）课堂互动更加灵活

在直播课堂中，教师可以通过"答题器"中的"点名"或"随机抽查"功能，活跃课堂气氛，让学生带着问题去听课，学习更有针对性。直播课堂互动截图见图 5。

且学且练

1. 变动成本率和贡献毛益率的关系是（　　）。
   A. 变动成本率大于贡献毛益率
   B. 变动成本率小于贡献毛益率
   C. 变动成本率等于贡献毛益率
   D. 两者相加等于1

2. 保本点的表现形式除了保本销售量，还有（　　）。
   A. 实际销售量　B. 实际销售额　C. 保本销售额　D. 预计销售额

图 4　直播课堂互动

（二）优化课堂教学效果

网络直播教学是一种高度依赖互联网 App 平台的教学模式，可以通过单向、双向或者多向视频系统开展教学活动，及时进行教学反馈，为学生提供终端学习服务和学习体验。在直播课堂中，教师可以通过 PPT 演示、电子白板等开展教学，即时与学生进行互动交流，为学生提供学、测、考、评一体化的教学服务，大大提升了教学效果。直播时的多向视频互动界面见图 5。

图5　多向视频互动界面

（三）提高课后巩固复习的效果

学生可随时点击链接进行课堂内容的重播和点播，提高课后巩固复习的效果。点播界面见图6。

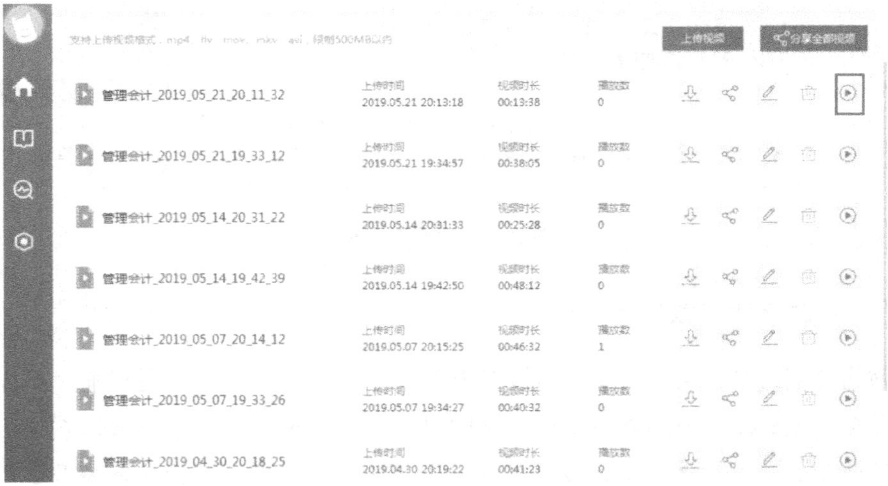

图6　点播界面

（四）组织实时讨论，参与国家开放大学学习网的专题讨论

2019 年春季学期，斗门开放大学与三水开放大学联合进行实时讨论 4 次，参与国家开放大学 6 个专题讨论。斗门开放大学组织实时讨论 2 次，发帖和回帖总数达 310 个，学生参与率达 80% 以上，师生互动情况见图 7。

话题	发起人	回帖	最后回帖	
三水开大长期投资决策专题讨论	gd151802022	45	gd151802022 2019年06月26日 星期三 11:39	•
三水开大管理会计案例讨论	gd151802022	34	陈 2019年06月19日 星期三 17:41	•
"管理会计"19春学期6月18日网上教学活动	gd150901008	12	gd150901008 2019年06月18日 星期二 16:47	☐
斗门开放大学19春学期"管理会计"网上讨论	gd150901008	15	gd150901008 2019年06月26日 星期三 10:22	☐

图 7　师生互动情况

（五）教学成果

1. 一分耕耘，一分收获

2018 年秋季学期，粤港澳大湾区这几所开放大学学生课程通过率达 80%。2019 年春季学期，2018 年春季会计班学生"管理会计"科目考试平均成绩为 84 分，课程通过率达 100%；2019 年秋季学期，2018 年秋季会计班学生"管理会计"科目考试平均成绩为 87 分，教学效果良好。根据学生的网上问卷调查，笔者撰写了调查报告。经过笔者的不断努力和探索，取得了微课、论文等方面的成果，详见表 7。

表 7　教学成果一览

序号	成果名称	完成人姓名	成果形式	微课及论文情况
1	你选对了吗？	杨水燕	微课	广东开放大学课程学习网
2	标准成本的制定	杨水燕	微课	广东开放大学课程学习网
3	成本差异计算分析	杨水燕	微课	广东开放大学课程学习网
4	存货成本控制	杨水燕	微课	广东开放大学课程学习网
5	网络直播课堂在基层开放大学的应用实践	杨水燕 丰壮丽	论文	2019 年 8 月发表于《云南开放大学学报》

2. 获奖情况

（1）2018 年，笔者撰写的论文《关于基层开放大学网络直播课堂教学形式的探索》获得广东开放大学会计专业教师优秀论文评比优秀奖。

（2）2019 年，笔者获得广东开放大学第四届会计专业教学能力大赛二等奖。

（3）2019 年，笔者的作品《"管理会计"网上教学设计与实施总结》在 2019 年国家开放大学广东分部网上教学奖评选活动获得基层组三等奖。

（4）笔者获 2020 年度广东开放大学第五届会计专业在线教学能力大赛三等奖。

（5）2020 年，笔者获得广东省职业教育教案设计大赛一等奖。

无论是 QQ 直播还是布卡互动 App 直播，都需要创新教学设计和特色理念。2018 年秋季学期，粤港澳大湾区部分基层开放大学实行 QQ 直播教学，教师专业团队合作；2019 年春季学期和秋季学期，个别学校联动合作；2020 年春季学期和秋季学期，在疫情期间，笔者进行教学实践，充分发挥粤港澳大湾区专业教师教学团队的力量。笔者希望今后能够发动更多专业教师参与网络直播教学，分享更多的网络直播教学经验，以有效提高专业教学质量。

互联网正在推动教育开放创新，一定会有特别多的实践创新和思想困惑，需要教师在教学中不断探索，这是当前阶段特有的特点，既带来了挑战，也带来了机遇。笔者坚信，在线化、移动化、智能化是未来开放教育发展的重要趋势。

MOOC 与翻转课堂的融合教学

王　旅*

互联网时代的大学课堂不同于传统课堂，不再是黑板加粉笔的模式，智能终端、智能穿戴设备改变了我们的生活，学生可以随时用智能手机获取自己感兴趣的知识，利用搜索引擎检索知识点、解决疑问。互联网时代的知识是共享的、流动的，获取信息变得如此便捷。那么，现在的教师该如何应对时代的挑战，创新教学模式呢？

要使新的学习技术获得持续发展，必须树立有效的教育理念和实现教学方法变革。作为教师，更重要的是引导学生积极开展自主学习，而不是仅把知识传授给学生。教师必须提高信息化教学水平，充分利用互联网技术，精心设计、选择、组织教学内容并开展教学。

一、背景与问题

慕课（massive open online course，MOOC）[①]和翻转课堂是在互联网时代发展起来的新的教学模式。MOOC 极大地改变了传统的课堂授课形式，在实现教育资源共享、扩大受教育面等方面具有巨大的影响力与显著优势。MOOC 具有完全开放性的特点，基础不同的学生可以选修同一课程，由此也导致了 MOOC 的高注册率与低完成率。翻转课堂既打破了传统课堂在时序性上的固化性，也打破了原先只有教师能够掌握足够信息与知识并向学生进行传授的局面。也就是说，学生可以根据自己的情况把握学习进度，并对学习内容进行反省、复习，加深理解，以提升自己的思考能力，使自己对课堂时间的使用更加有效。而教师则可以通过形成性检测及时掌握

*　王旅：湛江开放大学理工教研室主任，副教授。

①　慕课，即大规模开放在线课程，以下统称 MOOC。——编者注

学情，有针对性地给予指导，帮助学生矫正错误，达成学习目标。翻转课堂中老师和学生之间可以及时、有效地互动，通过课中讨论、同伴评价，提高学生的思辨能力。斯坦福大学教授达芙妮·科勒（Daphne Koller）认为，翻转课堂是自欧洲文艺复兴以来教室授课模式之后的重大变革。虽然翻转课堂的价值得到了教育界的认可，但诸多学者认为我国推行翻转教学的效果并不理想。将 MOOC 资源与翻转课堂的优势有机融合，能够优化课堂资源设计，提升教学质量，具有积极的实践意义。

MOOC 与翻转课堂的融合教学是一种网络教学与实体课堂教学结合的新型混合式教学模式。有学者探讨了 MOOC 资源与翻转课堂的结合，并构建了 MOOC 视频替代模式、"MOOC 视频 + 自制视频"模式、二次开发模式等新型翻转课堂教学模式。国内外已有将 MOOC 与翻转课堂结合的案例，比如，美国圣何塞州立大学在传统教学中让学生将 MOOC 课程作为家庭作业来完成，在课内则鼓励学生解决更深层的问题；北京大学在"翻译技术实践"课程中将 MOOC 与翻转课堂相结合，构建了"递进式翻转教学"混合教学模式；浙江大学教育学院在本科生课程"网络与远程教育"中，将 MOOC 融入翻转课堂开展教学，并进行了基于学习日志分析的实证研究。一方面，将 MOOC 中心平台、课程资源、学习支持系统、学生跟踪管理系统等进行本土化加工后融入翻转课堂教学全过程，课前为校内学生提供高效的网络学习平台、学习工具与优质学习资源，便于学生完成新知识的线上学习与训练，课内要求学生参加教师组织的线下活动以完成知识的内化；另一方面，将翻转课堂的个性化学习理念应用于网络教育，促进了 MOOC 由大规模开放在线课程向小规模限制性在线课程（small private online course，SPOC）发展，克服了由 MOOC 的大规模性和完全开放性带来的一系列弊端。MOOC 与翻转课堂的融合是指在对 MOOC 优质教育资源进行加工、整合与充分利用的基础上，创设以学生为中心的个性化学习情境和丰富多样的教学活动，运用体验学习、批判反思、多重交互、自主探究等多样化的学习方式，深化学生对知识的理解与应用，激发学生的创新思维。笔者长期致力于远程开放教育教学模式改革和研究，努力推进教学创新，主持完成的相关项目包括广东远程开放教育科研基金项目"MOOCs 热潮与网络教学创新模式研究"（YJ1415）、"互联网时代的教学创新与深度学习研究"（YJ1732）。MOOC 与翻转课堂的融合教学也在具体的教学过程中得到了很好的应用。

二、方法与举措

以完全在线的 MOOC 课程替代传统课堂的面授教学方式具有明显的不足，

MOOC 与翻转课堂的融合教学则能把两者的优势结合起来，将 MOOC 视频作为翻转课堂的课前学习资源，或用于一些小班讨论课，可以及时解决学生的疑惑，在充分激发学生学习主动性、积极性与创造性的同时，能发挥教师引导、启发学习的作用。下面，笔者以"数据结构"课程为例，谈一下融合教学中的一些方法和举措。

"数据结构"是本科计算机专业的一门基础理论课，课程的特点是理论性强、知识点多、内容高度抽象。同时，课程教学时数的压缩使得学生在课程的学习过程中不能充分理解、消化教学内容，对理论知识一知半解。教材采用的是由人民邮电出版社出版的严蔚敏等编著的《数据结构》（C 语言版，第 2 版），而《C 语言程序设计》是其先修课，如果学生没有掌握好程序设计语言，则会直接影响他们对数据结构的算法的理解。在融合教学的实践中，笔者利用了清华大学邓俊辉老师的"数据结构"课程的慕课资源，教学资源还包括 PPT 电子教案、电子版实验指导书、算法的 Flash 动态演示等。翻转课堂的教学结构见图 1。

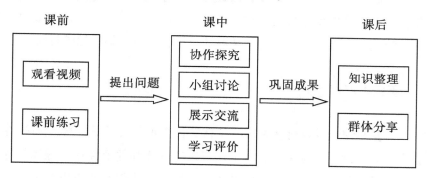

图 1　翻转课堂的教学结构

例如，在一次翻转课堂的教学案例中，教学内容为线性表的应用。通过学习，学生应能熟练掌握顺序表和链表的查找、插入和删除等算法；尝试设计出线性表的常用算法，如线性表的合并等；分析算法的时间和空间复杂度。教师经过认真分析教学内容、学习目标以及学生特点，设计了学生的课前任务，包括：阅读教材相关章节的内容，观看 MOOC 教学视频，学习本章节教学 PPT、理解算法的定义、梳理出算法执行的主要步骤，分析单链表的插入和删除操作顺序中容易出现的错误，认真观看算法的 Flash 动态演示、总结算法中相应代码执行的步骤和意义。学生需完成课前任务，上课时教师会随机提问。其中，课前学习资料已经提前提供给学生以供其下载学习。然后是课中学习环节，课中任务设计见表 1。在课堂活动设计思路中，最重要的学习策略是同伴教学法，这有助于学生分享自己的经验，加深对算法的理解和掌握。

表1 课中任务设计

活动环节	具体步骤	组织形式	时间（分钟）
反馈	反馈课前学习任务完成情况	讲授	5
协作	学生通过上机操作来加深对这些算法的理解和掌握； 尝试设计线性表的常用算法	同伴学习	25
评价	是否掌握了相关知识点	互评	5
提升	单链表的插入和删除操作顺序中容易出现的错误有哪些？ 如何实现线性表的合并？ 算法分析（提问）	分析讨论	10

　　课后任务是学习反思，有助于学生对知识进行整理和巩固。整个教学设计包含了创设情景、启发思维、方法指导、疑难解答、总结提升等重要教学活动。根据课前学习任务，学生可以反思自己的学习情况。通过讨论等形式，教师鼓励学生自己总结算法的特点与性能，并对学生的学习效果进行及时反馈，给予评价。

三、成效与特色

　　MOOC与翻转课堂的融合教学改变了传统课堂的授课形式，学生通过在线学习的方式，自主学习网络课程视频，线下还可以得到教师的个性化授课和辅导，学习兴趣得到了提升，学习效果有了较大的改善。对于这些创新的教学方法，我们还在不断探索和实践当中，希望通过结合基于案例、项目、问题的教学，探究式课程学习以及团队合作学习等多种教学模式来不断改进我们的教学。

　　湛江开放大学自2017年开始组建计算机专业教学团队，其包括8名计算机专业骨干教师。教学团队在学校内不定期开展教研活动，尝试将"融合教学""混合式教学"等新的教学理念应用到不同的课程教学当中。在学习已有经验的同时，教学团队根据不同课程的特点进行教学方法的改进和拓展，并将取得的经验通过湛江开放大学系统的学科组活动辐射到其他市县开放大学，带动市县开放大学的教师开展教学研究。在疫情期间，学校采用网上直播课堂开展线上教学。教学团队认真探讨了疫情影响下开展线上教学存在的问题与对策，组织教师分享各自上直播课的经验和做法，取得了较好的效果。同时，教学团队的建设对学校青年教师的培养和职称晋升起到了关键作用，产生了一批教研及科研成果。

　　实践表明，以学生的视角进行线上和线下课程的设计更能适应学习者的需要，这也是远程开放教育的优势所在，而传统教学已经难以满足学习者的需要，必须加以创新。教育信息化不仅关乎现代信息技术的应用问题，更关乎教育思想、教育观念、教学模式的转变。教学改革的实施对教师提出了新的要求，教师除了需要掌握必要的信息化教学技能，还需要对教学资源和教学活动内容重新进行设计和应用。

基于新媒体平台的"色彩"课程网络教学实践

谢　凡*

一、背景与问题

党的十九大报告指出，坚持新发展理念，发展是解决我国一切问题的基础和关键，发展必须是科学发展，必须坚定不移贯彻创新、协调、绿色、开放、共享的发展理念；大力提升发展质量和效益，更好满足人民在经济、政治、文化、社会、生态等方面日益增长的需要，让全体人民共享新时代改革发展的成果，更好地推动人的全面发展、社会全面进步；优先发展教育事业，建设教育强国是中华民族伟大复兴的基础工程，必须把教育事业放在优先位置，深化教育改革，加快教育现代化，办好人民满意的教育；推动网络教育，深化产教融合，培养高素质教师队伍；办好继续教育，加快建设学习型社会，大力提高国民素质。

党的十九届五中全会明确提出"建设高质量教育体系"。新任务、新要求赋予了教育信息化新的使命。推进教育信息化融合创新发展并服务于教育治理、教学改革、教师发展、学生成长，是时代发展与技术进步的必然选择，是促进教育公平、提高教育质量的现实需求，也是实现教育现代化的有力抓手。

近年来，国家对高等职业教育政策进行了调整，加之佛山当地产业升级调整，在这样的背景下，我校报考人数下滑，专业缺乏吸引力，难以对接当地产业需求，表现出专业不专、师资不足、教学模式传统与单一、教师产生职业倦怠、学生工学矛盾突出和学习积极性受阻等问题。在当前复杂交错的教学问题下，近年来，开放教育中艺术设计类专业的招生人数也急剧下滑，而面授带来的局限性让教学无法大面积服务具有各类需求的学生。基于这种现状，笔者对自己教授的部分专业课程开

---

* 谢凡：佛山开放大学开放教育处副主任，讲师。

展了基于多媒体平台的网络实践教学。

二、方法与举措

互联网等高新技术的发展带动了新媒体平台的广泛应用。新媒体平台类型多样，具有不受时空限制、信息源丰富、即时多元化互动等优势。结合开放教育的教学特点，利用不同类型新媒体平台的优势，将有针对性的设计应用于课堂教学中，有利于形成传统课堂学习、新媒体补充学习、课后实践融会贯通的三位一体教学模式。通过扬长避短、优势互补，创建更理想的教学结构，优化教学效果，提升教学质量。

在传统的"色彩"课程教学中，教师通过教学示范进行课堂内容展示，这样可以很好地衔接整个教学过程，且表现出教学逻辑顺畅，教学语言、肢体动作与绘画艺术相结合的特点。同时，教师利用自身的教学魅力吸引学生的注意力，可以调动学生学习的热情。但是，这样的教学形式显然跟不上当前网络信息爆炸的时代趋势。为了打破教学方式单一、时间和空间受限、信息量不足、教学效果不显著的现状，笔者积极尝试将新媒体平台应用于教学实践，以拓宽教学途径和提升学生学习的兴趣，使学生养成基于传统学习、网络学习、新媒体平台学习进行多渠道综合学习的习惯。

（一）线上和线下相结合的混合教学模式打破了时间和空间的限制

开展混合教学的最终目的不只是师生使用在线平台、建设数字化的教学资源、开展花样翻新的教学活动，而是更有效地加强绝大部分学生学习的深度。

我校通过自建的佛山在线学习平台/QQ直播课堂开展在线直播教学，学生在平台上可以回看往期教学全过程，解决了开放教育中学生的工学矛盾，学生可以实现时时学、处处学。第一，激励学生主动参与学习的全过程；第二，使学生明白学习是循序渐进的经验积累过程；第三，学生可以体验不同类型的学习过程；第四，对于学生而言，教学就是学习的外部条件，有效的直播教学能给予学生及时、准确的外部学习支持。

（二）利用新媒体平台实现教学方式多元化

利用新媒体平台的多种形式，关注学生日常使用频率最高且热度高的新媒体平台。通过教师分享"色彩"课程的资源、亲自录制教学示范视频、亲自剪辑配乐、挑选适合的题材和画材，增强学生学习色彩课程的热情和自信。开放教育艺术设计类专业学生存在专业基础弱，甚至无专业基础的情况，所以，学习"色彩"课程这样一门对动手能力和艺术领悟力要求高的课程是一件非常困难的事情。在这样的前提下，一是教师要提升学生学习的热情和自信，使用学生日常频繁使用的新媒体平台来提升其学习的黏度和熟悉度。二是教师要改革课程教学工具，提升课程学习的新颖度。原课程教学采用的教学绘画工具为水粉颜料，随着教师教学方式、方法的改变以及学生学习方式的改变，课程教师及时对其进行了调整，以当前流行的油画棒为教学绘画工具，在保证教学效果的情况下，方便了学生的学习。油画棒是一种棒形画材，由颜料、油、蜡的特殊混合物制作而成，使用非常简便，学生可以使用其直接在纸上画画，或用混色、层涂、刮除、分层等技法丰富画面效果。油画棒与水粉颜料具有同样的塑造能力和覆盖能力强的效果，但水粉颜料的使用过程就麻烦很多。三是教师制作示范视频，并亲自剪辑配乐，发布在社交平台上。四是教师在线下课程现场示范，在线上课程直播示范，在课后将新媒体平台自制的绘画示范资源分享给学生，让学生反复观看临摹，发挥示范效应。

（三）提升师生互动亲密度

新媒体平台本身具有很强的互动性、共享性与开放性，因此，非常适合开放教育教学，可以突破传统开放教育教学中师生关系的局限，让师生的认知和互动更加多元化。同时，在课前课后利用社交媒体的交互性，打破了学生的思维惯性，唤起了学生和教师互动的热情。另外，在交互平台的互动交流增进了师生之间的了解和提高了讨论频率，可以让教师更深入地了解艺术设计类学生的所思所想，从而改进教学并使其更能满足学生更加个性化的学习需求。

（四）建立"色彩"课程 QQ 群，打造资源共享的学习社交圈

为方便教学管理，建立"色彩"课程 QQ 群，每学期定期更新群成员（学生），群成员仅限当前学期参加课程的班级学生。这是为了让学生了解到该课程有独立的交互空间，共享资源有时限，使学生更加珍惜当前的学习机会。

教师在 QQ 群可以及时发布课程教学通知，共享教学辅助资源。如此，教师能实现自主性教学管理，有助于落实教学设计全过程。同时，教师将学生的优秀习作分享到群里，使该课程的 QQ 群成为共享学习资源、展示优秀作品的平台，从而增强学生学习的积极性。

三、成效与特色

通过新媒体平台，传统学习绘画的方式发生了新的变化，教师要适应新时代的发展，必须改变传统的教学思维，多维度、立体化、融会贯通地建立新的教学模式。新媒体环境下的开放教育教学存在诸多问题，利用信息化赋能教育是每位教师必须具备的基本能力。"色彩"课程的新媒体实践探索完成了从传统教学到线上线下教学融合发展的转变，拓宽了信息化赋能传统教学资源的渠道，建立了教师与学生沟通交互的桥梁，增强了学生学习实操课程的信心和兴趣，强化了教师信息化建设的能力。

几个学期下来，"色彩"课程的通过率和完成度不断提高，学生作品的质量也有了质的飞跃。课程结束后，还有很多学生坚持继续学习画画，画色彩画显然已成为学生的兴趣和爱好，这无疑是对"色彩"课程教学效果最好的印证。

但在"色彩"课程改革过程中，我们也必须清晰地认识到，对新媒体平台的运用需要扬长避短，应理性地将传统教学模式与其有机结合，利用新媒体平台的优势来弥补传统课程学习的局限性，形成传统课程学习、新媒体补充学习、课后实践融会贯通的三位一体教学模式。只有通过这样的优势互补，才能实现更加理想的教学模式，达成最优的教学效果和教学质量。

"数据库技术"课程在线云实验实践

谢剑刚 *

一、背景与问题

计算机类课程的在线实验是远程教育的难点和痛点，极大地影响着教师的教学质量和学生的学习体验。2020 年疫情期间，广东理工职业学院将该类课程的授课转为线上教学，理论讲授基本正常，但是实验教学大受影响。

"数据库技术"课程具有理论与实践相结合的特点，学生只有通过实践不断进行验证和巩固，才能理解和掌握相关的知识点。在传统的面授实验教学中，由于有统一的时间、地点和实验环境，教师可以根据学生的实时完成情况，较好地了解学生的学习情况，并有针对性地调整教学进度。而在远程开放教育中，实际情况则非常复杂。一方面，师生往往面临上课时间不一致、地点不一致、实验环境不同步等问题，这给实验教学带来了很大的不确定性，学生和教师往往无所适从，教师难以把握教学质量；另一方面，远程开放教育的生师比往往要比传统面授实验教学的大得多，即使没有上述的时间、地点、实验环境同步的困难，在远程教育中教师往往也面临较大的实验指导压力。

二、方法与举措

数据库技术课程可以依托蓝桥在线实验云平台，研究适合远程和开放教育、融入智能技术的实验教学方法，并在实际教学过程中应用和实践该方法（见图 1）。

---

* 谢剑刚：广东开放大学人工智能学院，讲师。

图1　笔者在蓝桥在线实验云平台开设课程情况

（一）课程实验教学资源整合

云系统镜像的构建：通过完善和改造实验条件，搭建满足"数据库技术"课程实验需求的云镜像并上传到蓝桥在线实验云平台，为实验任务命题提供基础，同时也为学生的自主实验提供明确、统一的应用环境（见图2）。

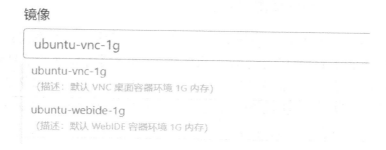

图2　实验环境镜像

（二）结合教学内容与云实验平台的实验任务命题设计

实验任务的合理设计：教师根据典型实际应用案例，结合数据库技术课程的教学内容与蓝桥在线实验云平台的实验条件和特性，设计相关实验任务或对已有教学实验内容进行适应性改造升级（见图3）。

图 3   实验教学内容

（三）应用智能教学反馈技术

实验任务中嵌入准确的检测语法：蓝桥在线实验云平台支持在实验方案中插入检测语法，可以实时检测实验步骤的执行效果，并对学生的实验效果给予有效反馈，但需要设计实验方案的教师额外添加部分检测代码。由于该部分工作量较大且测试较为烦琐，因此，教师必须对现有实验任务进行升级改造，并在关键实验环节有选择地加入检测代码（见图 4）。

```
1、、、checker
2 – name：检查目录是否创建
3   script: |
4     #!/bin/bash
5     ls /home/shiyanlou/directory
6   error:/home/shiyanlou/directory
7   timeout: 1
8 – name: 检查文件内容
9   script: |
10    #!/bin/bash
11    grep shiyanlou/home/shiyanlou/target.txt
12    error: target.txt 文件中没有 shiyanlou字符患
13  timeout :2
14、、、
```

图 4   实验效果检测语法

（四）智能化学习评价系统

多层次、全方位地收集学生实验数据，有助于对学生的学习情况进行评价。各种实验过程中收集的数据在不同实验中，其重要性各有不同。教师可以利用收集的数据，根据具体实验内容、难度等对学生学习进行综合评价。

图5为某学生的实验完成情况和报告提交情况。

图5 某学生的学习数据

图6为某学生对各实验知识点的完成情况及其报告评分情况。

该课程章节完成情况：

	章节名	类型	是否完成	报告	报告评分	详细
1	关系范式	实验	☑	☑	95分	0/0
2	SQL 介绍及 MySQL 安装	实验	☑	☑	100分	8/8
3	创建数据库并插入数据	实验	☑	☑	100分	12/12
4	SQL 的约束	实验	☑	☑	100分	8/8
5	搭建简易成绩管理系统数据库	挑战	☑	☑		

图6 某学生对各实验知识点的完成情况

图7为某学生在某个实验过程中的实验报告内容和学习过程中的操作数据，包括学习时间、操作时间、按键次数、完成所有实验内容的总登录次数等，可直观地反映学生在其学习过程中的认真程度。

图7 某学生的实验过程数据

图8为"数据库技术"课程中某班级所有学生完成实验的总体情况。此外，从图8中我们还可以看到学生有效学习的总时长，其中柱形图是每个实验的完成人数，从形状的起伏可以看到由于部分实验的难度较大，有部分学生未能及时完成。

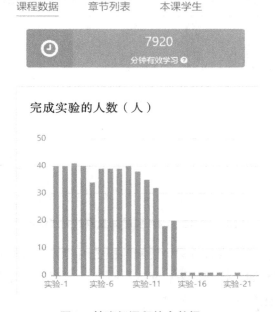

图8 某班级课程综合数据

三、成效与特色

（1）融合智能技术、云计算技术可以促进"数据库技术"课程的在线实验教学，较好地解决学生学习时间不一致、学习地点不一致、实验环境不同步等问题，从而减少教师的工作难度及工作压力。

（2）研究智能化反馈技术在实验教学中的应用，可以提升教师的教学效果和学生的学习体验。

（3）通过综合利用蓝桥在线实验云平台的学生实验数据，可以设计完善且可行的智能化学习评价系统。

基于国家开放大学学习网 Moodle 平台
和中国大学 MOOC 平台的英语教学

许佩彤 *

一、背景与问题

2015 年秋季学期，国家开放大学决定将中央电视大学在线平台的所有统设课程迁移到国家开放大学学习网 Moodle 平台，各分部的省级开放大学课程也陆续被迁移到国家开放大学学习网 Moodle 平台，为国家开放大学的学生、教师及管理人员提供一站式服务，满足开放大学建设和发展的需要。2017 年秋季学期，国家开放大学"媒体辅助英语教学"课程在教育部的官方平台——中国大学 MOOC 平台开始运行，国内外有 300 多所高校的学生在平台上进行选课，并由提供课程的相应高校认定学分。2021 年，中国大学 MOOC 平台第 8 期课程和国家开放大学学习网 Moodle 平台第 15 期课程同时运行。

笔者是开平开放大学的英语教师，现任国家开放大学"媒体辅助英语教学"课程组组长助理，是一级统筹团队成员，国家开放大学"人文英语 1"和"人文英语 2"课程网络教学核心团队成员，国家开放大学广东分部"人文英语 2"和"英语阅读（3）"课程责任教师，中国大学 MOOC 平台"媒体辅助英语教学"课程组组长助理和核心成员，曾任国家开放大学广东分部"人文英语 1"和"英语教学法"课程责任教师。多年来，笔者积极参与这些课程的建设和运行，探索英语教学与信息技术的深度融合。对于教师来说，只有充分了解国家开放大学学习网 Moodle 平台和中国大学 MOOC 平台的功能及其设置，才能更好地进行网络课程设计与建设，有效组织网上教学活动，培养学生的自主学习能力，保证教学的顺利实施。

---

* 许佩彤：开平开放大学英语教研室，讲师。

二、方法与举措

（一）以"人文英语1"课程为例

"人文英语1"是为国家开放大学人文类专业（专科）开设的公共英语课程，计3个学分，54个学时。通过"人文英语1"课程的学习，学生应能掌握一定的英语语言基础知识和基本技能，具有初步的英语读、听、说、写、译能力，同时，了解人文活动中最基本的英语词语及表达方式，能在涉及法学、社会工作、汉语言、教育等的职场活动中进行简单交流，并为今后职场英语应用能力的进一步提高奠定基础。

2018年至2020年，国家开放大学选定了三批公共英语课程多模态教学改革试点。2019年，开平开放大学作为唯一一所县级开放大学入选第二批试点。2019年春季工商管理（专科）专业和2019年春季会计（专科）专业共40名学生参加了试点。在国家开放大学、广东开放大学和开平开放大学校领导的支持和领导下，以网络教学团队为依托，整合多种教学资源，打造立体学习空间，进一步深化"六网融通"模式下国家开放大学公共英语课程的教学实践。

笔者作为广东分部"人文英语1"课程责任教师和开平开放大学试点负责人，在每学期初便对学生进行了英语口语摸底和问卷调查。调查显示，学生的英语口语水平普遍较低，绝大多数同学希望能提高自己的口语水平。英语是一门语言，学习语言就必须开口。因此，团队教师在面授课时注重学生口语操练，可以开展如英文对话、单词接龙游戏、绕口令、唱英文歌等活动。网上教学设计方案也以"说"为主，采用了交互式教学法和听说教学法，符合远程教育教学规律。同时，笔者告知学生国家开放大学学习网Moodle平台"人文英语1"网络核心课程的学习流程，使学生明确学习方向。此外，笔者还引导学生充分利用碎片时间，学习8个单元的听、说、读、写资源，并在广东分部自建资源区设计多种活动并上传资源。为了追踪学生的学习进度，如是否浏览学习资源或是否发帖，笔者设置了进度条并向学生展示。这些设计都是以学生为中心，尤其突出"说"的训练，注重在学习过程中发挥学生的主动性和积极性，体现导学、助学和自学的有机结合。

（1）破冰行动：学生以文字和上传录音的方式，用英文做自我介绍并回复同学发的帖子，使师生、生生互相了解，建立联系，减少陌生感。

（2）互动课堂：针对8个单元的主题展开讨论并上传录音。讨论时注重启发性。在把握教材内容的基础上，给予学生充分的空间和时间去思考问题，培养学生独立思考的能力，提高学生的创造性思维能力。

（3）录音上传专区：学生可以根据自己的水平，分8个单元，从词汇、常用语句、对话中三选一，上传录音，检查自己的学习效果，从而提升学生对英语学习的积极性（见图1）。

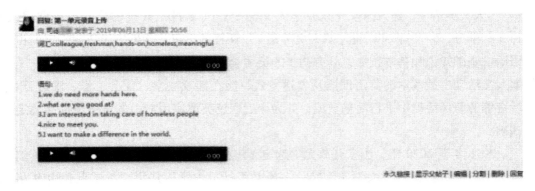

图1　录音上传专区

（4）光荣榜：根据每两个单元的学习表现，选出4名学习标兵；根据一个学期的综合表现，选出10名优秀学员，以增强学生的学习成就感（见图2、图3）。

图2　2019年春季学期"公共英语"课程多模态教学改革试点优秀学员

回复: **优秀学员**

由 吴雪丽 发表于 2019年06月25日 星期二 16:29

Thanks to the teacher for the year's teaching, I have learned a lot.With your help I have made great progress in my English study.Thank you so much.

永久链接 | 显示父帖子 | 编辑 | 分割 | 删除 | 回复

图3　优秀学员发表感想

（5）英语学习方法：向学生介绍开放云书院的使用方法，推荐英文电影，提高其英语学习兴趣。学生也可以分享自己的英语学习方法。

（6）历届试题：学生除了完成8次单元自测题和综合练习题，还可以利用历届试题进行模拟测试，了解考试题型和难度，有利于其在终结性考试中取得好成绩。

（7）进度条：进度条设置追踪学生是否浏览8个单元的听、说、读、写，并追踪学生在破冰行动、互动课堂、录音上传专区是否发帖。这样学生就可以根据进度条查漏补缺（见图4）。

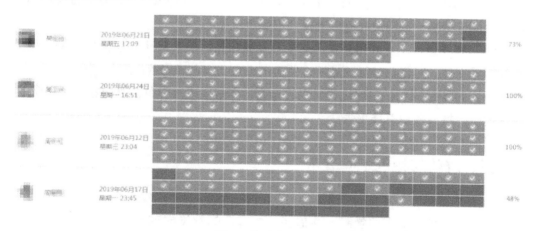

图4　学员学习进度

（8）网上实时教学：教师开展2次网上实时教学，分别为课程导学和期末复习。

（9）课程答疑：教师及时回复学生提出的问题，引导学生自主学习。

（二）以"媒体辅助英语教学"课程为例

"媒体辅助英语教学"是国家开放大学英语专业（本科）必修课，计4个学分，72个学时。通过"媒体辅助英语教学"课程的学习，学生应能了解媒体辅助中小学英语教学的基本原理，熟悉适合学生英语学习的课件制作常规步骤及注意事项，掌握使用多媒体创作工具（Ispring、Hot Potatoes、VoiceThread 和 PBworks）来制作多媒体作品的方法。该课程侧重制作并利用能够激发学生英语学习兴趣的课件，通过对文本、声音、图像和视频等多种媒介的综合运用，提高媒体辅助英语教学的能力。

2014 年春季学期至 2021 年秋季学期，"跨区域、一站式"网络核心课程"媒体辅助英语教学"已在国家开放大学学习网 Moodle 平台运行至第 15 期。2017 年秋季学期，该课程登录中国大学 MOOC 平台，已运行至第 8 期。按照国家开放大学一级统筹网络教学团队建设的要求，该课程坚持以模块为单位，每个模块配备 1 ～ 2 位辅学教师。根据近三期的选课人数，师生比约为 1 ：260。学生学以致用，涌现出越来越多的教学能手。作为课程组组长助理和核心成员，笔者曾负责模块三 4 "语法和词汇训练"和模块三 6 "听说训练"辅学，现在主要负责模块三 5 "阅读训练"和模块三 7 "写作训练"辅学，具体工作包括以下三点。

（1）模块运行前：熟悉两个平台的功能，更新学习资源，设置作业提交/互评时间、评分标准，在模块讨论区置顶"温馨提示帖"。

（2）模块运行中：利用公告、邮件等提醒和鼓励学生学习，为学生提供技术指导和情感支持。对作业进行预点评，促使学生自己修改和完善作业。

（3）模块运行后：整理优秀学生的作业，丰富生成性资源，遴选登上光荣榜的优秀学生，撰写模块总结报告。

三、成效与特色

（一）试点探索出可复制、可借鉴、可推广的教学模式

2019 年春季学期，国家开放大学学习网 Moodle 平台"人文英语 1"课程的数据显示，笔者行为总数 4518，浏览数 4138，发帖数 32，回帖数 68，上传资源数 7，上传活动数 8；学生行为总数 24148，浏览数 19605，发帖数 275，回帖数 395。由此可见，网上教学过程真实、有效。从试点学生的英语口语测试中，我们可以看到，学生从不敢开口说到尝试开口跟读，再到最后能够与教师和同学进行沟通及交流，不断克服困难，挑战自己。在试点节目展示中，我校"英语情景对话"和"英文歌"两个节目均获得国家开放大学领导和师生的好评。通过试点，我们探索出一套可复制、可借鉴、可推广的教学模式，并带动其他课程的教学改革工作。

（二）课程获奖和学生获奖情况

2016 年，"媒体辅助英语教学"课程被评为国家开放大学精品在线开放课程，并获最佳实践创新奖。2018 年，河南省新乡市获嘉县第一初级中学的英语教师马芳（第二期 MOOC 学习者）将通过该课程所学知识运用到教学活动中，在学校举行的"教学能手"评比活动中荣获一等奖。另外，她凭借 MOOC 作业参加新乡市信息技术与课程融合微课大赛并荣获一等奖。2019 年，四川绵阳中学实验学校的英语教师刘元超（第五期 MOOC 学习者）凭借 MOOC 作业参加绵阳市微课征集大赛并荣获二等奖。

（三）课程教学与思政育人融合

"媒体辅助英语教学"课程将课程教学与思政育人有机融合。山西广播电视大学运城分校河津教学点的史玲玲同学（2016 年春季学期）说："从一开始我就打退堂鼓，想放弃，是老师们的鼓励让我重拾了信心……这门课程的学习让我的人生观发生了变化，能力无高低，态度最重要。"贵州省黔南民族师范学院的英语教师覃春（第一期 MOOC 学习者）说："首先，从教师专业发展的角度来说，遇到这门MOOC 是无比幸运的！其次，课程团队老师们的敬业精神和兢兢业业的态度让我感动不已！这门课让我爱上了在线学习。"四川资阳广播电视大学安岳工作站的晋艺娟同学（2020 年秋季学期）说："这两个多月的学习让我受益匪浅，首先最让我感动的是多媒体教学的每一位老师的认真负责、无私奉献，很多老师经常加班加点地处理我们提出的问题。老师说得对，其实大家都一样，都有家庭，都有生活，也许大家刚开始都觉得特别累，特别烦琐，但我相信每一个尽力去学的人都体会到了收获的喜悦，找回了在高中时期的奋斗和拼搏精神，以及永不放弃的精神。"

基于移动应用 Quizlet 的翻转课堂模式建构与实践

——以"旅游英语"的词汇教学为例

李秋东[*]

一、背景与问题

"十三五"期间，为深入贯彻落实《教育部关于办好开放大学的意见》《教育信息化 2.0 行动计划》等文件的精神，我校教学部门坚持以"创新学习组织模式，提高教育教学效果"作为教育信息化教改目标，立足于远程开放教育学生的学习现状，加强信息技术与教育教学深度融合，提供线上、线下教学服务，满足学习者的个性化需求。近几年在国内外日渐流行的翻转课堂（flipped classroom）是以现代信息技术为依托，强调学生自主学习，通过课前观看视频学习、测试，课内进行小组讨论或合作学习，达到促进知识内化的目标的教学模式。翻转课堂颠覆了传统教与学的学习组织模式，在教育理念和内涵上与开放大学的转型方向不谋而合。

然而，并非所有教学内容都适合使用翻转课堂教学模式。以英语课程为例，词汇学习具有碎片性、非结构性等特点，学习任务难度比语法、阅读和写作等项目低，学习者在课前完全能独立完成教师布置的单词专项练习。因此，词汇教学较适用于翻转课堂教学模式。随着移动互联网迅速崛起，移动技术辅助外语教学（mobile assisted language learning，MALL）在英语词汇领域取得了丰硕的学术成果。那么，在翻转课堂教学模式下，如果引入丰富的移动学习媒介，是否能够更加有效地提高开放教育学习者的英语词汇习得水平？

在此背景下，我校商务英语专业于 2017 年专门成立了"旅游英语"课程教学研究团队，对词汇教学进行了为期一年半的教学实践尝试。首先，在理论上，探索

---

* 李秋东：佛山开放大学文科教研室，讲师。

了基于移动应用 Quizlet 的英语词汇翻转课堂模式，坚持信息技术与外语教育相融合，加强远程开放教育内涵式发展，突显开放大学的办学竞争力；其次，在实践上，督促学习者利用移动设备进行自主学习，加快英语词汇在翻转课堂的内化过程，从而扩大词汇量，助推英语学科词汇教学的翻转课堂模式发展。

二、移动学习支持的英语词汇翻转课堂模式建构

（一）翻转学习的四大原则

早期的研究过于强调翻转课堂模式的教学成效，而忽略了在实施翻转课堂教学过程中的理论建构和基本要素。为了给广大教育工作者创造更好地交流和讨论翻转课堂教学模式与经验的平台，美国翻转课堂实践的先驱乔纳森·伯格曼和亚纶·萨姆斯在 2012 年共同创办了翻转学习网络（flipped learning network，FLN）。FLN 网站（2014）明确提出了翻转学习的四大支柱"F－L－I－P"，即灵活的学习环境（flexible environment）、学习文化（learning culture）、特定的教学内容（intentional content）和专业教师（professional educator）。这四大支柱也适用于支撑、建构本案例中的翻转课堂教学模式（见图 1）。

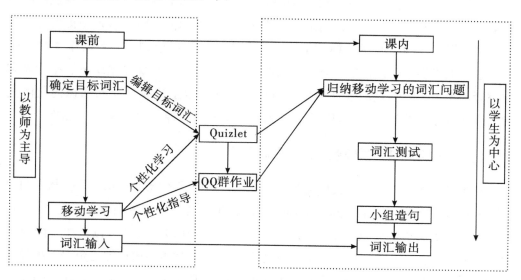

图 1 基于移动学习的英语词汇翻转课堂教学模式

首先，在成人英语词汇翻转课堂模式中，灵活的学习环境分为课前和课内两部分。在课前环节，学习者可以利用个人的碎片化时间，随时随地通过移动软件

Quizlet 学习英语生词，再通过 QQ 群的作业功能提交自测成绩；在课内环节，学习者在教师的组织下尝试多样化的学习活动，既有小组合作，又有个人独立完成的学习任务。课内环节和课外环节相辅相成，词汇输入结合词汇输出，正式学习结合非正式学习，线上结合线下，共同为学生营造一个灵活的翻转学习环境。

其次，传统的词汇教学课堂过分依赖教师的直接教学，忽略了学生的主体地位，而翻转课堂强调以学生为中心，注重个体差异，学生的角色从被动接受转变为主动学习。因此，在课前的移动学习过程中，学生根据个人的学习需求进行个性化学习，对学习效果进行自我评价；同时，积极参与课堂上的小组合作活动，完善自身的词汇知识结构，还可以针对其未掌握的单词进行反复学习。由此可见，以学生为中心的课内环节可使学生使用词汇的能力得到锻炼。

再次，在 EFL[①] 教学课堂中，并非所有的内容都适合翻转，特定的教学内容必须经过精挑细选，既要符合成人学习者当前的英语基础和教学大纲要求，又要激发他们的学习兴趣。因此，教师在翻转课堂课前选择的单词必须是高频率生词，输入 Quizlet 的生词具备形声义三要素，适宜学习者自学；活动设计难度需适中，以减轻成人学习者的认知负荷，否则会导致英语基础不好的成人学习者无法按时完成，进而影响面授课堂的教学。

最后，虽然翻转课堂在本质上是围绕学生自主学习的教学模式，但专业教师在课前课内扮演着多重角色。特别是在以教师为主导的课前环节，教师须提前评估学生的学习需求，确定教学目标词汇，在线制作移动学习单词卡，督促学生自主学习，在线上提供个性化指导，等等；在课内环节，教师扮演课堂组织者、指导者和促进者的角色，对学生的表现提供即时反馈，加强学生自我反省和知识内化的过程。简而言之，教师的专业知识和信息素养是提升翻转课堂教学效果的保障。

（二）理论支撑：多模态和交互影响距离

在本教学案例中，引入英语词汇翻转课堂模式的移动软件 Quizlet 是一款专门向用户提供词汇学习平台的 App。Quizlet 操作页面简洁，涵盖单词卡、学习、拼写、配对、测试五大板块（见图 2），并具有线上评分的功能。教师可以紧扣实际教学内容，有针对性地在 Quizlet 官方网站上制作单词卡，学生注册后即可免费下载学习集到手机客户终端进行学习，在自动生成的练习中进行自测，并可得到软件的即时

---

① EFL 即 English as a Foreign Language，是由教育部考试中心和英国剑桥大学地方考试委员会合作举办的水平考试，于 1996 年开始引进。

反馈。Quizlet 能够实现线上线下教学内容的无缝同步，用户在离线的环境下也可以依个人的时间灵活、反复地学习。Quizlet 最显著的优点是每个单词和短语都配备了融合形、音、义的图像和附带语境的例句，体现了多模态的语言特征，积极调动了学习者的多种感官协同活动来记忆单词。

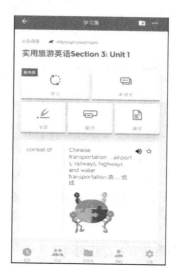

图 2　Quizlet App 界面展示

多模态（multimodality）指的是人类通过多个感官如视觉、听觉等跟外部环境的互动方式。Quizlet 不仅支持文字、声音，甚至支持视频形式，还可以添加系统自带的图片以与目标词汇进行匹配。当学习者在 Quizlet App 上学习生词时，多种感官的协同作用使得学习者大脑可以同时处理文本、声音、图片和视频传达的信息，这比处理单一信息内容更加有利于建构，而且多模态的信息可以减轻单一通道超负荷压力，从而提高学习者的词汇短期记忆力。更重要的是，学习者利用手机泛在性的优势可以随时随地背诵单词，长时记忆效果更佳。

学习者在课前自学 Quizlet 中的词汇时，师生、生生之间的交互影响距离（transactional distance）会扩大。为了弥补 Quizlet 缺失的师生、生生交互机会，缩短彼此的心理距离，我们利用 QQ 群的作业功能（见图 3）在线布置作业并接收学生的词汇自测成绩截图。此外，师生们还可以借助 QQ 群作业论坛展开小组讨论，营造学习共同体的学习氛围，实现师生之间的积极对话。

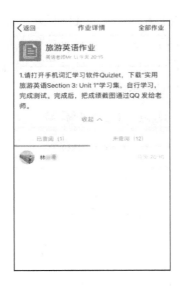

图 3　教师在 QQ 群布置作业

三、英语词汇翻转课堂的实践步骤

（一）编辑词汇

与其他词汇 App 不同，Quizlet 允许教师根据教材的内容自由编辑词汇，再将其推送给学生，使线上线下内容保持一致。根据认知负荷理论，移动教学的词汇应该以小规模呈现。为了减轻学生的学习负担，教师从课程指定教材《实用旅游英语》的每个单元选择 15～20 个重点单词或短语，提前在 Quizlet 官方网站依次输入目标词汇，并依次添加中文意思、例句和图像，最终形成与旅游主题相关的词汇学习集，一共包括 30 个单元、287 个词汇。

（二）课前培训

开放教育学生以"80 后"和"90 后"为主，在移动学习方面具有天然的优势，但对于第一次使用的移动应用还是比较陌生的，因此，教师在课前必须利用大概 15 分钟指导学生如何在 Quizlet 界面进行词汇学习活动。首先，学生下载 Quizlet 到手机桌面，输入教师提供的登录账号和密码，即可获取《实用旅游英语》各个单元的词汇学习集。然后，教师逐一向学生演示 Quizlet 的单词卡、拼写、配对、测试等功能。

（三）线上学习

教师通过 QQ 群布置学习任务，要求学生在课前自行学习生词，完成 Quizlet 的测试题，包括多项选择和判断对错等题型，并将自测成绩截图发送至教师的 QQ 终端。在此过程中，如遇到学习问题，学生可以通过 QQ 群寻求教师的帮助。同时，为了奖励按时完成课前任务的学生，教师可以将自测分数计入平时分。此外，通过 QQ 群的一键提醒功能督促未能按时提交作业的学生。

（四）线下教学

在线下教学环节，教师根据学生提交的成绩截图和 Quizlet 电脑端的学习统计数据（见图4），先归纳学生在 Quizlet 学过且易错的词汇，重点讲解学生掌握未过关的词汇，然后要求学生完成课本的词汇练习，包括选词填空、中英文意思搭配、听写等。要判断学生是否真正掌握了一个单词，不仅需要其通过接受性词汇测试，还需要其结合产出性词汇来进行测试。因此，为了检测学生的词汇产出性能力（productivity），教师可以要求学生以两人为一小组使用目标词汇造句，并尽可能提供机会给学生进行词汇输出，同时提高他们的口语或写作水平。线下的词汇教学时间一般控制在20 ～ 30分钟/节。

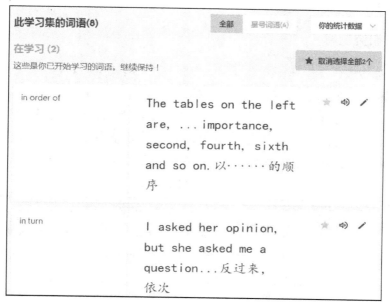

图4　Quizlet 对学生学习记录的统计数据

四、移动学习支持的翻转课堂有效性研究设计

（一）研究问题

为了验证基于移动学习的翻转课堂的可行性和有效性，教学团队主要采取了实验研究方法。其中，实验组接受翻转课堂模式，对照组采用传统 PPT 的词汇讲解方式，并着重探讨以下三个问题。

1. 词汇即时测试中，实验组的成绩是否与对照组存在显著差异？
2. 词汇延时测试中，实验组的成绩是否与对照组存在显著差异？
3. 实验组对基于移动学习的英语词汇翻转课堂教学模式持什么态度？

（二）研究对象

教学对象为佛山开放大学英语（商务）专业二年级两个平行班共 49 名在职专科生。其中，对照组 25 人，实验组 24 人，两组平均年龄为 23.4 岁，学习英语平均年限约为 10 年，智能手机拥有率达 100%。两组在词汇广度测试 Second 1000 水平的成绩无显著性差异（$F = 0.325$，$p = 0.574 > 0.05$），平均词汇量为 1585 个，最大值为 1820 个。

（三）研究工具

1. 目标词汇

为了避免出现一词多义的情况，降低学习任务的难度，我们以固定搭配（collocations）作为目标教学词汇。考虑到成人学习者的接受程度和单次移动学习时间不宜太长，我们从《实用旅游英语》词汇学习集挑选了 Section 2 Unit 6 和 Section 3 Unit 1 共 20 个短语作为教学目标词汇（见表1）。

表1　教学目标词汇

单元	词语搭配（n = 20）
Section 2 Unit 6（n = 10）	in the best position, in turn, rather than, as much as, break down, deal with, ride on, confront with, learn the lessons, the more...the better...
Section 3 Unit 1（n = 10）	in accordance with, tourist attraction, an array of, swarm with, make a complaint, consist of, come a long way, satisfy the needs, needless to say, no longer

2. 词汇测试

词汇测试分为即时测试和延时测试，前者是在课堂上学完每单元的生词之后即时完成，后者是在 2 周之后再次进行测试，旨在检测学生记忆词汇的效果。测试题型都是将 20 个目标短语翻译成中文，但固定搭配呈现的顺序不一致，避免受到重复测试效应的干扰。测试限制在 5 分钟内完成。

3. 访谈

访谈的目的是深入了解实验组的学习者对基于移动学习的翻转课堂模式的态度。延时测试结束后，从实验组英语水平高、中、低三组中各抽取 2 名学生作为访谈对象，他们都是学习积极性较高的全勤生代表，对两种不同的词汇授课方式深有体会。我们采取半结构化访谈方式，访谈提纲包括对词汇学习的态度及经验、对传统和翻转课堂教学情境的意见（如多媒体/移动设备使用情况、课堂活动、教师反馈等）、对词汇教学的总体评价等。访谈通过 QQ 进行，每人的访谈时间为 10 ～ 15 分钟。

（四）词汇教学的实验步骤

对照组中的 25 人接受的是传统的 PPT 词汇教学方式：首先，任课教师利用 PPT 呈现和讲解词汇的发音、中文意思和例句；然后，要求学生在课堂上完成课本的词汇填空练习加以巩固，教师讲解完练习后进入词汇即时测试环节；最后，教师建议学生利用课后时间自主复习目标词汇。授课时间为 50 分钟一节课。实验组中的 24 人接受翻转课堂教学模式，教学步骤遵循案例中的第三部分"英语词汇翻转课堂实践步骤"的第 3 环节和第 4 环节。

实验研究共 6 周。在第 1 周和第 4 周，两组同时学习 Section 2 Unit 6 和 Section 3 Unit 1 的词汇，随后进行即时测试。在不告知研究对象有后测任务的情况下，两组于第 3 周和第 6 周分别完成两个单元的延时测试。最后，教学团队成员利用课余时间依次完成 6 个关于"成人英语词汇教学课堂意见"的访谈。

五、教学成效与讨论

针对以上三个研究问题，定量数据处理运用 SPSS 22.0 软件进行独立样本 t 检验，比较两组的即时和延时测试成绩均值是否存在显著差异。访谈的定性数据使用自下而上的扎根分析，分为三个步骤：数据预处理、一级编码和二级编码。

（一）词汇测试结果

如表 2 所示，对照组在词汇即时测试的平均值为 12.06，实验组的平均值为 13.94，比对照组的成绩略高，但是 p 值 0.271 并没有达到显著水平，说明基于移动学习的翻转课堂教学模式在短期记忆词汇的效果跟传统的 PPT 授课方式不相上下。

表 2　词汇测试成绩的独立样本 t 检验结果

测试类型	对照组（n = 25）		实验组（n = 24）		t	p
	M	SD	M	SD		
即时测试	12.06	3.79	13.94	3.45	−1.568	0.271
延时测试	13.78	5.62	18.80	5.03	−0.523	0.036*

注："*"表示 $p < 0.05$。

经过 2 周的学习，翻转课堂模式在延时测试上发挥了移动学习的优势，两组的成绩（对照组 = 13.78，实验组 = 18.80）与组内的即时测试相比都有进步，但组间的平均值出现了显著差异（$p = 0.036 < 0.05$），效应量（Cohen's $d = 0.94$）已达到较高的水平。其主要原因是在课后环节，实验组可以轻松打开 Quizlet App，随时随地复习两个单元的固定搭配，而对照组则只能通过翻阅纸质教材和笔记来复习生词，这种不方便的学习方式在某种程度上限制了成人学生的学习动力和语言输入。另外，语言输出也是影响词汇习得效果的重要因素。在课堂上，实验组的学生在小组进行造句的过程中，教师的反馈能促使他们注意和习得目标语的特殊形式和功能。由此可见，实验组在学习媒介、方式和时间上的表现都占据上风，延时测试的成绩自然就与对照组拉开了差距。同时，我们也可以得出一个结论：基于移动学习的翻转课堂模式具有保持和强化长期记忆词汇的效果。

（二）学生对待基于移动学习的翻转课堂的态度

总体来说，6 位访谈对象一致认为词汇在理解和运用英语过程中起着至关重要的作用，同时也是影响英语水平发展的因素之一，如词汇量偏低、单词发音不标准、记不住单词的拼写和意思等会制约其英语水平的提高。而开放大学的传统面授方式并没有帮助他们解决以上词汇学习的难题，但经过 6 周的学习，他们对基于移动学习的翻转课堂模式的学习效果感到非常满意。下面从学习效率和情感因素两个角度来归纳访谈对象对这种新型词汇教学模式的看法。

1. 学习效率

（1）优化教学时间。在远程开放教育面授课时不多的情况下，传统教学难以实现课堂时间利用最大化。访谈对象谈到，以往老师讲课都在跟时间赛跑，在词汇教学环节经常对着 PPT 解释一遍生词的意思就过渡到阅读模块或写作模块，对此，英语基础较薄弱的成人学习者是无法在短时间内消化的。翻转课堂采用线上线下混合教学模式，让学生在课前自行学习生词，可以合理分配课堂的宝贵时间。难能可贵的是，以往研究者发现翻转课堂最大的弊端是学生不愿意花费数小时在课前观看视频，但本实验研究的移动学习时长较短，练习难度不高，即使是英语水平相对较低的学生也能够独立完成。

（2）增强学习自主性。翻转课堂是一场使教学真正回归学生学习本身的教育革命，充满以学生为中心的学习氛围。"满堂灌"的教学方法只会让学生被动地听讲，扼杀了他们的学习自主性。学生 Z 在采访时坦诚地说："现在老师让我们在上课前自行学习生词的发音、拼写和意思，所以我每次都提醒自己在课前通过 Quizlet 预习，否则上课时就不会造句，这样就跟不上大家的上课节奏了。"可见，在翻转课堂的模式下，学生由被动地听转变为主动地学，学习方式发生了质的变化。

2. 情感因素

（1）提高学习兴趣。基于移动学习的翻转课堂最大的特色是使用了 Quizlet。根据 6 位访谈对象的反馈意见，大家对这款词汇 App 的总体看法是提高了学习兴趣和学习热情，其优点包括单词发音逼真、在线测试题型多样化（如拼写、释义配对、选择、判断）等。除 Quizlet 的多模态特征帮助他们强化记忆力外，移动学习方式还突破了时空的约束，兼顾工作和学习的学生可以随时随地融入线上的学习情境。正如学生 W 所提到的："Quizlet 是一款功能强大的背单词神器，在办公室、乘车途中、家里都可以学习，实在是太方便了！"

（2）减轻学习焦虑。外语课堂焦虑与学生的英语成绩呈现负相关关系。在成人英语课堂上，焦虑往往来源于口头表达，学生害怕出现语音、语调、语法的错误而遭到他人的嘲笑。翻转课堂的线下协作活动不仅可以增强师生互动、生生互动，还可以减轻他们的学习焦虑，提高其口语表达的自信心。因此，访谈对象建议在课内多增加目标词汇输出活动，如口头作文、对话、翻译等。另外，在 QQ 群里师生、生生之间的交流氛围更轻松、平等，也鼓励了学生克服心理障碍，大胆地参与到词汇学习活动中。

六、教学反思

（一）实施翻转课堂模式的收获

1. 实现了开放性资源共享

"十三五"期间，我校依托现代信息技术，积极推进数字校园规范建设，利用信息化手段扩大优质教育资源覆盖面，服务全民终身学习。目前，无线网络已经覆盖整个校园，为实现"优质资源班班通"和"网络学习空间人人通"提供了便利的条件。基于移动学习平台 Quizlet 的翻转课堂突破了时空限制，成为构建泛在学习环境、实现全民终身学习的有力支撑。本案例的英语教学团队除了为"旅游英语"课程建立词汇学习资源库，还在疫情期间"停课不停学"行动中，在国家开放大学专科和本科的其他英语课程，如"高级商务英语听说""高级英语（2）"和"综合英语（1）"课程中也向师生建议、推送了相关的词汇学习集，词汇的移动学习给我校的英语教师和学习者带来了极大的便利。此外，基于 Quizlet 的词汇学习不仅适用于开放教育的学习者，还在社区教育的老年人群体中取得了良好的反响，所形成的典型案例已被广东省成人教育协会采纳，列入了会员单位线上教学经验分享专辑。

2. 提升了师生的信息素养

一方面，我校积极贯彻落实《中共中央　国务院关于全面深化新时代教师队伍建设改革的意见》，推动教师主动适应信息化新技术变革，推动教师更新观念、提升素养、增强能力，尤其是在重塑角色方面。经过一年多的翻转课堂教学实践，教学团队的成员主动响应时代的号召，改善了传统面授课的教学方式，提高了自身信息素养，将现代教育信息技术融入日常教学，有意识地由以往的教材知识"搬运工"角色蜕变为线上教学的资源建设者。另一方面，开放大学未来的改革方向之一是运用现代信息技术手段持续改进学习者在线学习的效果，加快构建有利于学习者自主学习、协作学习的线上学习社区，这对学生提出了更高的信息素养要求。远程开放教育的学生以"80 后"和"90 后"为主，在移动学习方面具有天然的技术优势，课前培训效果表明学习者可以快速掌握 Quizlet 的操作。

（二）翻转课堂模式的未来拓展方向

以上实验研究表明，此模式在同类英语词汇教学实践中具有可操作性，但作为翻转课堂的施教者和组织者，英语教师仍需要注意以下三点：①开展问卷调查，以深入了解学生的学习需求和对 Quizlet 界面五大学习功能的偏好程度；②加强对学生课前线上学习的监督，尤其要通过 QQ 群提醒未按时完成词汇测试的学生；③提高线下课堂成人学生的出勤率也是摆在教师面前的一个艰巨任务。

"网络直播课堂在开放大学体系的应用与实践" 创新强校工程项目建设

丰壮丽*

一、背景与问题

在教育信息化2.0的背景下，必须聚焦新时代对人才培养的新要求，强化以能力为先的人才培养理念，将教育信息化作为教育系统性变革的内生变量，引领教育现代化发展，推动教育理念更新、模式变革、体系融合。本课题依托网络直播课堂在开放大学体系的应用实践，实现信息技术与教育深度融合，推动会计专业教师教育理念更新、教育教学模式变革、开放大学体系融合发展。

二、方法与举措

本项目从以下六个方面展开建设。

1. 开展信息化技能培训

通过会计专业教师信息化技能掌握情况问卷调查，对广东开放大学体系内的教师掌握信息技能的情况进行摸底调查，发放问卷116份，回收有效问卷67份。邀请本校或者校外专家对广东开放大学体系内的会计专业教师开展信息化技能讲座与应用培训。2019年在云浮召开教学团队会议，来自全省32所市县开放大学的39位会计专业教师参加了此次会议；2019年在惠州召开教学团队会议，来自全省24所市县开放大学的68位教师参加了会议；2020年在线上召开团队会议，来自全省24所市县开放大学和教学点的教师共65人参加了会议；2020年在潮州召开团队会议，

---

* 丰壮丽：广东开放大学经济管理学院，讲师。

来自全省 31 所市县开放大学、合作教学点的 88 名教师参加了会议。

培训内容从 4 个方面入手：①新技术及其实践应用。邀请计算机专业专家就当前云计算、大数据、物联网、移动互联网、人工智能等新技术及其在教学中的实践应用进行分享。②精品课程资源建设与应用。就如何建设高水平课程资源和推进课程资源的共享进行培训，更加注重对已建设课程资源的优化和推广使用。③创新与实践案例分享。就会计领域兴起的财务共享、云 ERP 等新型组织模式和技术在企业中的应用，以及管理会计创新与实践案例进行分享。④网络直播课观摩与软件应用。这方面的培训使教师对信息化技术给教学、专业带来的变革有了更深刻的认识，从而更好地把握转型方向。

2. 开展信息化教学大赛

每年组织开展 1 次信息化教学大赛，实现"以赛促教"。2019 年举办第 4 届会计专业教学能力大赛，评选出 10 个获奖作品，其中一等奖 2 个，二等奖 4 个，三等奖 4 个；2020 年举办第 5 届会计专业在线教学能力大赛，共有 7 个作品获奖，其中一等奖 1 个，二等奖 2 个，三等奖 4 个。通过教学能力比赛、评比、讲评，教学团队成员很好地提升了自身的信息化教学能力。

3. 开展信息化教学模式

2018 年春季学期开始，东莞开放大学、斗门开放大学陆续开展网络直播尝试。为更精准地开展网络直播，项目团队设计网络视频直播课调查问卷，向 2018 年春季学期的 1000 多名在读学生发放问卷进行调查，实际回收有效问卷 946 份。2020 年春季学期，因受疫情影响无法开展线下面授教学，项目团队成员通过雨课堂、QQ 直播、钉钉等多种软件开展直播教学，落实"停课不停教、停课不停学"，取得了很好的教学效果。

4. 开展信息化教学管理

网络直播课堂和大数据的运用，使教学管理过程精细化、教学分析即时化，为学生提供了个性化学习支持服务。移动互联网时代，学生通过智能手机就可以登录直播平台参与直播课堂，课后还可以反复观看教学视频，通过下载网络课件、微课资源进行学习。项目团队每学期至少提供 2 门课程的教学效果评价和课堂管理报告，以梳理网络直播课程开展情况。

5. 共建共享优质课程资源

除了网络直播平台资源，开放大学系统学习平台还有丰富的文字资源和视频资源。在网络平台上，我们需要建设好以下三种资源：①授课 PPT；②微课资源；③图示演算。

6．建设网络直播教学团队

按课程成立网络直播教学团队，相关课程定期开展网络直播教学。同时，指导团队教师开展教学教研。其中，林佩珊老师主要分享了雨课堂的应用，詹斌老师分享了直播课堂在开放教育中的应用。杨水燕老师以第一作者身份发表关于教学改革的论文《网络直播课堂在基层开放大学的应用实践》，于2019年刊登在《云南开放大学学报》；詹斌老师撰写的关于教学改革的论文《移动学习背景下开放大学在线直播教学的探索与思考》，于2020年在《广东开放大学学报》刊登。

三、成效与特色

本项目从信息化技能培训、信息化教学大赛、信息化教学模式改革、信息化教学管理改革、共建共享优质课程资源、网络直播教学团队建设六方面展开，进一步提升了教师的信息化教学能力，各项建设目标按预期顺利完成。

2020年受疫情影响，无法开展线下面授教学，会计专业团队经过多次教学研讨，积极探索、团结协作，不断改进教学方式方法、调整教学方案，充分利用线上资源和平台精心备课，保质保量开展线上教学，推进了信息技术在教学中的深度融合应用，会计专业教师的在线教学能力得到了较大提升。

信息技术在开放大学计算机类教学中的应用

黄　皓*

一、背景与问题

国家开放大学、广东开放大学都开设了计算机相关专业，如计算机科学与技术、计算机应用技术、信息安全等，而其他专业一般也把"计算机应用基础"作为公共基础课。这些与计算机相关的课程有一个共同的特点，就是注重实操，学生必须通过实际的上机操作练习，才能较好地理解和掌握理论知识。

开放大学的学生大多利用工作之余的时间来进行学习，这种学习具有远程化、碎片化、个别化的特点。因此，开放大学的学生需要教师进行更多的指导和帮助，以及更优质的信息化辅助手段。然而，由于多种因素的影响，国家开放大学、省开放大学的课程资源建设往往无法顾及学生的个体需求。

"计算机应用基础"是国家开放大学本科的公共基础课，内容有计算机的基础知识、Windows 操作、Office 办公系统的使用等，课程的实操性强，考核也是以上机考试为主。为便于学生自主学习，课程附带了配套的练习软件。但是，软件的安装又给学生设下了重重障碍，学生难以顺利完成操作。软件的主要问题有：①安装的依赖环境复杂。旧版的练习软件需要 Windows 7 + . Net 框架 + IE 9 + Office 2010 的支持，能独立安装完成的学生少之又少；新版的自我测试软件在安装时必须检测系统，Windows 10 及以上版本才能安装，而实际上安装好的系统是可以在其他版本如 Windows 7、Windows 8 上运行的。②启动练习系统有验证限制。旧版的练习软件的载体是一张光盘，练习系统启动时会验证光盘，没有光盘或访问出错就没有办法进入练习环境。而现在配置光驱的电脑越来越少。新版的自我测试软件可以从网上下

---

* 黄皓：中山开放大学教务处，讲师。

载，与之前的光盘相比较是一个进步，但运行时仍需要先用手机在"开放云书院"App 扫二维码，扫码验证成功后才能使用，这又在无形中给教学增加了一道关卡。③练习系统的题目及知识点很多，但学生遇到不会做的题目时没有解题指引，往往不知从何下手。

在计算机相关专业的教学中，关系型数据库是一个重要的课程类别，如"MySQL 数据库及应用""数据库基础与应用"等，而结构化查询语言 SQL 是这些课程的核心内容。在实际教学中，课程所依托的数据库管理系统有 Access、MySQL、SQL Server 等，存在的问题有：①学生学习 SQL 语言所需要搭建的环境比较复杂，软件体积动辄几十兆乃至几百兆；②学生需要通过电脑来使用这些软件，而电脑的便携性不高，不利于学生随时随地进行练习。

还有一些课程没有明确具体练习的环境，需要一线教师自己选择合适的上机操作软件。如在计算机、信息安全专业的课程中，Linux 系统占有相当的比重，而无论是学校机房还是学生家里的电脑，大多安装的都是 Windows 系统，学生想要上机练习存在困难。

二、方法与举措

在课程教学实践中，针对上述存在的问题，笔者逐步摸索出一些行之有效的方法。

（一）根据教材内容及实践教学所需，简化、优化学生的上机环境

1. 使用虚拟化技术，制作虚拟机映像

VirtualBox 是 Oracle 公司的一款开源、免费的虚拟机软件，仅占内存 100 MB 左右，具有易用、高效的特点。如需安装条件复杂、步骤烦琐的"计算机应用基础"练习系统，可事先在虚拟机上安装好，然后导出虚拟机映像给学生使用，运行时可以利用 VirtualBox 的系统快照功能，跳过练习软件启动的验证环节，直接进入练习环境。为解决 Linux 系统在使用中存在的问题，还可利用此软件安装 Tiny Core Linux 系统，导出的虚拟机映像只占 13 MB 左右的空间。这样，学生只需导入，就可在虚拟机上练习 Linux 的相关命令。"App Inventor 2"这门课程编写的程序要调试运行，学生也可以安装手机模拟软件 Genymotion，它可在 VirtualBox 的基础上虚拟不同型号的 Android 手机，比 Inventor 2 App 配套的手机模拟器更快捷、更高效。

2. 制作、使用绿色软件

为简化或跳过安装环节，可以将一些软件优化成易安装或无需安装、解压即可

使用的系统。例如，"PHP 动态网站开发"所使用的软件包括 Apache、PHP 和 MySQL，安装比较复杂，但将其压缩后只有 15 MB，很容易安装和卸载；又如，国家开放大学"计算机应用基础（本）"的自我测试软件，其安装程序必须检测到系统为 Windows 10 才能运行，但将安装后的系统目录压缩打包再发给学生就绕过了这一环节，解压后，其在其他版本的 Windows 上也能运行；而 Inventor 2 App 则可以在机房服务器安装部署，学生使用浏览器登录即可练习。

（二）开展课程资源建设，制作微课视频，帮助学生在线自主开展学习

国家开放大学的本科课程"计算机应用基础"的实践性很强，终结性考试为上机操作。2020 年，计算机系统全面升级到 Windows 10 + Office 2016。通过软件 Camtasia，可将教材附带"自我测试"软件中每一道题的正确做法进行录屏，并制作成微课视频，上传到学校网络教学平台，使学生在遇到难题时可以自主点播，边看边练。此外，笔者还制作了诸如"IIS 的安装""归并排序""巧设 Windows 管控孩子使用电脑"等微课用于课程教学和社区教育活动。

（三）编写辅助教学程序，帮助学生更好地学习和掌握知识要点

结构化查询语言 SQL 在关系型数据库课程中非常重要，掌握它就可以操纵不同的关系数据库管理系统。在教学中使用的数据库操作练习环境通常是 Access、MySQL、SQL Server 等，而主要的问题是软件占用较多的磁盘空间，且使用成本较高，需要依托电脑来运行，学生难以随时随地进行练习。现代浏览器 Chrome、Safari、Opera 均支持 SQL 在用户端的本地数据管理，这就是 WebSQL 数据库应用编程接口。我们可应用它来构建一个网页版的 SQL 练习应用，这样既能以单网页的形式离线使用，也可以将其部署在服务器上。学生在使用手机、平板电脑、台式或笔记本电脑等终端时，就可以在浏览器上学习和使用 SQL 命令，尽可能地利用碎片化时间进行自主学习，较好地理解和掌握关系数据库的课程内容。在"信息安全与密码技术"课程教学中，由于加密技术的理论性较强，学生既难以直观、感性地进行理解，也缺少相关的实验材料。因此，笔者利用 jsencrypt. js 开源库编写了一个关于"混合加密实验"的网页，这样学生就可以直观地通过浏览器学习对称加密、非对称加密、消息摘要、数字签名等的具体操作。网络教育本科课程"计算机应用基础"统考需要考核学生的计算机基础知识，为此，笔者专门编写了一个 Android 手机应用程序，使学生可以利用碎片化时间来练习答题。

(四) 探索基于互联网的互动教学

由于疫情的影响，学校的课程教学的形式由线下面授转为网上教学，在通过网络进行课程教学的过程中，笔者积极适应直播教学的模式，努力探索基于腾讯课堂、国家开放大学及广东开放大学的学习平台、QQ 群、讨论区的教学方法，至今在腾讯课堂上开展网络授课已超过 120 次。在为直播课堂制作演示文稿时，笔者调整幻灯片的长宽比为 16：9，以方便学生使用手机观看。此外，笔者还在课程直播中穿插使用音频、视频和窗口演示等以增加直播的生动性，使用签到、在线问答等方式与学生互动，减少远程教学给师生带来的疏离感。对于所教的 20 多门课程，笔者均组建了 QQ 群，并通过 QQ 群发布课程信息，发放学习材料、复习资料，及时与学生沟通，为学生答疑。

三、成效与特色

作为一种辅助教学手段，信息技术在开放大学计算机相关专业课程教学中的实践应用既有利于学生的学习，又促进了教师的教学，学生也给予了较高的评价，收到了良好的教学效果。通过辅助实操学习，学生的专业课程通过率普遍得到提高，个别班级甚至达到了 100%。更重要的是，学生在课程学习中感受到知识不再是抽象的理论，而是可以亲身实践的方法与技能。

在开放大学远程教学中，信息技术只是辅助手段，需因时、因地、因学生的实际情况来展开。时代的发展、技术的进步要求教师与时俱进，不断学习，以提升自己的信息技术知识储备和应用水平。而这一切，都要求教师有一颗关注教学、关爱学生、服务教育事业的初心。

线上线下结合的逆式翻转课堂个性化教学

薛云兰[*]

一、背景与问题

在教育大数据的时代背景下，个性化自适应学习成为数字化学习的新常态。教育大数据，特别是学习分析和数据挖掘技术的发展与成熟，为实现个性化、精准化的学习支持服务提供了科学依据。例如，对教师制作的网页课件、音视频课件、Word 文档、PPT 教案、教学参考资料、测试题等大量的教学资源进行管理，为教师和学生个性化推荐相关的公开的课程资源与学习路线，等等。

二、方法与举措

基于对信息化教学与管理的思考和实践，设计实施网络信息技术课程教学，建设教学资源共享课程，为在线开放课堂的设计与实施提供技术支撑和网络资源，使得传统意义上的因材施教与现代化的教学手段实现实质性融合。自任教以来，笔者通过将多种信息化技术与灵活多样的传统教学手段相互结合，尤其在疫情期间利用自主开发的教学管理平台，以及腾讯会议、微信和哔哩哔哩等信息化辅助平台，较好地完成了线上教学任务并取得较好的成效。

通过对信息化教学的实践与思考，笔者初步形成一种"逆式教学—热点故事—头脑风暴—小鬼当家—艾宾浩斯—项目实战"的信息化教学方式。第一周：课前，学生在云教育平台上利用教师在云端提前发布的微课视频和导学案、电子课本，进行线上自学自测，提交预先布置的作业。第二周：课中，教师结合当下时事热点，

---

* 薛云兰：广东开放大学人工智能学院，讲师。

融入课程思政，引出知识点，对课程重点难点进行点拨，通过测试结果发现学生的疑难问题，引导学生之间进行研讨，开展头脑风暴，然后由教师进行答疑、巩固、深化。第三周：课后，教师根据学习内容为学生设置较有难度的挑战性任务，并发布到云教育平台上，引导学生深度学习以获得高阶知识能力，同时根据艾宾浩斯曲线规律，以面试答题方式，培养学生的知识迁移应用能力，为将来灵活应用所学知识开拓工作领域打好坚实基础。在课程结束后，云教育平台会推荐个性化学习路线。另外，特别优秀的实战项目会被推荐参加比赛或项目孵化。例如，在指导学生团队开发的"基于云和大数据的课程管理推荐平台"应用场景中，学生可以根据自身学习情况，自主调控学习计划和学习节奏，随时随地利用移动网络进行交流、学习和辅导，提高学习自由度，培养学生的自主学习能力和独立分析问题能力，真正做到因材施教、个性化教学，该项目获得多项奖项。

"云教室"是一种新型空间，国家开放大学有云教室系统，广东开放大学有广开网络教学平台。基于广开网络教学平台，构建属于广东开放大学体系的"云教室"系统，重建开放教育混合教学模式，可以改善学生的学习体验，改变教师的网上教学方式，促进现代科技与开放教育的深度融合，提升学生的学习效果。第一，利用网络信息技术构建开放教育中学生的学习环境。"云教室"是对学习环境的现实虚拟化，不仅有教学资源观看功能，还有实践操作功能，如由桌面云实训平台、课程管理平台、教学管理平台等组成的"云教室"系统。运用"云教室"构建统一教学、办公的云平台，可实现对教育资源的集中部署、对办公桌面的统一运行和维护，从而促进教育资源的均衡化发展，提升广东开放大学的教学质量和师生的信息化水平。"云教室"操作平台支持手机、电脑和平板电脑等多种终端接入"云教室"系统，可以实现单向资源传输和双向互动。即使学生平时因工作无法到"云教室"上课，工作之余在家里也可以实时参与互动学习。第二，发挥学生的主体作用。根据知识的特点设计各类教学活动，加强学生和教师之间的互动、协作，以及学生和学生之间的合作学习，强化学生自主学习、合作学习的理念。第三，发挥教师的主导作用。在开放教育中，教师由于缺失主导作用，弱化了对教学目标、教学设计、教学方法、教学手段和教学考评等各个环节的把控。因此，要提升开放教育的质量，就必须发挥课程责任教师的导学作用，强化教师对各个教学环节的把控和指导。

三、成效与特色

（一）成效

广东开放大学教育教学每年得到督导和学生的一致好评，其中，2018—2019 年第一学期 12 月，2018—2019 年第二学期 3 月，2018—2019 年第二学期 6—7 月，2019—2020 年第二学期 4 月（疫情期间）均获得了督导听课组的一致好评表扬和学生的高度认可。该信息化教学方式获得了 2020 年广东省第五届高校（高职）青年教师教学大赛三等奖。笔者作为第一指导老师带领学生开发的"基于云和大数据的课程管理推荐平台"获得了 2021 年广东省"攀登计划"一般项目立项。此外，笔者还获得了 2020 年广东省挑战杯铜奖、2020 年校级创新创业大赛铜奖、"国基北盛"二等奖等奖项，注册了软件著作权，发表了学术论文等成果。

笔者深度融合信息化技术与传统教学，获 2020 年广东省教育厅重点平台及科研项目（特色创新类项目）"知识图谱和深度学习混合驱动的推荐学习算法及在终身教育中的应用"立项；探索信息化技术在人才培养方面的应用，获 2020 年广东开放大学（广东理工职业学院）创新强校项目"高职 1＋X 证书人才培养模式的研究与实践——以人工智能学院为例"立项；进一步研究自然语言处理信息化技术，获 2020 年广东开放大学（广东理工职业学院）校级科研项目（重点项目）"基于时序事件和语义背景的深度学习模型在事件抽取和预测任务中的研究"立项。

已发表和出版的论文和著作主要有：合作撰写了论文《基于 Spring Boot 框架的网络教学管理系统》，独自撰写了论文《基于知识图谱的岭南文化热词分析与知识演化研究》《用"爱"唤醒互联网时代的大学计算机课堂生命力》；以第二主编的身份合著《计算机辅助教学理论与实践》，写作了 6 万字；以第二主编的身份合著《大数据与软件工程技术研究》，写作了 6 万字；《基于云和大数据的网络教学管理推荐系统》获得计算机软件著作权登记证书。

（二）特色

（1）通过雨课堂、超星学习通和基于大数据分析的网络教学管理个性化推荐系统可对考生的作答情况以柱状图形式展示出来，帮助教师进行高效管理教学。通过将学生的作业完成情况分析以图表的形式展现给教师，减少教师烦琐的统计工作，教师对学生的学习情况一目了然。

（2）自动统计考生的测试成绩，并以曲线图的形式展示出来，以供教师自查和学生查漏补缺，做到有针对性地教学与学习。

（3）依照用户需求实时计算与存储，对存储的大量课程资源、学生学习记录等数据进行用户信息挖掘、处理与决策，并根据兴趣类型、关联规则、浏览情况、学习记录类型，进行个性化的智能推荐、精准推荐。

微课在开放大学"计算机应用基础"中的应用

宋　敏*

一、背景与问题

"计算机应用基础"是国家开放大学各专业学生必修的公共基础课，它是为培养应用型人才并使其掌握使用计算机的技能而开设的。本课程是一门有关计算机知识的入门课程，主要学习的内容包括计算机的基础知识、基本概念和基本操作技能，并兼顾对实用软件的使用和对计算机应用领域前沿知识的介绍，为学生进一步学习计算机有关知识打下基础。通过本课程的学习，学生应能够了解当代计算机系统的基本概念，掌握微型计算机操作系统的基本使用方法，了解并掌握文字编辑、电子表格、电子演示文稿、多媒体等软件的基本知识和操作技能，了解信息安全的知识。

国家开放大学学习者以业余学习者为主，学习期间不脱产。学习方式主要包括：自主学习，学习者主要通过开放大学提供的文字教材、网络课程、移动学习资源等进行自主学习；协作学习，学习者通过广东开放大学网络教学平台等网络交互平台，与同学、教师进行学习交流和协作学习；面授辅导，学习者到教学点参加学校安排的集中面授辅导。由于上课方式的特殊性，集中面授时间比较短，因此主要靠学习者利用自主学习和协助学习的方式来获取知识。微课便是不受时间、空间限制，学习者可以根据自身学习基础和学习能力来调整学习速度，或者通过反复观看进行学习的一种学习方式，这给学习者提供了自主学习的空间，同时也培养了学习者自主学习的意识和能力。因此，笔者在开放大学的教学中喜欢制作微课，并通过微信群、班级 QQ 群或钉钉等平台发布笔者的微课，让学生进行自主学习，有不理

---

* 宋敏：新兴开放大学计算机科组教师，高中信息技术一级教师。

解的知识点也可以在平台与教师交流，这就解决了学生因面授时间短、学习仓促而不能很好地获取和吸收知识点的问题。

微课，即时间控制在 10 分钟以内，有明确的教学内容，且教学内容较少，集中说明一个问题的小课程，主要以微视频为媒介。它的特点是，突出某个学科的知识点或技能点，资源容量较小，适用于基于移动设备的移动学习。在此，以笔者设计制作的微课"制作工资管理报表——Excel 中函数的应用"为例，探究微课在"计算机应用基础"课程中的应用。

二、教学方法与举措

（一）选题精准，以学生为中心，解决学习难点

确定本次微课的教学目标，了解学生的学习基础，以解决学生的疑点和难点为中心设计本次微课。例如，"Excel 中函数的应用"是"计算机应用基础"课程中必须掌握的知识点，也是学生易出错的难点，所以笔者以此为主题制作微课，学生可以反复观看，直到真正掌握。本次课程的教学目标包括：①掌握 Excel 中公式的输入和计算，掌握常用函数的概念和具体操作。本节课需要学生掌握的函数主要有 if 函数、max 函数、min 函数。②培养学生实际处理问题的能力，使其将所学知识应用到实际生活和工作中。③通过对函数和公式的学习，学生可以亲身体验 Excel 的强大功能，增强学生自主探究的积极性。

（二）创设情境，提高学习兴趣

为了让学生提高学习兴趣，本次微课利用任务驱动法，为学生创设情境，提出任务（见图 1）。

工号	姓名	职务	基本工资	出勤天数	奖金/天	全勤奖	差旅补助	应发工资	个人所得税	实发工资
HF001	陈紫薇	职员	1200.56	22						
HF002	冯力	职员	1200.56	23						
HF003	李伟	经理	3000.00	25						
HF004	钱伟	职员	1200.56	23						
HF005	孙小萌	经理	3500.00	25						
HF006	王宇	副经理	3000.00	24			200			
HF007	吴囡	职员	2000.00	20						
HF008	张继亮	经理	3500.00	23						
HF009	赵有江	职员	2000.00	25						
HF010	郑海涛	职员	2000.00	23			100			
HF011	周海英	职员	2000.00	25						

××公司员工工资管理报表
统计时间：2022年1月

超过平均工资的人数：
最高工资：
最低工资：

图1　××公司员工工资管理报表

案例说明：此份报表是××公司 2022 年 1 月份的工资管理报表，具体编制要求如下。

（1）月份工作日总计 25 天，全勤的员工才有全勤奖 200 元。

（2）奖金级别：经理 200 元/天，副经理 150 元/天，职员 100 元/天。

（3）应发工资 = 基本工资 + 奖金/天 × 出勤天数 + 全勤奖 + 差旅补助。

（4）个人所得税：个人所得税起征点为 5000 元，应发工资扣去起征点部分为需缴纳部分，需缴纳部分不超过 3000 元的，缴纳部分 × 3%；需缴纳部分在 3000 元至 12000 元之间的，缴纳部分 × 10%。

（5）实发工资 = 应发工资 – 个人所得税。

同学们，请思考一下，如果你是该公司管理工资报表的员工，请问你会制作这份报表吗？相关信息该如何填写？

（三）教师讲解演示，操作步骤清晰明了

任务一：利用函数计算每个人的奖金/天。

教师讲解演示：利用 if 函数，在 F4 中插入 if 函数，输入 if［C4 = "经理"，200，if（C4 = "副经理"，150，100）］，然后按回车键结束。此函数表达的意思是如果 C4 单元格中显示的是"经理"，则返回值为 200；如果显示的是"副经理"，返回值 150，否则返回值为 100。计算 F4 中的值，利用自动填充（上一节课已经学

习）便可以计算出其余员工的奖金。

布置作业：课后学生自主探究，举一反三，同样利用 if 函数来计算全勤奖。

任务二：利用公式计算每位员工的应发工资。

教师讲解演示：将光标放入 I4 中，输入公式" = D4 + F4 * E4 + G4 + H4"，按回车键便可计算第一位员工的应发工资。教师提出重点：在输入公式的过程中，一定要利用单元格地址来计算，而不是用单元格中的数值来计算，只有这样才可以利用填充单元格来便捷地计算其他员工的应发工资。

布置作业：学生自主完成任务，利用公式计算应发工资、实发工资，利用函数计算个人所得税。

任务三：计算所有员工中实发工资的最高工资及最低工资。

教师提示所用函数为：求最大值 max（ ）、求最小值 min（ ）。具体计算由学生独立完成，让学生体会到利用所学知识成功完成任务的喜悦，增强其成就感和继续学习的信心。

最后，教师进行课堂总结：请同学们回顾本节课学习了哪些新知识，同时，请同学们课后多练习，并将所学的知识运用到实际生活和工作中。

三、教学成效与特色

（1）提升学生自主学习的能力。考虑到学生自身的特点，他们大多是在工作之余进行学习的，所以，利用简短的微课进行学习比教师"满堂灌"更容易被学生接受，同时也可以提升学生的自学效果和自学能力。

（2）激发学生学习的兴趣。微课的教学内容较少，相对于传统课堂，微课的主题更突出，更能吸引学生自主开展学习。

（3）提高课堂的教学效率。由于学生通过在家学习微课即可掌握课程中的基础知识点，因此，在进行集中面授的时候，就可以利用课堂时间进行交流学习、教师答疑、小组讨论等，从而大大提高课堂的教学效率。

（4）学生的满意度和成绩均有所提高。经过几个学期的实践，我们利用在线调查问卷进行调查，结果显示学生对微课的喜爱率达 97%，认为微课对自己技能提升有很大帮助的学生占比达 89%。可见，微课在"计算机应用基础"这门实训课中的教学成效已逐渐显露。

基于 MOOC 的翻转课堂教学模式分析

谭子会*

一、背景与问题

随着互联网技术应用的发展，翻转课堂（flipped classroom）教学模式在课程教学中得到了更广泛的应用。翻转课堂教学模式是指教师利用信息技术指导学习者在课前通过视频等学习资源开展自主学习，课堂则通过一系列有针对性的教学活动来开展，是知识传授和知识内化教学顺序的翻转。MOOC 的兴起及其带来的微视频学习、全新的考评方式和课内线上交流，在学习方式和学习内容上进一步改变翻转课堂课前学习者的学习。

开放教育的目标是建设终身教育体系，建设全民学习、终身学习的学习型社会，实施教育对象、教育观念、教育资源和教育过程的开放，改革创新人才培养模式，实践人人皆学、时时可学、处处能学的终身教育价值理念。开放教育的学员基本上都是在职人员，每个学员的学习时间都是在工作之余挤出来的，且难以统一，所以他们的学习都是以个性化的自主学习为主，以教师面授助学为辅，应用翻转课堂的教学模式正好契合以学习者为中心的特点，充分发挥学生自主学习的能动性。

二、方法与举措

翻转课堂教学模式强调以学习者为主体，学习者线上自主学习，教师引导和激发学习者的学习热情并结合学习者课前学习来设计课堂教学活动，以完成课程学习任务，培养学习者的学习能力、设计能力和交往沟通能力。

---

* 谭子会：茂名开放大学教育督导部科员，讲师。

翻转课堂将学习分为两个部分：课前的线上自主学习和参与课堂组织的教学活动。因此，学习者应具备一定的线上学习能力，课程教师要有更先进的教学理念及资源设计制作能力。而开展这些教学活动最主要、最基础的要素是学习资源，此外，还包括教学活动设计、教学学习环境及教学评价。总体而言，翻转课堂的实施需要注意以下四个方面。

（一）课程学习资源的建设

翻转课堂的课程学习资源包括课前学习者自主学习资源和课堂教学活动设计资源两大部分。一般基于 MOOC 的翻转课堂在课前提供的学习资源以微视频资源为主，针对课程特定的知识点展开讲解及操作演示，将视频学习时间控制在 5 ～ 10 分钟为宜，可以使用计算机来观看学习，也可以借助移动设备随时随地开展线上学习。在提供微视频资源的同时，应让学习者能依据视频随时开展学习交流的活动。翻转课堂把知识传授转变为知识学习，学习者在课堂活动前通过现代网络技术，在课程教师推送的学习资源的引领下，自主开展线上和线下的学习活动。学习者主导学习过程，可以依据自身的情况，采取不同的学习方式来完成课前学习的任务，并通过线上的协作交流，使学习效果达到最佳。学习者课前自主学习的资源是整个翻转课堂学习资源的核心部分，基于 MOOC 的翻转课堂学习模式的课前学习资源有三种模式：一是由 MOOC 课程直接提供，教师选择适合课程学习的资源推送给学习者；二是将 MOOC 资源与课程平台资源结合，形成新的学习资源并推送给学习者以开展课前学习；三是借助 MOOC 的教学理念，结合课程特点及课程进度，设计制作微视频学习资源，通过线上平台推送给学习者进行学习。

（二）课程教学活动设计

教学活动设计是实施翻转课堂的前提。翻转课堂的一个重要特征就是其将传统的课堂教学转变为由学习者自主开展课堂教学活动，而这一系列活动的设计者及活动实施的引领者则是课程教师。教师的角色由知识的传播者转变为知识内化过程的引领者。相较于传统课堂教学，翻转课堂教学模式注重的是课堂学习活动的开展，而不是课程知识的传授。课堂教学活动的主角也由课程教师转变为课堂学习者，学习者在教师设定的活动主题下，开展学习成果展示、小组合作研讨以及组间交流提升，课程教师则可依据课堂活动的情况，引导学习者深入探讨课程学习主题，并有针对性地进行辅导和点评，在需要的情况下再补充讲解课程知识点。翻转课堂的教学活动设计虽然是由课程教师预先设计的，但在活动开展前，教师需通过课程教学

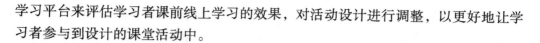

学习平台来评估学习者课前线上学习的效果，对活动设计进行调整，以更好地让学习者参与到设计的课堂活动中。

（三）课程教学环境的支撑

翻转课堂呈现的是混合式的线上线下的教学学习模式，即学习者在线上主动学习、在线下主动参与课堂活动。在翻转课堂模式实施的过程中，需向学习者提供线上、线下两种不同形式的教学学习环境。学习者在课前的线上学习的主要形式是观看教学微视频，在提供微视频学习资源的同时，教师需设计引导学习者参与线上的协作学习活动，增强线上学习的师生互动及生生互动。通过协作学习策略，学习者在线上讨论交流、组间协作等学习活动的引领下，完成知识获取过程。在实施翻转课堂的过程中，教师应向学习者提供良好的面对面交流探讨的空间，而不是传统课堂中的课程讲解，比如，线上协作小组可直接转换为面授课堂的讨论小组，教师只起引导与激励的作用，从而保证面授环节的各项活动得以正常开展。

（四）课程教学评价

教学评价是促进课程教学学习有效进行的手段之一。在翻转课堂教学设计过程中，教师及时了解学习者的学习状态是引领教学的基础，教学过程中的每个环节均依赖学习者的学习成果。对比传统课堂教学，翻转课堂将教学分成线上与线下两个过程，其中，线下的教学设计及其实施在相当程度上是对学习者线上学习的检查与深化。因此，对学习者线上自主学习的形成性评价成为教学评价的主体，同时，学习者线上自主学习的效果是改进面授教学的主要依据。线下的学习活动效果则主要由学习者以小组形式开展评价。教学评价是对学习者学习效果的评价和对教师教学工作的评价，有助于促进学习者的学习进程及教师的有效教学。

三、成效与特色

基于 MOOC 的翻转课堂教学关注的是学习者的个性化自主学习，体现了以学习者为中心的教育理念。教师在学习者内化知识的过程中提供一定的评价和反馈来调整学习者的学习过程，以使学习者的学习更有效率，在反馈与强化中获得相应的知识技能，体现了行为主义的学习理念。基于 MOOC 的翻转课堂教学在实施过程中呈现以下特色。

（一）学习过程体验良好，知识传递效率高

在基于 MOOC 的翻转课堂的教学实践中，MOOC 平台提供课件、视频等资源，

其个性化的模块设计不仅能使学习者获得开展讨论交流、参加测试、获取分数、取得证书等一系列完整的学习体验，而且能为翻转课堂提供课前准备，提高学习者课前自主学习的效率。MOOC平台中的课程进度提示学习者进行自主学习，代替教师推进课程的知识传递，为翻转课堂奠定良好的基础。此外，学习者还能在校本论坛中进行课程的专门讨论，完成教师布置的思考题和作业，能在获取知识后迅速进行知识应用，进一步激发学习兴趣。

（二）课堂互动积极高效，知识内化程度深

MOOC融入开放教育面授课堂，体现了学习者的主体地位。通过小组作品展示、协作交流、提问讨论等形式的翻转课堂教学，为学习者提供了一个很好的答疑解惑的环境与平台。这种高效的课堂互动不仅改变了传统开放教育面授课堂只进行辅导或"满堂灌"的问题，调动了学习者的积极性，而且有利于学习者沟通交流能力的培养，既实现知识的内化，也更易于达成情感、态度价值观层面的教学目标。

（三）虚拟与现实交流相结合，学习者能力提升快

学习者既可以通过MOOC讨论区与外校同一专业的学习者进行在线交流，也可以通过校本论坛与同班的其他学习者对课程内容展开有针对性的讨论交流，还可以将疑问带到课堂与其他学习者进一步交流探讨。不同范围的学习讨论交流拓宽了学习者的交流范围，更开阔了学习者的学习视野，有助于保持和提升学习者的学习兴趣。

（四）评价方式多样化，课程教学调整及时

该模式下的评价方式更合理，课前思考题和作业、MOOC小测验、课堂小组展示、各个论坛的讨论交流情况、课堂讨论交流情况、组间评价和学习者参与活动的程度等均可作为教师评价学习者学习情况的参考依据，有助于实现评价方式和评价内容的多样化。多样化的评价方式不仅使学习者能够及时、有效地开展学习，而且使教师在课程教学实施过程中能够依据评价来调整教学内容，确保课程学习有效进行。

翻转课堂教学模式更新了教师的教学理念，激发了学习者主动学习的积极性，对学习者线上自主协作学习习惯的养成及其协作探究能力的培养具有深刻意义。

微课在会计教学中的应用

方小花[*]

一、背景与问题

（一）"基础会计"课程的特点

"基础会计"是会计学专业中一门重要的基础课程，涉及会计基础理论、基础方式、操作技能等，通过学习这门课程，学生能够掌握有关会计的相关内容，以及基本的操作方法。"基础会计"课程是会计入门的重要前提，为进一步学习"财务会计""财务管理""成本会计"等课程奠定基础。

（二）学情现状

开放教育依托计算机网络学习平台和多媒体课件等现代教育技术手段可实现实时与非实时学习。开放大学的学生大多边工作边学习，学习时间不固定。会计学专科的学生，一部分具备会计基础知识或从事会计工作，一部分则完全没有会计基础知识。对无会计基础知识的学生来说，单单依靠文字材料，学习起来会比较吃力。

（三）教学现状

"基础会计"课程理论性比较强、专业术语比较多，面对开放教育的学生，如果按照传统授课模式教学，势必打击学生学习的热情和积极性，并且传统讲授难以满足实践操作的需求。"基础会计"课程部分内容需在掌握理论知识的基础上进行实践操作，以此检验学习成果，而传统课堂侧重讲授知识点，学生难以掌握会计实

---

* 方小花：惠阳开放大学办公室主任，会计学讲师。

操技能，知识内化需课后由学生自主完成。基于广东开放大学学习平台的开发，视听资源成为必不可少的一部分。

二、方法与举措

"基础会计"作为专科会计学专业的基础核心课程，具有理论性强、内容量大、系统性强的特点，加之业余学习形式下学生自主学习的能力较弱，运用微课形式呈现学习的重点、难点，有利于激发学生学习兴趣，提高学习效率，从而达到良好的教学效果。微课的时间一般控制在 10 分钟以内，但其设计与制作过程是一项系统的工程，主要步骤为：选题—设计—制作。

（一）选题

在微课制作中，选题是一个关键点。一个微课只讲一个知识点，这个知识点是该课程中的重点、难点和疑点，并且相对独立而完整。"基础会计"中理论性较强的知识点有会计等式、借贷记账法等；实操性较强的知识点有编制会计凭证、会计账簿、财务报表等。将这些知识点制作成微课，在课前预习能激发学生学习的动机，教师在课中演示教学能提升教学的效果，学生在课后复习能更好地巩固知识点。

（二）设计

确定选题后，进入微课设计环节。精心的教学设计是微课的内涵和灵魂。在制作微课的过程中，设计包括教学构思、教学思路和脚本设计。①在教学构思过程中，由于微课时间需要控制在 10 分钟以内，因此，教师切入主题要迅速，同时要突出教学的主题和内容。引入主题的方式主要有开门见山、情境式引入、目标式引入和回顾知识点引入等，其重点在于吸引学生的眼球。②在教学思路设计过程中，应做到教学步骤要全面、结构要紧凑、层次要分明、总结要简明。③脚本设计，也就是写好讲稿，方便录制和后期修改，写脚本时语言要简洁、明了。在会计等式的微课中，教师首先引导学生回顾会计六大要素以引入主题，展示会计等式；然后利用天平秤形象地演示六大要素在几种变化的情况下，会计等式仍相等；最后进行简短的总结。这个教学过程从引入、讲授到小结，一环紧扣一环，突现重点，以加深学生对所学内容的印象。（见表1、图1）

表1　"会计等式"微课设计教案

微课名称	会计等式		微课时长	11分钟8秒
背景知识	1. 了解企业的资金是如何运动的 2. 掌握会计核算的六大要素（资产、负债、所有者权益、收入、费用、利润） 3. 在掌握以上背景知识的前提下开展会计等式的学习			
教学目标	1. 会计恒等式的含义 2. 经济业务与会计恒等式的关系 3. 掌握会计恒等式的含义及其与经济业务的关系			
教学重点	1. 理解会计恒等式"恒等"的概念 2. 理解经济业务对等式影响			
微课设计说明	首先，通过回顾会计要素的知识点，说明会计要素和会计等式的关系，引入会计基本等式，利用天平秤讲述经济业务对会计等式的影响；接着，引入动态会计等式和扩展会计等式，利用实例讲解会计等式在企业经营过程中仍保持平衡状态。教学目的是让学生掌握会计等式的表现形式、掌握基本经济业务对会计等式的影响。在讲解知识点时，主要运用渐进式教学法和案例分析法。通过渐进式教学法提升学生的自主学习和探究能力；利用知识点会计要素回顾，引入会计要素与会计等式的关系，并逐步引入会计等式。同时，以案例分析法作为突破口，让学生在案例中思考和接受新知识。本微课一共用了3个案例深入探讨企业经济业务对分析会计等式的影响			

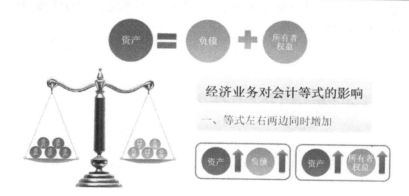

图1　"会计等式"微课视频截屏

（三）制作

视频录制软件有很多，教师可根据掌握技术情况、硬件配备情况和个人操作习惯进行选择。常见的制作方法有摄像机拍摄法、手写板制作法、PPT 录屏软件制作法等。目前，大部分教师都能熟练运用 PPT，如使用 PPT 录屏软件制作法，其中PPT 设计是关键。PPT 设计要做到图文并茂、动静结合、画面协调，高质量的 PPT课件是制作精品微课的重要组成部分。设计好 PPT 后，教师可以边演示边录制，也可以分别录屏和录音，然后进行整合。视频录制完后，教师还可以对视频进行修改和美化。

微课短小精简且能完整地呈现教学内容。在"基础会计"课程中，可以选取多个相对独立的知识点制作系列微课，如将多个微课围绕"会计核算"这条主线串联起来，形成系列微课，即把单个微课的碎片化呈现转化为系列课程的结构化、系统化呈现，有利于学生对"基础会计"这门课程完整知识体系的掌握。在互联网时代，教师充分利用微课进行辅助教学，有助于促进教学质量的提升。

三、成效与特色

在广东开放大学学习平台上，在省校教学团队合作下，"基础会计"课程已完善系统的视听资源。在日常教学过程中，微课视频既可以作为预习资料，也可以作为课堂讲授过程的实操演示，还可以作为课后复习巩固的学习资料。2020 年疫情期间，"基础会计"课程的系列微课运用于网上教学，特别是在讲授实践操作知识中，取得了很好的教学效果。

"公共关系实务"课程思政与信息化教学的互融共进

陈晓岚[*]

一、背景与问题

2019年3月，习近平总书记在学校思想政治理论课教师座谈会上强调："挖掘其他课程和教学方式中蕴含的思想政治教育资源，实现全员全程全方位育人。"近几年，学者和高校教师从理论和实践两重进路对课程思政进行研究和挖掘。从理论上，他们对课程思政的定位逐步深化和拓展，有一种观点认为这是一种"整体性的课程观"，"是一种课程观，不是增开一门课，也不是增设一项活动"[①]；也有一种观点将其视为过程和方法，"将思想政治教育渗透到知识、经验或活动过程中"[②]，"把思想政治教育贯穿于教学活动全过程的新的育人理念和实践活动"[③]；还有一种观点将其视为理念与方法的结合体，"通过全员参与和运作整个课程来进行思想政治教育，是指导和帮助学生生成与发展社会所期待的思想政治素质的活动与过程"[④]。

[*]　陈晓岚：广东开放大学法律与行政学院，讲师。

[①]　高德毅、宗爱东：《从思政课程到课程思政：从战略高度构建高校思想政治教育课程体系》，载《中国高等教育》2017年第1期。

[②]　邱伟光：《课程思政的价值意蕴与生成路径》，载《思想理论教育》2017年第7期。

[③]　何衡：《高职院校从"思政课程"走向"课程思政"的困境及突破》，载《教育科学论坛》2017年第30期。

[④]　何玉海：《关于"课程思政"的本质内涵与实现路径的探索》，载《思想理论教育导刊》2019年第10期。

实际上，课程思政的理念和价值只有落实于课程和专业建设实践，才能使之具有育人的现实意义。现有实践层面的探索主要有：从专业人才培养体系入手，认为应该实现"专业思政"，即"在专业的人才培养全过程及各环节，要有机融入本专业所蕴含的思想政治教育元素和所承载的思想政治教育功能，实现专业育人和育才的统一"①；从专业课程体系设计入手，需要"整体设计各门课程的具体内容和教材结构，实现在知识结构上层层递进，在价值结构上共同发力"②；从具体课堂实施和教学评价入手，认为在教学方式上应"通过创新教学方法强化教学效果"，同时"要将课程教学评价、学习效果评价从单一的专业维度，向人文素养、社会责任感等多维度延伸"③。

高校育人功能的实现是一个综合的过程。"全员全程全方位"的实践以人为基础，以向人输出正确的价值观和思想为任务。"以学生为中心"的课程思政在教学过程中需要解决以下问题：如何回应和引导学生的精神需求；如何以学生的学情和特点为课程设计的出发点，把握青年学生的学习习惯、态度；如何追踪学生对知识点了解程度和价值立场；如何了解学生现有的专业知识和经验基础，考虑学生的学习需求和线上学习偏好，从而进行教学方法的选择、教学活动的设计和教学评价的创新。

---

① 韩宪洲：《深化"课程思政"建设需要着力把握的几个关键问题》，载《北京联合大学学报（人文社科版）》2019年第2期。

② 史巍：《论以"课程思政"实现协同育人的关键点位及有效落实》，载《学术论坛》2018年第4期。

③ 伍醒、顾建民：《"课程思政"理念的历史逻辑、制度诉求与行动路向》，载《大学教育科学》2019年第3期。

二、方法与举措

信息化教学过程见图1。

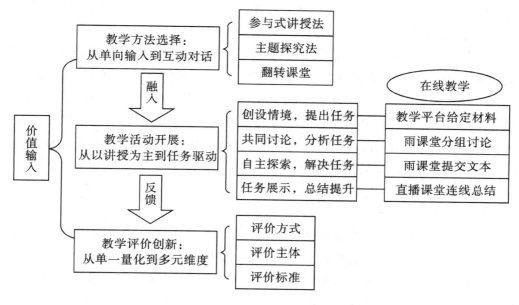

图1 信息化教学过程

（一）教学方法选择：从单向输入到互动对话

混合式教学是当前教育领域的热点，其基于互联网技术，实现线上线下学习活动的混合。"混合式教学是我国特有的名词，意指教师经过教学设计，使得学生发生了混合式学习行为。"① 课程思政教学实施具有如下特点：①互动要求更高，教学交流的有效性需要网络互动和面授教学互为补充；②思政内容在网络传播中具有立体化特点，价值观的输入由面对面的单向传播转向网络化、立体化的传播；③思政元素信息来源多样，需要教师在教学交流中追踪学生的思想状态，以选择恰当的教学内容和方法。从以上三个特点可以看到，如果只是简单地嫁接传统课堂的内容，仅仅进行单向价值观引导，那么价值引导通过平铺直叙的方式就很容易被淹没在专业知识的海洋中，并可能被学生误认为是累赘，因而教学方法需从单向输入转

① 于歆杰：《论混合式教学的六大关系》，载《中国大学教学》2019年第5期。

向互动对话。

一是参与式讲授法。讲授是教师"通过运用语言来摆事实、讲道理，即对某一有关思想政治问题和社会现象予以讲解、分析、讨论等"①。参与式讲授则强调师生对话。在课程思政的讲授过程中，师生在知识、技能、价值观等方面进行交流，对材料的认识和看法学生可以畅所欲言，教师予以回应、纠正及引导，帮助学生规范对素材的认识，提升学生的思想政治素质。

二是主题探究法。以主题来统领知识点学习内容，适用于教学引入阶段，非常适合导入课程思政的主题范畴，使之与专业知识点无缝结合。这种方法是开放的，强调学生的主体性和师生交流，促进学生进行积极体验与探究，关注的是学生的精神成长。例如，在"政府形象塑造"单元伊始，点出"大国担当"的思政主题，要求学生进行两项探究研习：一是"大国担当"的理论内涵，二是"大国担当"国家形象的具体内涵；要求学生运用文献搜索、新闻检索、经验总结的方法进行研习，并在课堂中进行阐述和接受师生的提问。该探究过程是开放的，但是价值引领指向是同一的。

三是翻转课堂。学生在传统课堂中是被动的知识接收者，而翻转课堂则是以学生为主体，教师由主导者转变为引导者。翻转课堂强调主动学习，通过学生的自主吸收和教师在课堂上的引导实现翻转。"在传统课堂上，学生通常学习课程内容，然后运用新学习的知识完成作为课外作业的活动，把这种授课方式的顺序调转过来就称为翻转课堂。"② 例如，教师在课前布置学生观看视频和阅读文本，围绕"'大国担当'的国家行动与对外交流体现了哪些有效的政府形象塑造途径？"这一问题进行自主学习。课中，教师将学生分组并通过在线连麦和共享屏幕的方式，分享学习成果；接着，教师引导学生对各小组成果进行互评；最后，教师进行点评，并对研习问题进行深化和延伸。

（二）教学活动设计：从以讲授为主到任务驱动

教学活动设计从注重讲授走向以任务为驱动，启发学生自觉进行探索和思考，激发道德自觉而不是被动式的价值输入。例如，教师设计任务引导学生对"大国担当"形象进行系统思考，以达到价值观内化的目标。这类教学活动以任务为主线，

---

① 何玉海：《关于"课程思政"的本质内涵与实现路径的探索》，载《思想理论教育导刊》2019 年第 10 期。

② ［英］海伦·克朗普顿、［美］朱迪思·邓克利 - 比恩：《翻转高等教育课堂：翻转课堂框架的设计研究》，彭一为译，载《中国远程教育》2017 年第 8 期。

典型教学活动分为四步。

一是创设情境，提出任务。教师创设情境，给予学生新闻文字素材、访问视频，提出需要解决的任务。

二是共同讨论，分析任务。学生根据知识重难点、教材和参考文献，分组讨论任务的目的、实施依据、需要呈现的价值，并形成文本，在线上提交。学生进行互评，教师进行点评和引导，并确定各组的任务解决方向。

三是自主探索，解决任务。根据第二步中确定的价值立场和形象塑造方向，进行比对和分析，取精华、补短板，制订解决方案。

四是任务展示，总结提升。由各组学生代表用 PPT 展示解决方案，回答其他组的提问。教师对各组解决方案进行点评，让学生对"大国担当"从感性认识上升到理性认识，与专业知识点同步夯实。

（三）教学评价创新：从单一量化到多元维度

课程考核和评价对学生而言意味着总结和激励，对教师而言意味着反馈和调整。有学者提出，课程思政评价就是从课程育人目标出发，根据一定原则和标准，对课程思政开展情况进行检测，找出反映其质量和水平的资料和数据，从而对课程思政做出合理判断的实践活动。对于专业课程思政的教学评价，一方面要评价专业知识和技能的掌握程度和教学效果；另一方面，要评价思政功能是否实现、实现得如何、育人效果是否达到预期。单一量化的评价方式难以把思想性的习得纳入评价范围，且难以进行科学测量。有教师认为当前大学的课程评价应把那些更容易测量的维度来作为课程目标和进行课程评价，而对于课程在促进学生认知、情感和责任感方面的发展则少有提及。实际上，课程思政的教学评价需要从单一量化走向评价方式、主体和标准的多元维度创新。

在评价方式的设计上，形成性评价和终结性评价相结合可以提高章节知识点和课程思政的阶段性的形成性评价比例，降低终结性考核的比例。为更好地测量课程思政的教育效果，打破以结果为导向的卷面考试方式，应将量化评价与主观测量相结合，通过课堂问卷、态度量表、案例分析进行主观测量。在评价主体上，应将教师评价、学生自评、成员互评相结合。同时，还应结合任务驱动式的教学活动，将实践环节评价与思想道德、职业伦理素养评价结合起来。在评价标准上，应加大课程思政部分的占比，关注在职业伦理、政治思想素养、价值观和信仰上的教育效果，真正发挥课程思政教学评价的引导、诊断和反馈作用。

三、成效与特色

（一）激活学生的学习热情，形成道德自觉

2020 年疫情期间，"战疫"思政元素的确定贴合热点，符合学生当时的注意力焦点，与专业知识和技能的契合度高，能帮助学生更好地掌握专业知识，并在课堂实训中提高技能水平。学生有饱满的学习热情和参与意愿，到课率为 100%，直播课堂互动信息充足，互动环节参与率高，观看直播时长充足，学生反馈优良。同时，学生的线上演示汇报质量较高，学生互评针对性强，能形成思想火花碰撞，形成性评价显示学生能在主动学习的状态下形成道德和思想自觉，总体上达到了育人以德的基本目标。

（二）将"任务驱动"运用于线上教学

将"任务驱动"运用于线上教学，利用网络教学平台、雨课堂、钉钉直播等线上教学工具，发挥它们的优点，将其融合于教学方法中，凸显互动、交流、对话的功能，取得了很好的教学效果。

（三）线上教学方法选用得当，教学效果优良

线上教学方法效果优良，克服了线上教学的困难，达到了预期的目标。这主要体现为互动性强，网络互动能弥补非语言沟通交流的匮乏；思政内容在网络传播中具有立体化特点，价值观的输入由面对面的单向传播转向网络化、立体化的传播；能让教师在教学交流中追踪学生的思想状态；疫情期间，能帮助和引导学生厘清纷繁复杂的国内外疫情信息。

（四）学习评价的创新提升教学实效

学习评价结合量化评价和主观测量，学生互评与教师评价相结合，以学生精神成长为中心，激活了学生参与评价的热情，增强了学生通过评价提高学习成效的主动性。在量化考核中，整体评分达到 3.0，学生学习动力充足，受到了良好的学习激励。在主观情感和价值观测量中，学生积极、充分地反馈自己的所思所想，主动跟教师交流自己的思想变化和价值立场，测量问卷回收率及有效率均为 100%，教学实效得到充分提升。

基于"四云+三端"的电子信息类线上与线下深度融合实验的探索和实践

刘映群*

一、背景与问题

高等学校的实验教学以培养工程能力为目的，与针对理论的课程教学存在较大的差异性。现阶段的开放教育实验实训教学体现了以下特点和问题。

（一）实验实践教学在线教育中存在的问题

（1）实验课对资源的强依赖性，难以突破时空制约。①特定地点：实验室；②借助特定工具：仪器设备；③完成特定实验对象的研究：元件、器件或系统。

（2）虚拟仿真实验软件"仿"的效果不能替代从实验现场获取的"真"经验。传统虚拟仿真实验室大都偏"软"，如软件仿真、VR虚拟显示、虚拟仪器技术等。即便实现了硬件在线化界面，仍有其不足之处：学生缺乏对器件特性的真实理解，缺少动手实践环节。

而在线实验则强调的是"硬"，即强调工程经验需要通过操作实际电路来积累，在线实验平台应通过实际的电路映射到仿真软件，软件连接线路，从而达到虚实结合。

（二）实验教学难以在 MOOC 平台上进行

（1）实验教学是内容优化、资源建设和过程管理三部分协调运作的结果。

（2）实验资源共享包括硬件设备、软件工具和各种类型实验数据等。

---

* 刘映群：广东开放大学工程技术学院，副教授。

（3）以文本、视频传输为主的 MOOC 难以承载实验教学。

（三）现有实训条件无法解决学习、训练、测评、实践相互独立的问题

借助云平台，通过一体化的规划设计，以及开放自主学习、集中实习、移动碎片化学习等多种形式，可以构建学生学习专业知识、增强学生实践能力、提高学生综合素质和培养学生创新精神的全程教学服务。通过一体化的规划，还可以将学生的学、训、测、评、实践结合起来，将教学的计划、方法、手段、模式结合起来，形成学生能力实现的导航图、教学的坐标图、教学资源的配置图、学生的成长路径图，最终形成学生个体的"人才质量说明书"。

（四）现有实训条件无法突破活动空间与资源的局限

以"从实际出发，按教学需求，合理利用资源，重视教学效果"为原则，从提高现有设备利用率出发，合理利用实践教学资源，不仅能满足教学需求，而且不会浪费资金重复采购教学资源，可以更好地完成教学任务。

通过整体规划设计，教学活动空间设计可以将实验室的通用性和专用性结合起来、规范化管理与人性化服务结合起来、信息技术应用与人文建设结合起来。同时，鉴于实践教学空间区域的主题性、功能性、复用性，借助现代信息技术应用，整合实验教学资源，可以实现资源的合理优化配置，从而提高资源的利用效率。

二、方法与举措

（一）总体目标

整合实践教学资源，借助现代信息技术，依托"四云"（硬件云、软件云、资源云、教学云服务），充分联通"三端"（学生端、教师端和实训设备端），开展多种形式的资源共享服务，利用资源深度可视性和便利可得性，突破实践教学活动空间与实践教学资源的局限性，充分利用仿真系统、在线实验实训管理系统、在线远程真实验硬件系统平台，通过网络摄像头与硬件远程操控等技术，突破地点、实物等对实践教学的限制，达到线上和线下深度融合实验实训的目的。

（二）具体方法与举措

1. 解决"虚拟仿真纯软件缺少硬件电路实时反馈"的难题以及在线搭建电路的问题

在硬件平台上放置的电阻、电容、单元电路、集成电路等真实物理元器件均可通过扫描映射到客户端软件上，并在客户端软件上（采取仿真软件的操作方式，便于学生快速使用）把这些器件进行连接，然后下发指令到硬件平台，硬件平台负责把设计好的电路通过底层开关阵列连接，实现电路物理连接（非虚拟仿真）。

通过 BNC 将示波器、信号源和 BOX 连接，硬件平台可以向仪器发送指令，在虚拟面板上实现对仪器的控制。可以远程调取示波器内存的数据并进行波形重现，这相当于把示波器的屏幕搬到了客户端的软件上。

开发业务后台系统，学生完成实验后可以一键调取电路连线图、测试仪器的界面以及测试结果数据，从而有效减少作弊现象。

2. 具备网络化、"云端化"的功能，远程操作可以改变硬件电路

实验平台具备网络化、"云端化"的功能，可以通过远程访问修改实验平台的硬件电路，从而达到验证的效果。

（1）实践过程记录。对学生的实验过程进行追踪及数据采集，有助于教师分析学生搭建电路思维能力，分析其行为数据，从而更有效地指导学生的实践过程，分享工程经验。

（2）智能化、仿真和实践实时交互。在智能硬件平台上插入各种实验单元后，实践仿真软件会自动识别元器件种类及相关参数，并根据检测硬件实物的器件特性在软件上进行电路连接。仿真完成后，仿真软件会将命令发送到硬件平台，硬件平台通过底层的大规模矩阵电路实现电路连接，实现仿真和实际验证相结合，解决动手能力和软件仿真结合难的问题。

3. 配套教学资源库建设，努力打造线上线下混合的"金课"和线下"金课"

配套建设"模拟电子技术""数字电子技术""电路原理""通信原理"等课程的资源库，资源库包含大量的课程资源、实训项目、仿真资源库、行业标准和规范、大型虚拟资源、试题与练习和大量经系统设计和优化的资源。其中，建设此类课程的核心是供线上实验的硬件实验实训模块使用。

教学资源建设主要体现如下三个特点：

（1）基础验证性 + 扩展。教学资源建设既可以满足模拟电子技术、数字电子技术、电路等基础实验课程，也可以扩展到综合设计、创新设计及定制化实验。

（2）工程化培养（基础验证 + 电路设计 + 行业应用训练），即与芯片原厂合

作，将其新发布的集成电路应用方案进行模块化，并将这些实验资源导入教育系统。

（3）创新性。①强化培养学生工程思维能力、电路设计能力、故障排查能力；②支持学生将自主开发的实验模块接入系统；③开放接口，支持自主设计模块，根据教学标准完成实验项目设计。

三、成效与特色

（一）成效

1. 线上线下深度融合智慧实验硬件平台

该平台包括真实的实验元器件、电路实物模块及实验用示波器、电压源、信号源和频谱仪等测量仪器。学生可以在实验室外具备网络条件的任何地方，通过计算机远程操控智能实验平台上的实物电路和测量仪表，实现同在现场操作一样的电路元件调整效果和测量结果。借助该平台，按要求上传的关键数据会被自动存入学生的账号中，从而实现远程全真硬件实验，实验室内、外大数据采集无死角。

（1）结构化特征。该平台支持专业群"内容＋平台＋模块＋方向"分模块、分类型的学习方式。

（2）适应性及灵活性。该平台可以提高实验效率、支持复杂的现场实验、支持二次开发，以便于研究实践教学的成果，也可以设置故障电路，加强学生排查故障的能力。

（3）开放共融。该平台可以在线升级，提供源源不断的课程内容资源库，从真正意义上实现工程经验流动。

（4）低成本。该平台既可被远程控制，也支持现场使用，不用重复采购实验箱，省成本、高效率。

（5）扩展性。校企深度合作，教师与企业工程师资源一同开发线上线下融合的实践类"金课"。

（6）未来属性。线上教学的内容是不断迭代的，要求实验内容具备灵活性，该平台支持任意节点连接，支持接口开放，无需原厂资源即可完成配套的实验课程修改。

2. 在线实时控制仪器系统

在线实验平台是由硬件设备和软件后台组成的实验教学闭环系统，既支持本地部署使用，也支持远程操控。

学生端操作界面从原理图设计调试到仪器仪表操作，均可以自动读取、记录、上传测量值和波形，并可以通过摄像头观察真实示波器，非常方便灵活。无论在原理图中改变任何一个器件的参数或任何一条线路，都可以通过示波器实时观察其对实验结果的影响，实验效率大大提高。

3. 在线实验报告系统

在线实验报告系统对学生、教师、管理员等角色进行了区分，不同角色对应不同权限，清晰、易管理。学生在填写报告时，可以合成同一实验条件下的所有测量数据、波形，真实严谨，可以有效避免抄袭。

4. 学习过程大数据分析系统

学习过程大数据分析系统是基于产出导向的教学理念，为保障教学质量，提供大数据支撑的实践管理闭环系统。该系统可记录学生的实验过程数据，对学生的实验过程进行追踪及数据采集，有助于教师分析学生搭建电路的思维能力，分析其行为数据，从而使教师可以更有效地指导学生开展实践，传授工程经验。

（1）强制预习检测模块。该系统可进行在线预习检测，帮助学生改变预习时仅抄录文字，不做深入思考的浅预习习惯。

（2）在线获取学情大数据。该系统可实时获取测量仪器的数据，并自动判断用户的测试结果。

（3）该系统可对实验过程数据，如学生首次提交实验的错误率、最后提交实验的正确率、试错整体情况、耗时整体情况、现场操作整体情况等进行分析。

（4）内容推送模块。针对薄弱知识点内容，该系统可利用 AI 技术实现个性化辅导。

5. 实验在线共享系统

实验在线共享系统具备发布实验项目、收集管理学生信息、在线监控实验全过程、获取并记录关键数据、自动进行效果评价等功能。该系统提供实施实验所必需的软件、硬件，采用计算机终端操控硬件设备的方式，开展远程实物实验。

（二）特色

1. 重构各个层次人才的知识体系

基于"互联网 + 教育""智能 + 教育"的指导思想，通过建设在线实训基地、完善工程化在线实验内容，依托粤港澳大湾区技术企业的培养人才的需求，联合企业的技术资源，产教深度融合，架起学生所学和企业所需之间的桥梁，配套各个层次人才的知识体系，完成学生到企业实训、社会人士再学习、工程能力认定等全流程培养体系，打造线上线下混合的"金课"、线下"金课"以及从教、学、实训、就业全流程的社会实践"金课"。

（1）产教深度融合，联合地方高新技术企业培养人才。

（2）打造特色实训"金课"，线上线下融合打造远程实验平台，解决空间问题、工程经验传递效率低的问题。

（3）基于"互联网＋教育"，将学习过程大数据化，利用技术实现人才培养过程数据可视化。

（4）从基础知识到企业工程知识全流程系统化。

2．开展远程实物实验，发挥共享效益

在互联网覆盖的任何地方，学生都可以开展实验研究。只有这样，共享优质实验项目才能做到效益最大化，使身处不同地方的学生都能保质保量地完成同一个实验项目。这是一项大工程，必须具备以下功能：

（1）在线管理条件。具备发布实验项目、学生信息收集管理、在线监控实验全过程、获取并记录关键数据、自动进行效果评价等功能；提供开展实验所必需的软件、硬件；采用计算机终端操控硬件设备的方式，开展远程实物实验。

（2）信息反馈通道。实验完成后，学生可以反映其真实体会及评价，并提出意见与建议；系统则动态推送优质实验项目排行榜，鼓励高质量实验项目的共享。

3．在线获取实验大数据，提升管理有效性

实验现场反映的问题是我们做出教学质量研判的最可靠依据，而在线获取数据则是了解实验实施情况最真实、最便捷的方法。其中，关键数据有两类：①实验测量数据。采集学生实验过程中的仪器测量值，通过 USB 通信，读取和控制仪器设备的相关参数信息。②实验过程状态数据。采集实验操作过程中的重复次数、时间及速度等数据，将实验过程中的每一步的操作时间统一提交至后台，后台根据提交的过程数据按一定的算法定时进行计算后更新提交次数、准确率。

4．精准分析推送，达成闭环管理

在海量学情大数据的基础上，通过挖掘和筛选，可以获得满足不同教学观测视角所需的分析结果。

2020 年，笔者在疫情期间开展的线上实验实训教学改革被我校推荐为典型案例，参与了全国高校现代远程教育协作组和《中国远程教育》杂志举行的 2020 中国互联网教育"停课不停学"突出贡献院校奖评审，我校荣获 2020 中国互联网教育"停课不停学"突出贡献院校奖。

开放教育信息化教学策略的实践与研究

骆 娜*

一、背景与问题

随着互联网和智能手机的迅速普及，信息化技术在教育中的作用日益突出，并催生出微课、MOOC、直播平台等新教学方法、教学模式和教学工具，在线教学成为各高校推崇的教学改革热点。

然而，在线教学模式也遇到尴尬，暴露出大量微课资源简单堆积、MOOC 通过率较低、教学平台互动寡淡等问题。开放教育的课程多以"面授辅导 + 教学平台"的形式完成，但是学生参与度、教学资源利用率、线上线下互动程度、教学效果等均难以达到预期。尤其是在开放教育的课程教学中，往往出现学生课堂参与性、积极性、互动性不足，传统教学方式单一等问题。可见，课堂教学和在线教学均存在各自的弊端。在此背景下，小规模限制性在线课程（small private online course，SPOC）作为混合教学模式得到广泛关注。

目前，较少开放大学尝试 SPOC 教学模式的实践应用，该模式在基层开放大学的专门研究与推广应用不足。开放大学因其远程、开放而独具特色，因此，有必要结合开放大学学生的特点，紧跟教育技术，通过信息技术形成 SPOC 线上线下混合教学模式，全面提升教学的效果和效率。

二、方法与举措

UMU 是体现 SPOC 教学模式的互动平台，学生无需下载 App，通过微信扫码的

---

* 骆娜：中山开放大学教务处，讲师。

方式即可实现线上线下学习。经过 2016 年两个学期的实践创新，初步取得成效后，笔者于 2017 年申请了广东开放大学教学改革课题"基于 UMU 互动平台的 SPOC 教学模式的设计与实践探索——以《管理学基础》为例"，课题在 2018 年获批重点立项，该教学模式在中山开放大学其他专业和其他教师的课堂中推广应用至今。同时，笔者在 2020 年疫情期间通过使用腾讯课堂直播贯彻落实"全市一堂课"。

（一）理论引领，探索 SPOC 教学模式在开放教育中的实践模式

1. 关于 SPOC 教学模式的文献综述

笔者通过文献阅读，系统梳理 SPOC 教学模式的产生、理论基础、设计过程、教学实践、教学效果以及在理论与实践中的发展与创新，完成文献综述并发表了论文《SPOC 教学模式研究进展与应用综述》，以此指导中山开放大学"管理学基础"课程 SPOC 教学模式的设计、实施、应用、效果评价。

2. 设计开放教育 SPOC 教学模式

以 UMU 互动平台为载体，以国家开放大学"管理学基础"为教改课程，探索 SPOC 教学模式的课前、课中、课后教学过程的设计和组织实施。通过 SPOC 教学模式的设计与实施解决课堂参与性、积极性、互动性不足的问题，将传统课堂的"教师讲、学生听"被动式学习转变为参与式、主动式、趣味性学习。通过课前在 UMU 互动平台精心设计互动讨论话题做好教学导入、课中学生扫码进入 UMU 互动平台即时参与知识点考核和热点案例讨论分析、课后使用问卷调查开展教学评价，探索开放教育的 SPOC 教学模式。

（二）手机扫码参与学习，创新学习方式

通过学生用手机扫码参与学习可以解决课堂上手机干扰的问题：将信息化技术融入课堂、创新教学过程，开创学生在课堂"玩"手机、"用"手机的学习方式，让课堂上的干扰因素成为趣味学习的利器。学生无需下载 App，通过微信扫码即可参与学习过程。

1. 主题导学流畅化

教师在每次面授课前设置导学内容，具体以微课、案例讨论、观点收集等形式完成共享，并生成二维码，发布在班级 QQ 群、微信群，导入主题过程更显流畅性。

2. 课堂互动更具趣味性

通过 UMU 互动平台收集学生对时事热点、案例的分析观点，激发每个学生畅

所欲言的热情，并通过大屏幕展示互动结果，结合教师总结点评，课堂互动更具有趣味性。

3．及时考核知识点

学生可随时拿出手机扫码以进行学习和做题，系统自动评阅分数，并且以排行榜的形式呈现。这种快捷高效的学习路径打破了空间和时间的限制，教师在 UMU 后台中即可查询、分析每位学生的学习轨迹，通过数据了解学生的互动情况及其对知识掌握的情况。

4．教学评价客观性强

为有效改善教学质量，在每学期结束后，学校通过 UMU 互动平台的问卷功能，收集学生对教师教学、课堂内容的客观评价，以进一步提升教学效果。

5．课堂签到技术化

突破传统点名签到方式，用手机扫码签到，签到后头像动态呈现，使用动态二维码防作弊功能防止代签到。

6．课间娱乐融入性强

课间休息借助 UMU 互动平台的游戏环节，可帮助学生放松心情，以此活跃课间氛围，促进全员参与。

（三）大数据收集学生学习行为数据，促进教学策略改革

通过 UMU 互动平台收集学生学习行为数据，可以量化分析学习行为与学习效果的关系。UMU 通过平台记录的学生学习行为包括参与课堂话题互动次数、完成知识点考核次数、案例讨论次数、各章节讨论次数，并与学习效果进行相关性分析和因果分析，借此可以促进教师进行教学策略反思。

例如，通过收集、研究中山开放大学 2017 年春季至 2019 年春季 5 个学期内参与"管理学基础"课程的 511 名学生的学习行为数据，借助 SPSS 统计软件进行数据分析总结，我们分别对比研究了不同性别学习者在学习行为和学习效果上的差异、不同专业学习者在学习行为上的差异，进行了学习特征与行为效果相关性分析，进而探讨了学习行为特征对学习效果的预测影响作用，进行了学习行为特征和学习效果的回归分析。最后得出结论：混合教学模式下的课堂参与率从 20% 提升到 50% 以上，女生的学习效果更佳，专业课对管理类专业的学生吸引力更高，参与知识点考核对成绩有一定的预测作用，等等。

（四）利用校内教学平台，做好远程教学答疑工作

充分利用中山开放大学教学平台，上传教学资源和课件，做好线上答疑工作。

教师在课前上传资源，在课后上传教学课件和补充资料，指导学生下载学习和复习。此外，每学期每门课举行 2 场网上答疑会，围绕教学主题和引申的案例，及时发布讨论主题，引导学生参与讨论。

（五）调整课程设计，开展腾讯课堂线上直播

中山开放大学响应疫情期间"停课不停学"的号召，践行"以学生为中心"的教学理念，积极学习、探索和实践线上教学模式；以学生的体验为中心，以课程内容为基石，充分利用课程设计和教学工具营造良好的教学氛围，调动学生兴趣，达到让学生学会、学好的目的。学校经过对各种直播平台和软件的综合比较与尝试，最终选择腾讯课堂开展线上教学。

1. 挑战突破"学习关"

一方面，由于第一次尝试线上教学，笔者经过多次预演和试讲，终于掌握并熟练应用腾讯课堂的各种功能；另一方面，借助清华大学教师发展中心和中国人民大学等高校的在线讲座，笔者不断学习线上教学的设计理念、设计方法、互动技巧等，在有限的时间内迅速做好对理念和技术的同步学习。

2. 夯实课程"设计关"

线上课程需要做好交互设计，完成知识点导入、知识点分析、考核反馈等。面对白天班和业余班学生的差异，笔者精心设计差异化线上课程。在白天班线上课堂中，笔者时时关注学生的心理并进行疏导，帮助学生克服困难、坚定信心，带着兴趣参与学习。在成人业余班的教学设计中，笔者有意识地加入疫情期间的一些案例，引导学生思考。例如，在教授"人力资源管理"课程中，引入疫情期间的一些经营案例，鼓励学生思考人力资源成本问题；在教授"人才资源管理学"课程中的动机测试时加入互动，提升线上课堂的互动效果；在教授"公司概论"课程时，通过随堂测试，完成对知识点的考核及反馈；等等。

3. 总结课程"反思关"

经过一学期的尝试，笔者对线上、线下教学模式进行比较，并反思今后该如何更好地运用线上线下混合教学模式。相较线下教学，线上教学最关键的环节是做好教学设计，最难的环节是增强学生的参与度。因此，为了提升线上课程的吸引力，需要教师有意识地做好每次直播课的教学设计，做到精简、高效并引人入胜；而要提高学生参与度，则需要教师增加教学的灵活性，提高学生学习的自主性，进而提高学生的学习效率。

4. 依托数据调整"教学策略"

线上教学留下了大量的数据，教师可以通过有效数据的反馈改善今后的教学策

略。例如，通过学生的回看情况、直播教学参与率，分析学生参与情况和考试数据的相关度；通过观看其他教师的直播，进行学习和经验交流；等等。

三、成效与特色

（一）实践探索与实施开放教育 SPOC 教学模式效果显著

笔者立足开放教育学生的现实需求，以 SPOC 教学模式理论研究为指导，探索开放教育"线上＋线下"教学 SPOC 教学模式的设计与实施。教学模式的设计涵盖课前线上主题导学、课堂互动、知识点考核、课后讨论、教学反馈评价。在 SPOC 教学实施中，笔者以 UMU 互动平台为载体，以国家开放大学"管理学基础"为重点教学改革课程，对 2017 年春季至 2019 年春季 5 个学期学习该课程的不同专业的学生进行线上线下混合教学。2017 年春季学期至今，SPOC 混合教学模式已在"人力资源管理""经济学基础""市场调查与预测"等 8 门课程中进行推广应用，参与学生人数累计达 1136 人。每学期课程结束的总结调查结果显示，学生对该教学创新模式的满意度达 92% 以上，考核互动环节尤其深受欢迎。

（二）信息技术应用融入教学过程，创新教学方式

UMU 互动平台引导教师和学生掌握先进的教和学工具，增强了教学的创新性、趣味性。允许手机进课堂，开创学生在课堂"玩"手机、"用"手机的学习方式，通过学生使用手机扫码签到、拍照上墙、课间游戏、即时发表观点、即时做题考核、大屏幕展示互动效果等，让学生边"玩"边学，课堂趣味性强，学习氛围浓厚，提高了学生的课堂参与度，增强了师生互动、生生互动。

（三）分析学生学习行为数据，提升教学管理针对性

借助 UMU 互动平台收集学生学习行为数据，量化分析学习行为与学习效果的关系，并进行专业和性别差异对比，进而在组织教学工作、推动教学改革及教学科学管理方面提出有针对性的建议。

（四）推广覆盖辐射效应强

SPOC 混合教学模式推广应用于校内其他课程及课堂，如我校车犇老师、林红老师将 UMU 互动平台融入教学过程，提高了课堂教学吸引力，学生课堂参与率从

20% 提升到 50% 以上。

（五）促进教学改革在理论研究和实践方面的探索

该教学实践获 2018 年度广东开放大学重点教学改革项目立项，并于 2020 年度通过结题评审。此外，笔者还依托此课题发表了论文《SPOC 教学模式研究进展与应用综述》。

（六）屡获荣誉表彰

该教改项目获 2020 年度广东开放大学"信息化教学奖"，"市场调查与预测"课程依托该模式荣获中山开放大学"课程教学创新奖"。

（七）引领教学改革与创新

在后疫情时代，腾讯课堂直播课结合中山开放大学"全市一堂课"教学组织模式，探讨 UMU 互动平台、腾讯课堂与雨课堂的深度融合，为更有效实现 SPOC 混合教学模式开辟了新的探索思路。

国家开放大学"新型产业工人培养和发展助力计划"委托项目

——"供应链管理"实践类课程建设项目

李伟只*

一、背景与问题

（一）项目产生的背景

1. "新型产业工人培养和发展助力计划"产生的背景

我国正处于深化改革开放、促进经济结构调整的关键时期，产业结构的不断升级，使许多旧的行业消失，一些新兴的行业涌现，这必然对产业工人的素质和技能提出了更高、更新的要求。产业工人是经济社会发展的重要力量，培养大量专业技能强、文化素质高的新型产业工人，提高现代化产业的核心竞争力，是保持我国经济平稳快速发展，助推"中国制造"向"中国创造"、"工业大国"向"工业强国"转变的关键之一。

2. 国家开放大学"新型产业工人培养和发展助力计划"委托项目——"供应链管理"实践课程的背景

为贯彻党的十八届三中全会精神，落实《国务院关于加快发展现代职业教育的决定》中"加快现代职业教育体系建设，深化产教融合、校企合作，培养数以亿计的高素质劳动者和技术技能人才"的要求，国家开放大学实施"新型产业工人培养和发展助力计划"试点，依托包括总部、分部、行业（企业）学院、地方学院、学习中心等在内的国家开放大学办学体系，与行业、企业和工会系统等广泛合作，充分而有效地利用现代信息技术，整合社会优质教育教学资源，面向生产和服务一

---

* 李伟只：广东开放大学经济管理学院，讲师。

线的在职职工开展学历与非学历继续教育。服务企业转型升级，助力职工成长发展。

经过国家开放大学课程建设项目评审委员会对各分部、相关学院的申报材料进行资格审核、专家初审、评审委员会综合评议，确定了"助力计划"实践类课程建设项目名单，"供应链管理"实践类课程建设项目就是在这样的背景下产生的。该项目以实操、实训为主题，课程以微课形式呈现，主要用于新型产业所需的一线员工和基层管理人员的培训。

（二）项目建设面临的主要问题

1. 项目时间紧

通过常规流程招标并委托公司制作，周期长，难以按时完成，且有潜在违约风险。

2. 项目质量要求高

该课程建设项目不同于一般的视频录课，属于实践类课程，制作要求较高，既要满足实践性，又要适用于开放教育，制作难度较大。

3. 教材适用性问题

教材的使用对象主要是广东开放大学的非全日制大学生，学生大多来自企业基层，对管理学的认识往往停留在初浅层次或某个局部，而普通的教材理论性较强，内容繁多，学生学习起来难度较大。

4. 教材可读性问题

教材是学生学习最直接的载体，教材直观呈现的内容直接影响学生的学习兴趣。由于大部分学生对抽象、宏观问题的理解能力较为薄弱，普通的管理学教材理论性较强，实用性与趣味性较为欠缺。因此，只有增强教材的可读性，才能提高学生的学习积极性。

5. 便利性问题

很多教材存在内容繁多零乱、课后习题没有答案、实践操作没有标准、没有推荐读物、教材内容与学习平台内容不对应等问题，教材的便利性有待完善。

二、方法与举措

（一）解决教材适用性问题

教材《管理学基础》全书一共 10 章，系统构建了管理学的基本框架；每章平均3.2节，重点讲述核心知识点；整本书共有230页，32.6万字，阅读任务不繁重。从整体上看，该教材做到了深入浅出、线索清晰、简单实用，解决了适用性问题。

（二）解决教材可读性问题

教材《管理学基础》根据在职学生的基础，紧紧抓住学生学习的兴趣，以理论联系实际为原则，在系统梳理核心知识点的前提下，综合运用多种载体丰富学生对实际问题的感性认识，化抽象为具体，让学生迅速掌握管理学的概念及初步的理论知识和技能，最后通过实训测试题加强对知识点的理解并验证实操的效果。具体做法如下：①将学习目标分为"知识目标"与"能力目标"，突出联系实际的重要性和可操作性；②精心设计"案例导入"，唤起学生学习的兴趣；③穿插"拓展链接"，通过理论联系实际，多角度解读知识点；④章后安排"思考与应用"，通过案例分析，引导学生思考；⑤特别设置"管理实践与操作"，以满足学生参与实践的需求；⑥每章最后的"图书推荐"可以扩展学生的阅读视野。

（三）解决教材便利性问题

为了解决教材便利性的问题，做法如下：①根据现代远程教育理念以及在职学生的学习特点，在建设本教材时与网上教学资源建设相呼应，使学生线上线下可同步学习；②章后安排的"思考与应用"均配有参考答案，为了引导学生积极思考，特别为参考答案设计了二维码，学生需使用手机扫描二维码才能获得答案；③"管理实践与操作"详细给出了实践目的、方法与要求、考核标准等；④"图书推荐"方便学生参考选择读物，以满足多层次的学习需求。

三、成效与特色

本项目适用于经济管理类专科学生的培养以及新型产业所需的一线员工和基层管理人员培训，既可以辅助"供应链管理"理论课程的讲授，也可以辅助"供应链管理"实操课程的教学，还可以作为学生及企业一线员工和基层管理人员的自学材料。

（一）学习载体多元，教材资源丰富立体

一方面，教材资源与学习平台资源实现了对接，拥有线上、线下两种学习载

体；另一方面，教材本身的资源丰富，每一章内容都由"知识目标""能力目标""案例导入""拓展链接""思考与应用""管理实践与操作""图书推荐"构成，还特别为"思考与应用"的参考答案设计了二维码。

（二）重视培养学生"思考—实践—创新"的能力

"管理学基础"课程的学习目标是让学生了解管理学的基本理论和基本方法，掌握分析管理问题的基本方法和基本技能，增强其学习、研究管理学的能力，培养其分析、解决各种管理问题的能力，为其进一步学习专业课和以后的实际管理工作奠定基础。因此，教材非常重视培养学生"思考—实践—创新"的能力。

首先，"思考与应用"模块精选经典案例，通过对真实案例的剖析，培养学生重视思考、认真思考的态度，学生可以直观地理解管理的本质问题。

其次，"管理实践与操作"模块提供了情景体验式的学习方式，即学生扮演不同的角色，自主进行企业、组织的经营决策管理，在模拟环境下体验企业、组织运作管理的真谛，在实践中掌握知识与技能。

最后，教材还增加了有关创新的内容，旨在培养学生的创新精神和创业意识。

成人学生信息化教学模式探讨

彭琼慧[*]

一、背景与问题

（一）背景

近年来，在科技不断发展的网络时代背景下，在线教育发展迅速，成人教学的方式也在不断发展，学校以及教师越来越注重教学设计工作的开展。传统的教学设计已经难以满足现代教学的需求，而网络环境则为学生提供了一个多模态互动教学的平台，同时也为教师提供了丰富的教学信息。在此种情况下，教师充分利用网络中的资源开展教学，不仅可以丰富教学的内容，还可以有效实现资源共享。教师在开展教学设计工作时，不再单纯地将教学内容及教学资源的设计停留在传统的备课上，而是从现代教育技术出发，使其与教学内容相结合，形成适合新时代学生学习的新的教学模式。

（二）存在的问题

1. 上课班级组成复杂

在基层开放大学教学开展过程中，班级的组成是教师在开展教学设计工作时应该着重考虑的问题，只有从班级的实际情况出发，才能有效促进学生的发展。由于基层开放大学视招生情况按专业组班，因此有些班人数很少，有些课程特别是公共课会出现学生需要跨专业或跨年级甚至跨教学点上课的现象。比如，在本次跨区域的多模态改革试点的实际教学中，我校的公共英语班级的学生组成较为复杂。学生

---

* 彭琼慧：汕尾开放大学教学科研处，讲师。

主要是汕尾开放大学各专业的专科学生和海丰县开放大学行政管理专业学生，他们的学习能力以及学习环境都存在差距，这给教学设计的开展带来了较大的困难。加之市县两级教师团队难以形成合力、基层站点教学设施服务滞后等问题，也影响了学生学习的效果。

2. 学生学习积极性不强

由于大部分的成人学生都处于半工半读的状态，因此经常会遇到学习时间与工作时间相冲突的情况。久而久之，学生就会失去学习热情，影响学习效果。

3. 缺乏师生互动

教师对教学进行设计和思考时，很容易忽视对教师与学生互动环节的设计。教师在上直播课的过程中，往往更注重学生是否掌握了其在课堂中传授的知识，而难以了解到学生的真实想法。

二、方法与举措

（一）参加"国家开放大学公共英语课程多模态教学改革"试点项目

为全面推进公共英语课程教学改革，整合多种教学资源，打造立体学习空间，推进"六网融通"模式下公共英语课程的教学实践，笔者作为团队成员积极参与了"国家开放大学公共英语多模态教学改革"项目的申报。2019 年，汕尾开放大学成为第二批混合学习模式教学改革的试点单位，并开展了为期一年的多模态学习模式的探索和尝试。汕尾开放大学英语教学团队进行了公共英语课程多模态教学改革。笔者结合自身的实际教学情况进行了以下实践尝试。

1. 结合学生实际合理设计教学活动

由于试点是跨区域的，试点学生是汕尾开放大学各专业的专科学生和海丰县开放大学行政管理专业学生，为了适应多模态教学模式，教师需要利用现代教育技术创建和更新学习内容及设计教学活动。教学团队借助智能网络社交媒体把师生聚集起来，主要使用网络直播课堂、雨课堂、微信群、开放云书院和国家开放大学学习网。学生与网络环境的互动的多模态包括视觉、听觉、触觉等，网络将文本、图形、动画、视频、音频等有机结合起来，在这样的综合的环境中，激发学生的学习热情。学生只需通过手机或电脑便可以在网络环境下进行学习。

在多模态课改项目的开展中，团队使用微信雨课堂小程序和直播课堂推送学习内容相关视频、音频、Flash、PPT 等资源的方法，充分调动学生的多模态认知。比如，雨课堂可用于发布通知、拓展的语言学习材料、试题、作业以及问卷等，不仅可以给学生推送声文并茂的学习资料，还可以对学生进行很好的管理。学生可以在雨课堂上传作业，特别是英语可以增加口语作业，让学生发送口语语音，这是传统教学模式无法实现的。教师可以通过雨课堂实现自动评分，及时了解学生完成作业的情况，全面掌握学生的学习动向，有的放矢地为学生提供支持服务，受到学生的普遍欢迎。通过教师推送的手机资源，学生可以利用碎片化时间进行学习，做到时时可学、处处可学。

2. 增加师生互动，培养学生的学习兴趣和良好的学习习惯

通过学生微信群和国家开放大学学习网课程讨论区，学生可以随时提出自己的疑问，并能得到教师及时的辅导和解答。这使学生时时感受到教师的陪伴和鼓励，从而更加努力坚持学习。此外，笔者还制作了各单元的口语练习资料，发布到微信群或者雨课堂，为学生提供自主练习口语的机会。

微信每日跟读打卡活动培养了学生每天开口说英语的习惯，受到了学生的欢迎。笔者所在的教学团队每天早上通过微信群布置跟读任务，越来越多的学生每天坚持跟读打卡。

3. 教学团队合作模式

在教学过程中，团队组织教师集体备课，并采取轮流上直播课的方式，通过团队内部的分工合作来解决学生的问题。例如，每位教师对应管理一个学习小组并建立一个微信群，随时对学生提供个性化的服务。

（二）国家开放大学"媒体辅助英语教学"课程团队的辅学教师、学员、团队核心教师

"媒体辅助英语教学"是"跨区域、一站式团队在线辅学"，真正实施跨区域的教师团队的一站式的"辅"和跨区域的学生群体的一站式的"学"的崭新模式。在这种模式下，由国家开放大学体系内的教师跨区域组成虚拟的辅学团队，通过国家开放大学学习平台完成一站式的、协作式的"辅"；学生跨区域组成虚拟的学习群体，通过国家开放大学学习平台完成一站式的、协作式的"学"，突破过去的三级平台限制。"媒体辅助英语教学"是英语本科专业课程，此课程是国家开放大学统设实践操作课程，以优质的教学支持服务而闻名。

笔者在这门课分别扮演着辅学教师、学员、核心团队教师三个不同角色。

1. 辅学教师

2014 年 3 月，笔者被聘为团队全程辅学教师，负责跟踪督促本校学生全程学习

管理工作。

一站式纯在线课程以学生为中心，提供全面而有质量的支持服务，这事关这门网络核心课程的质量。在有我校学生学习的三个学期的教学辅导中，笔者根据全新的网络课程的特点，提供了优质的教学支持服务，并于2014年9月获得国家开放大学网络核心课程"媒体辅助英语教学"优秀辅导教师称号。

2．MOOC平台非学历教育学员

从2017年秋季学期开始，"媒体辅助英语教学"学历教育SPOC课程同时在中国大学MOOC非学历教育平台上架。笔者马上报名学习。一般纯网络在线的学生容易感觉孤独、无助和迷茫。但是，本课程教师团队教师优质的支持服务让学员时时得到鼓励，充满感动。笔者严格按照平台的考核要求学习并以接近满分的成绩获得了MOOC平台优秀认证证书。

这段学习经历为笔者后来成为学术性核心辅学教师提供了很好的帮助，在辅导学生时也更有针对性了。

3．国家开放大学一级统筹网络教学团队核心成员

2018年3月至今，笔者被聘为国家开放大学"媒体辅助英语教学"教学团队核心成员。"媒体辅助英语教学"是国家开放大学一级统筹网络教学团队课程，虽然我校没有学习这门课程的学生，但笔者作为全国13名核心团队教师成员之一，为全国的学生提供教学支持服务。该课程所介绍的课件制作软件非常实用，覆盖了英语教学中听、说、读、写技能的训练，如Hot Potatoes制作词汇语法阅读课件、VioceThread制作听说课件、PBWorks制作写作课件等。

在支持服务方面，教师团队打破了地域限制，分工合理、密切配合，实现了一周七天不间断的支持服务。支持服务的方式包括论坛、邮件、站内信、电话、QQ群（讨论组）以及基于Windows的"远程桌面连接"一对一支持等。

笔者不仅从这门纯网络课程中掌握了网络课件制作技能，还学会了网络辅学的多种方式和方法。

三、成效与特色

（一）"国家开放大学公共英语课程多模态教学改革"试点项目获得变革性的成效

由于试点项目获得国家开放大学外语部的专家们的直接指导和成果验收，笔者

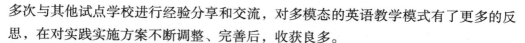

多次与其他试点学校进行经验分享和交流，对多模态的英语教学模式有了更多的反思，在对实践实施方案不断调整、完善后，收获良多。

1. 学生的成长与进步

新的教学模式取得了很好的教学效果和学生的好评。教学改革项目经过两个学期的运行，通过学生们完成的调查问卷，可以看到这种新的教学模式受到学生的普遍欢迎，他们增强了学习兴趣，学习效果也得到了很大的提高，多模态教学为他们带来了积极的影响。

2. 团队教师的成长

参与试点的学校领导和教师更加具有开拓性，思想更加与时俱进，也有了为改变现状、力求取得更好的教学成效而进行改革的动力和勇气。

3. 学校教学点的教学管理模式改革的推动作用

多模态教改项目团队除英语老师外，还需要学校领导、教务教学管理人员、计算机技术人员、班级管理员（班主任）的助力。在多模态教学改革获得成功后，学校把英语多模态教学模式辐射和推广到其他专业课程的管理和县级开放大学的教学中。一方面，学校正式购买了广州某公司的直播平台，使越来越多的课程得以以直播课的形式进行；另一方面，越来越多的专业建立了教学团队，如法学教学团队和思政教学团队。

4. 疫情期间开展信息化教学工作

疫情期间，学校全面推行直播课教学，还将英语公共课分享给县级开放大学，与县级开放大学的学生一起上直播课。学生不仅可以使用手机 App 随时随地听课学习，还可以下载回放。

（二）"媒体辅助英语教学"是一门很有特色的课程

该课程的亮点是团队教师们对所提交课件作业的预点评，使学生通过不断的思考和修改以完善自己的作品，极大地激发了学生的潜能和才华！

该课程的学习支持服务包括学术性的服务，如答疑、作业点评等，也包括情感支持服务，如心理疏导、学习动机的激励等，还包括技术上的支持，如在线技术指导。在此过程中，教师团队的付出也很多，其工作量比面授大得多。教师团队的付出得到了学生的认可，学生因教师们的付出而深受鼓舞，从而克服困难、努力学习并获得了巨大的进步！

来自全国各地的团队专家们远程、纯在线地共同开展对来自全国各地的学生的学习辅导。因此，笔者在学会运用现代教学技术进行辅学的同时，也在这个团队中收获了个人的成长，并积极把这种模式渗透到自己其他课程的辅学当中。

总之，笔者在国家开放大学教学改革和课程团队的引领下，对许多创新教学模式进行了尝试，今后将继续结合现代先进的信息化教学技术，不断地探索和实践。教学创新永远在路上！

第二部分　教学管理篇

基于数字孪生技术云实训系统的探索与实践

赵国信　骆其城[*]

一、背景与问题

（一）政策要求

针对疫情对全国高校正常开学和课堂教学造成的影响，教育部在 2020 年春季开学之初发布了《关于在疫情防控期间做好普通高等学校在线教学组织与管理工作的指导意见》，要求采取政府主导、以高校为主体和社会参与的方式，共同实施并保障高校在疫情防控期间的在线教学。为此，高职院校在疫情期间做好在线实训教学尤为重要。

（二）在线实训教学的痛点

1. 教师的混合式实训教学经验不足

在高职院校日常实训教学过程中，教师主要依靠实体实训室和实训设备开展现场教学。通过现场教学，教师可以掌握学生的学习情况，并及时调整课程内容和教学进度，以便学生更好地提高实践动手能力。而在疫情背景下，教师的混合式实训教学经验不足，加之学校在日常实训室建设项目中较少考虑线上实训教学的需求，疏于对线上教学相关实训系统的建设，以致教师在疫情期间把主要的精力用于线上直播或录制实训操作视频，通过录屏或播放视频的形式开展线上教学，形式单一、内容枯燥，学生缺乏实践操作机会。这样的课程无法调动学生的学习积极性。

---

* 赵国信：广东开放大学实训中心处长，高级工程师。骆其城：广东开放大学实训中心科长，实验师。

2．线上实训教学资源不足

高职院校往往注重实体实训室和实训设备的建设，而线上实训教学资源建设则未能得到足够重视。在疫情防控的背景下，教育部组织全国高校和教学机构免费开放线上教学资源，包括2.4万余门在线课程以及2000多门虚拟仿真实验课程，支持在线实训教学。虚拟仿真实验课程在线上实训教学过程中发挥了重要作用，学生可以在虚拟仿真系统开展自主实验，在沉浸式的虚拟仿真实验环境中反复练习和实验，以达到实训教学的预期效果。

但是，开放的虚拟仿真实验课程一般是为各高校量身订做的实训系统，其他高校无法直接使用里面的资源或只能使用部分资源，导致能够使用的线上的实训教学资源不足。同时，目前线上的大部分虚拟仿真系统都基于流程化的操作，学生必须按照系统设定的步骤一步一步地进行操作，才能获得正确的结果，稍有差错则只能从头开始整个实验的操作。一般情况下，学生需要经过反复、多次的试验才能完成实训任务，这使学生对传统的虚拟仿真实训系统失去了兴趣，在线实训教学效果欠佳。另外，流程化的虚拟实验操作也不利于培养学生的创新能力和独立思考的能力。传统虚拟仿真实训系统只注重学生对理论的学习和流程化操作实训，缺乏对产业场景认知的培养、技能培训以及场景化技术训练等。

3．线上实训教学效果无法得到保障

线上实训教学的效果主要取决于学生的自主学习能力和学习积极性，教师只能通过屏幕观察学生的在线情况，而无法掌握学生的学习进度。同时，线上实训教学无法解决学生与教师在针对性实训方面的双向沟通交流问题，双方因屏幕阻隔，互动有限。学生只能按部就班地上完规划好的实训课程，不能现场讨论知识的重点、难点，更多地处于一种一知半解的状态，学习效率不高。此外，由于线上教学时间和网络空间的限制，教师不能有效地指导学生完成课堂练习和课后作业，学生对知识的记忆、巩固和消化等均受到影响。这些都直接影响了线上实训教学的实际效果。

二、方法与举措

（一）数字孪生云实训系统的构建

数字孪生技术是一项构建数字化工厂和数字世界的基础技术，它可以在设备或系统的基础上创造一个数字版的"克隆体"，这个"克隆体"能实现本体数据和信号的复现，可以贯穿产品的设计、开发、制造、服务、维护的整个周期，并与本体实现数据和信号的双向流动。数字孪生能够将虚拟模型与实体设备结合起来，实现机器组件和模型之间的点对点信息通信，在虚拟模型中呈现实体设备的运行状态，实现同步一致、实时反馈。

为进一步保障学生在线实训的学习效果，学校在顺利开展视频直播的理论教学基础上，利用数字孪生技术与企业共同构建云实训系统进行实训教学。首先，通过混合现实，按照 1∶1 的比例打造出能够再现智能制造产业场景的虚拟仿真场景。其次，通过机器人技术、物联网技术以及控制技术，将真实和虚拟世界联结，创造新的数字化环境和内容，在虚拟空间中完成实体设备的映射，实现数字孪生产业场景。最后，根据实训课程教学大纲，教师和学生调用云实训平台课程库开展线上实训教学。具体实施方式和操作过程如图 1 所示。

图1　"虚拟仿真＋产业控制"虚实结合教学体系

步骤1：根据实体设备的规格、型号和参数，建立专业设备的三维模型。所建立的三维模型的内容包括设备规格、技术参数、连接控制等。利用三维建模软件按照 1∶1 比例建模，建立模型库、工程库和课程库，并为模型渲染效果，从而达到逼真的显示效果。

步骤2：由实体设备控制系统生成控制信号，利用物联网技术获取实体设备的状态传感器、控制传感器和环境传感器等所采集到的数据并将其存储到数据库中，虚拟环境中的模型设备作为受控对象，提取数据库的数据，模拟设备的整个运行过程。

步骤3：平台中真实显示模型设备和实体设备的运行状态，师生通过操控模型设备把数据传输给实体设备，由实体设备完成指定操作。

相比于传统虚拟仿真实训实现观摩认知、流程操作等教学目标，云实训系统通过"虚拟仿真＋产业控制"数字孪生技术，结合企业的真实生产案例开展在线场景化编程、控制、操作、调试等技能训练，可以实现教、学、做一体化的线上实训。在线上实训过程中，可以在云实训平台的虚拟端和真实端完成实训任务，并实现数据流动。借助数字孪生技术的线上实训教学改革尝试，线上实训教学效果得到显著提升，使学生掌握产品全生命周期各环节的知识和技能，理解数字化制造的核心理念，从而提高学生的专业技能，丰富学生的实践经验，实现线上随时随地进行实训的教学目标。

（二）校企双方导师线上协同实训教学

为做好线上实训教学，校企双方导师共同制订线上实训教学大纲，由校企双方导师共同在线上直播教学。其中，学校教师负责课程理论知识的讲授，企业讲师负责关于使用云实训系统的指导。课前，教师将录制好的教学视频、教学 PPT、作业等材料上传至云实训系统，要求学生课前观看教学视频并进行学习；课中，教师利用腾讯会议、QQ 课堂等直播软件组织学生在线教学，就课程的难点和重点进行专题辅导，针对学习难点、疑点开展头脑风暴和点评，同时根据课堂氛围，随机点名提问，调动学习气氛；课后，学生可根据自身的学习情况，再次进入云实训系统巩固学习，并通过 QQ 群向校企双方导师进行提问，践行课前学习、课中答疑、课后巩固的翻转课堂学习模式，更好地提升学习效果。云实训系统保存着学生的实训操作步骤，可自动统计实训数据并生成实训报告，实现了学生从预习到报告的全过程闭环管理。

三、成效与特色

从线上实训课程的教学效果来看，理论教学和实践操作相融合的线上实训教学极大地提高了学生的参与度。学生通过云实训系统拥有充分的自主选择权，可实时观看实训效果，也可利用碎片化时间在课后进行复习。结合数字孪生、大数据、人工智能等技术，还能实现教学形式、教学风格、授课内容以及学习需求的高度匹配，充分激发学生的学习兴趣和动手实践能力，显著提升了线上学习的效果。

（1）保障学生能随时随地进行实训。与传统实训严格受限于时间不同，学生可以在任何时间登录平台进行练习，并按个人的学习节奏，自行决定实训时长。即使因疫情无法返校，无法进入学校的实训室使用实训设备，学生也可以在家按时完成实训任务。同时，学生能够自己搭建虚拟产线，操作各个模块，完成实训任务，让线上实训不再枯燥。

（2）辅助教师线上授课，减轻授课压力。校企双师授课的模式能够缓解学校教师直播上课前的备课压力，让教师把更多精力放在优化教学设计上。企业讲师全过程指导在线实训，可以显著减轻线上实训教学环节的技术负担。校企双方导师借助云平台的丰富系统资源提升了直播课堂的趣味性，有效调动了学生上课的积极性。

（3）创新线上实训教学新模式。学校"云实训"的实训教学模式在短期内能有效解决疫情期间无法开展线下实训的难题。长远来看，"云实训"系统可以解决职业院校实训设备购置成本高、设备维护难等问题，最终为职业教育实训体系的创新发展提供新思路。

（4）推动"引企入教"的改革和实践。疫情期间，合作企业像往常一样参与学校的教学活动。一方面，企业讲师为学校带来了产业的前沿资讯与技术，学校教师也可以通过企业了解一线产业的需求，灵活增减实训内容；另一方面，企业也加强了对高职院校人才培养体系的了解，为产教融合贡献力量。学校"云实训"线上教学模式不仅是对实训教学的创新，而且是对产教融合的探索与尝试。

疫情期间，学校"云实训"教学模式有效地解决了在线实训的问题。通过在线观察和问卷调查，参与"云实训"的学生中有90%的学生认为，相对于其他的在线课程，"云实训"更能激发他们的学习兴趣，校企双师授课的模式也让学生对知识的理解更加透彻，有效提升学生的实践能力。借助企业的研发能力和成功应用的经验，构建基于数字孪生技术的云实训系统，让数字孪生技术的理论教学与实践操作教学切实落地，从而使学生从一开始便基于实际的工业场景进行学习与思考，未来走上工作岗位也能够应用好这项新技术。

此外，线上实训教学使教师把讲台搬到屏幕前，学生从实践基地转移到家中，这对教师和学生都是一种重大考验。为期一个学期的实践证明，线上开展实训教学也能达到同样的学习效果。在线实训教学改变了传统课堂教学，形成了一种新的教育形态。随着5G、人工智能和物联网等现代化信息技术的不断发展和应用，高职院校应抓住机遇并以此为契机，全面推进现代化的信息化技术与实训教学的融合，从顶层设计做好线上线下实训教学资源的建设，倒逼教师提升线上线下的教学能力。同时，高职院校可以改变传统以教师讲授为主的教学模式，结合此次线下实训教学的经验，开展"线上+线下"的实训教学改革，建立起教师指导下的学生自主学习模式，提高学生的自主学习能力，形成"线上+线下"混合教学模式，从而取得最优的实训教学效果。

关于如何提升基层开放大学教学管理工作信息化水平的思考

——以怀集县开放大学为例

梁峻瑜*

一、背景与问题

怀集县开放大学前身是创办于 1983 年的怀集县广播电视大学。2018 年 1 月，怀集县机构编制委员会办公室批准同意将怀集县教育科研中心加挂的怀集县广播电视大学更名为怀集县开放大学。学校以举办本科、专科学历教育为主，综合开展继续教育和各类培训业务，多年来为怀集县党政机关、企事业单位培养了一大批"留得住、用得上、干得好"的实用型人才，为地方经济社会发展做出了应有的贡献。学校先后被授予"全国示范性基层电大""广东省成人教育先进集体"等荣誉称号。怀集县开放大学利用现代远程教育所形成的系统办学优势以及丰富的教学管理经验，提升教学管理工作信息化水平，并于 2017 年整合怀集县广播电视大学、怀集县教师进修学校和怀集县教育局研究室，成立怀集县教育科研中心，使怀集县的开放教育进入了一个新的阶段。根据远程开放教育具有大规模系统办学、多层次、多类型等特点，以优化教务管理流程，提高教务管理工作效率、质量以及降低管理成本为目标，省校在完成教务管理平台开发设计后，实行了支撑"省校—基层"办学机制的教务管理系统的运行，为推进办学体系的科学化和规范化建设、实现资源整合与共享、提高整体教学水平、保障教学质量奠定了重要基础。

然而，从基层收集和掌握的情况来看，由于受传统教学观念和思维习惯影响，各地基层开放大学的教学组织模式、学生管理方式、专业教师管理等普遍存在操作

---

* 梁峻瑜：怀集县开放大学教务处副主任，讲师。

不规范的问题，这不仅影响了教务管理工作的正常开展，诸如形成性考核制度难落实、教学质量无保障、教学成本攀升等老旧问题未因启用流程规范、功能齐备的教务管理系统而得到解决，还产生了招生策略运用偏颇和失当、教师专业发展受阻之类的问题。因此，教学点教学管理不规范的现状无疑成为制约开放大学健康、持续发展的瓶颈，成为影响广播电视大学向开放大学转型升级并取得实效的关键因素。

教学管理出现的状况，实质上是由启用新的教务管理系统后，省校的教学管理重心逐步下移，而基层开放大学教学管理制度不健全、不规范导致实际操作的应对无序造成的。教务管理系统具有强制基层教学点严格执行省校制定的合作办学规范与制度要求的特点，通过科学的程序设计和管理系统稳定运行可以获得落实，而教学管理规则是基层开放大学为服务教务管理系统而制定的。为了科学组织教学活动、充分运用基层师资服务学习需求、有效管理学生等而立下的制度规定，是调动基层教学点的资源优势、形成系统整体的优势和合力的保障。开放大学教育管理大环境的改变，在客观上要求基层开放大学的教学管理体制必须进行改革。理顺省校和基层开放大学两级单位在教学管理中的关系，建立科学、规范的基层教学管理流程，对深化教学改革、提高教学质量具有重要的现实意义，是学校可持续发展的关键。

二、方法与举措

（一）学校新亮点

一是整合教育资源。怀集县自 2017 年成立教育科研中心以来，在怀集县开放大学的基础上，整合了县教育局教研室、县教师进修学校的教师培训职能，充实了我校各方教育资源，大大提高了我校教师队伍的整体素质。在省、市、县教育主管部门的关怀下，2019 年 3 月，怀集县筹建了怀集县教师发展中心，并于 2020 年 10月投入使用，为基层开放大学谋划新发展提供了重要支撑，也为基层开放大学解决生源枯竭的问题提供了新路子。

二是我校依靠国家开放大学和广东开放大学系统办学的优势，开展多样化、多层次的开放学历教育与非学历教育，担负起全县中小学教师的继续教育和短期培训。此举为我校提供了充足的生源，解决了我校面临的生源枯竭的难题，为我校后续发展提供了重要支撑。

（二）教育信息化、教学条件及应用情况

我校共有多媒体教室 21 间，经全面升级改造，教学条件得到较大改善，其中有 3 间多媒体教室被改造成多功能报告厅，集教学功能、会议功能、演示功能、报告功能于一体；有 1 间视频录播室，可以进行视频录制、远程视频教学等工作，方便教师进行网络远程多媒体视频教学，受到学生、教师以及上级有关单位的好评。

（三）专职教师情况

我校有专职教师 49 人，全部具有本科及以上学历，其中，有正高职称 1 人，副高级职称 13 人，中级职称 35 人。教师的办公设备不断完善，专职教师均配有笔记本电脑，便于教师在业余时间学习、收集教育教学信息。我校每学期均举行多场次教学业务培训，培训内容涵盖开放教育的教学方法、教学形式、教学手段、教学规律等方面。

（四）具体教务教学管理措施

1. 提高教务管理人员自身素质，培养职业精神

（1）树立坚定的社会主义理想和信念。认真学习富有时代特征和现实生命力的强大思想武器，掌握其内涵精神实质，培养教务管理人员具有崇高的思想和精神世界，使其形成正确的世界观、人生观和价值观，发扬艰苦奋斗精神和务实作风，有从事教育事业的志向、抱负和追求。

（2）要有奉献精神。现代社会中，高校的教学管理工作节奏快、任务重。这种特点要求教务管理人员在工作中要为人师表、修身律己、内心沉静，全身心投入工作，职业情感浓厚、甘于奉献、不计较个人得失，要始终保持昂扬向上、奋发有为的精神状态。

（3）营造良好的人际关系氛围。面对教师、学生甚至家长等不同的服务对象，需要协调各方面的关系，这要求教务管理人员既要具备良好的人际关系、积极进取的人生态度和坚强的意志品质，还要能够承受各种挫折，始终保持积极乐观的工作心态。

2. 稳步推进教学运行工作，确保教学运行平稳

通过计划性的教学管理，按教学计划推进相关工作。尤其是在期末工作繁多和交叉的情况下，从第 13 周开始提前进行期末的排课工作，使排课工作推进有序、安排合理，并及时落实了所有的课程安排。教务工作虽以常规工作为主，但并不意

味着不重视常规性的工作。我们一直坚持完善发文流程，对每一项学籍和考试的业务通知、工作流程、工作要点、注意事项等都尽量以文件的方式去发布、通知，目的是使工作有依据，操作有指引，提高教务工作的规范管理程度及其成效。

3. 加强教学过程管理工作，确保教学落实到位

通过教学工作的规范性管理，使每位教师清楚需要完成的工作任务是什么、需要做什么、要怎么做、什么时候做、按照什么要求做，以此提高教学管理运行工作的有效性并保证工作完成的质量。

4. 完善教学实施流程工作，确保教学执行顺畅

通过梳理和完善教学工作流程，明确教学工作要求，使每位教师明确工作步骤，确保按时按质完成工作，避免走弯路或出现管理漏洞的情况。

5. 严格执行会议资料整理工作，确保管理有规可依

通过对会议纪要的认真梳理和整理，保存好会议的相关记录，确保后续执行工作按照会议要求进行落实，这也为工作在执行过程中提供了原始的依据和支持。为了加强教学的管理工作，我校制定并完善了相关的规章制度，包括《怀集县开放大学关于省开课程注册大专班相关项目酬金实施方案》《怀集县开放大学关于省开课程注册大专班副班主任教学管理规定》《怀集县开放大学关于省开课程注册大专班管理人员管理规定》《怀集县开放大学关于省开课程注册大专班正班主任教学管理规定》《怀集县开放大学关于省开课程注册大专班网络课上课教师管理规定》《怀集县开放大学关于省开课程注册大专班自设课上课教师管理规定》等规章制度，还有《怀集县开放大学监考操作规程》等，为教学和管理的开展发挥了积极的作用。

6. 加强业务学习

认真学习省校下发的文件，贯彻落实文件中关于业务学习和工作的要求。教务管理人员是教学管理的掌握者和操作者，系统是否能正常运行，教师是否能正常工作，学生是否能正常学习，信息是否能正常传递，这些都取决于教务管理人员的综合能力。对此，教务管理人员可以利用即时通信工具 QQ、微信等，也可以通过建立各种网站或者论坛等，实现信息在师生间的准确传递。同时，教务管理人员还可以利用这种方式在线上及时地解决各类问题，而这种信息传递方式也在一定程度上增加了学生和教师之间的交流，实现了师生之间的信息共享。这样既提高了教务管理人员的工作效率，也适应了新时代下信息化发展的需求。

三、成效与特色

（一）提出省校与基层开放大学分层管理，推进质量保障的构想

在教学管理上实行省校、基层开放大学二级管理，其中，基层开放大学的工作重心应放在贯彻执行教学计划、加强教学运行的过程管理与质量监控等上，形成省校与基层开放大学分工协作、协调一致的教学工作运行机制。省校与基层开放大学应构建起教学决策系统、教学执行系统、教学质量监控系统以及教学管理手段现代化的教学管理运行机制，形成一个适应新型开放大学培养高素质创新人才需要的机制保障、政策保障、条件保障的现代教学制度体系。

（二）提出事务性工作与学术性工作分离的优化原则

基层开放大学从学生至上、服务至上、质量至上的教学管理理念出发，项目组运用"以课程为单元"的理念，以事务性工作和学术性工作分离为原则，构建流程顺畅、职责分明、专业有序的不组班教学管理机制，提出了一套相应的教学管理制度和规范。

（三）以创新教学管理流程构建和谐的师生关系

基层开放大学教学管理机制的创新应建立以学生为主体的教学管理体制，充分尊重学生学习的主体地位，提高学生的自主学习能力，营造学术民主、自由交流的育人环境。在管理体制和机构设置上应建立一些直接面向全校师生的服务性的功能中心，如注册中心、考试中心、学务指导中心、教学信息中心、教学评价与教师培训中心、实践教学中心等。

（四）提出构建系统师资互补、互用的共享机制

在明确规范教学流程可促进教师专业发展的前提下，探讨基层开放大学间师资互补、互用的现实需求和潜在价值。

在新形势下，基层开放大学必须维护办学体系的信誉，面对现实，迎难而上，抓住机遇和挑战，研究探索开放大学建设中内部机构的改革难点，科学消除机构改革中源自内部的深层次阻碍，有效推进新一轮的改革探索和自我完善，才能更好地服务于终身教育和学习型社会建设，才能迎来基层开放大学美好的明天。

开放大学信息技术服务社会研究与实践

——惠州开放大学惠州市干部培训网络学院应用案例分析

李永军*

一、背景与问题

2009 年 5 月，惠州市在全省率先开通了惠州市干部网络大学堂，它受到广大干部的普遍欢迎，取得了明显的成效，成为惠州市干部培训的重要平台。实践证明，网络培训是干部教育培训的重要组成部分，是提升干部能力素质的有效途径，是顺应网络信息时代发展的必然要求。

截至 2013 年年底，干部网络大学堂注册学员达 9000 多人，硬件、网络容量已达到极限。而市直机关和县区机关还有大量干部尚无法利用这一便捷、先进的手段进行学习。同时，干部网络大学堂的硬件配置、网络带宽和数据安全等方面均已滞后，进行在线大规模项目培训期间或年末学习高峰期，平台的处理能力严重不足，出现拥堵现象，学员不能在线流畅学习，投诉激增，因此，对干部网络大学堂的扩容升级成为一项非常重要和紧迫的工作。

为进一步扩大干部网络培训的覆盖面，需要建设功能更强大的软件平台，上传政策和社会经济热点类课程，为学员提供丰富、实用、便捷、及时的学习资源；需要更强大的硬件后台支持，保证平台平稳运转；需要更强的技术团队进行运维管理，更多的人员参与跟踪服务，从而使培训工作更好地为广大干部的成长服务，帮助培养其行政、管理能力，提高工作技能。

---

* 李永军：惠州开放大学信息科科长，讲师。

二、方法与举措

（一）勇于担当，承办学习平台

中共中央办公厅印发的《2010—2020 年干部教育培训改革纲要》指出：要形成党校、行政学院、干部学院主渠道作用充分发挥，高等学校和其他培训机构积极参与，网络培训广泛运用，开放竞争、优势互补、充满活力的办学体制。根据中央、省委、市委对干部网络培训的有关要求，惠州市不断完善惠州市干部网络大学堂的扩容建设方案，最后经惠州市委同意，惠州市干部网络大学堂升级为惠州市干部培训网络学院，交由惠州市广播电视大学承办。惠州市广播电视大学（2019 年12 月正式更名为惠州开放大学）作为一所以信息化建设为基础，以信息技术为手段，遵循远程教育规律，促进教育信息化，引领教育现代化的成人高校，主动出击，积极联系上级部门，力主发挥自身办学优势，承担起将惠州市干部网络大学堂升格为惠州市干部培训网络学院的日常管理运维工作。

2015 年 4 月 9 日上午，惠州市干部培训网络学院在惠州市广播电视大学正式挂牌成立。惠州市干部培训网络学院由惠州市委组织部主办，惠州市广播电视大学承办，惠州市广播电视大学校长任副院长。升级扩容后，学员人数由原来 9000 多人扩展到 50000 人，实现了全市机关事业单位干部网络培训全覆盖，涵盖了市直和县（区）机关以及部分事业单位的全体工作人员。干部培训网络学院采取"市县联动、统一规划、分级管理、资源共享"的架构建设，由市、县（区）两级平台组成，设立 7 个县（区）分院。干部培训网络学院学员的在线学习采取实名注册的方式，实行学分制管理，其学习情况被纳入干部个人教育培训档案，作为干部考核的内容和任职晋升的参考依据。

干部培训网络学院的学习服务中心设在惠州市广播电视大学，由市广播电视大学安排多名工作人员负责日常工作。其中，我校信息科科长兼任学习服务中心主任，具体负责该学院的平台建设、技术支持、日常维护和管理，课件审核、课程资源开发和上传，干部网络在线学习的指导、咨询和督促等工作。

（二）合理设计，扩容升级学习平台

鉴于干部培训网络学院升级后，学习平台需满足 5000 人同时在线学习的要求，实现网络吞吐量大、承载能力强、功能设计优、安全性能好、服务管理好的目标，

我校经过对比了解，选择了经验丰富、业内实力较为出众的杭州某科技公司对学习平台进行扩容升级，并由该公司负责每月制作一定数量的课程资源提供给我校选择后，放到学习平台供学员学习，同时提供保障学习平台正常运行的技术服务。

扩容升级后，学习平台的各项功能得到进一步完善。教、学、考、管、交流等方面的工作更加方便和高效。注册学员不仅可以继续使用个人电脑进行学习，还能够利用手机、平板电脑等移动设备通过无线网络进行学习，真正做到"处处可学"。学习平台实现了手机督学促学、查询学习信息功能，增设博客、论坛交流系统和防挂机学习功能。此外，学习平台还为学习内容的扩展预留通道。

（三）科学建设，安全管理保障平台硬件

扩容升级后的学习平台数据量大大增加，为保证平台有足够的处理能力，确保平台运行畅通，我校经与相关技术服务公司反复研究磋商，制订了扩容升级的基本技术方案，根据安全性、灵活性、稳定性和可扩充性等原则，确定了在线学习系统由学习管理应用系统、数据库系统、课件存储和播放系统三个基础部分组成。在系统逻辑架构上相应配置学习管理应用服务器、数据库系统服务器、课件存储和播放服务器。

通过对硬件设施的更新换代和对网络带宽的扩展，实现了对大学堂服务对象数量限制的突破和对网速的提升。从管理和安全角度方面考虑，我们将学习平台升级后的服务器等硬件设施托管在惠州电信的 IDC 机房，为设备提供恒温、恒湿等不间断的专业安全保障，并由中国电信惠州分公司负责平台硬件设施的安全保障和管理工作以及其他必要的设备技术支撑工作。

（四）专人管理，认真完成日常管理服务

第一，为确保线上课程切合当前国内外形势、内容讲述正确，我校专门成立了一个课程审核小组，选出 5 名政治素质过硬、专业对口的全日制研究生仔细审核课程，从课程选题、内容和制作效果等方面严格审核，每个月筛选出若干数量的精品课程放到学习平台上供学员学习。第二，全市各县区和每个机关单位都设有管理员，管理员负责整理上传本县区或本单位的培训数据。为高质量做好该项工作，我校不定期举行管理员培训，对管理员进行业务培训指导，规范培训数据上传操作。第三，安排 1 名专业技术人员专职管理培训网络学院平台，负责监管平台的日常运行、发放通知信息、上传课程，协助统计会议考勤，导入由组织部组织的全市范围的专题讲座、报告会、干部自主选学课程等培训班的培训数据，审核市直各单位提

交到市委组织部的参训干部学分，处理各单位对学分的疑问以及学分异常问题，解答市直各单位管理员对干部培训网络学院后台使用的疑问，协助市直单位管理员修正由操作失误导致的干部所在单位及个人信息的错误。

三、成效与特色

目前，学习平台注册学员人数为 51307 人，其中市直注册学员人数为 19459 人，拥有课程 3603 门，课程以国内外时势政策、重大会议精神和社会经济热点为主，为广大学员提供了丰富的学习资料，帮助其提高行政管理能力，提升整个干部队伍的素质。

通过牵头建设并实施维护和管理惠州市干部培训网络学院，我校的信息化技术应用管理水平得到了较大提升，不仅丰富了我校在信息化服务社会应用方面的经验，还为我校带来了良好的社会效益，促使我校在服务社会，营造全民学习、终身学习良好氛围等方面做出更大的贡献。

搭建体育信息桥梁，助力教育创新发展

肖　俊*

一、背景与问题

2018 年 4 月，教育部印发《教育信息化 2.0 行动计划》并提出加快教育现代化和教育强国建设，推进新时代教育信息化发展，提高教育管理信息化水平，全面提升教育管理信息化支撑教育业务管理、政务服务、教学管理等工作的能力，助力教育教学、管理和服务的改革发展。中共中央办公厅、国务院办公厅印发了《关于全面加强和改进新时代学校体育工作的意见》，提出学校体育是实现立德树人根本目标、提升学生综合素质的基础性工程，是加快推进教育现代化、建设教育强国和体育强国的重要工作，对于弘扬社会主义核心价值观，培养学生爱国主义、集体主义、社会主义精神和奋发向上、顽强拼搏的意志品质，实现以体育智、以体育心具有独特功能。

广东开放大学由广东广播电视大学转型升级而来，秉承"以现代信息技术为支撑"的办学理念，一直以来都非常重视校园信息化的建设。为贯彻落实习近平总书记关于教育、体育的重要论述和全国教育大会精神，把学校体育工作摆在更加突出位置，构建德、智、体、美、劳全面培养的教育体系，学校在 2018 年成立了体育运动委员会（以下简称"体委会"）。为进一步推进体委会工作顺利开展，提高服务效率，扩大对外宣传，展示学校形象，为教师们提供方便有效的服务，为体育事业发展创造良好环境，亟须建设学校体委会网站。

笔者是广东开放大学经济管理学院一名专职教师，硕士研究生期间所学专业为软件工程，计算机应用能力扎实，具备良好的信息化教学能力，从事教学工作 11

---

* 肖俊：广东开放大学经济管理学院，讲师。

年，兼任学院的工会小组长工作，同时负责学院网站信息更新任务。2018年，在学校体委会成立之初，笔者兼任学校体委会秘书、学校乒乓球队副队长，被体委会领导安排负责学校体委会网站的统筹建设工作。下面，笔者从学校体委会网站建设、学院网站信息更新、信息化课程建设、信息化技术教研、信息化教材出版、信息化教学课程管理六个方面来详细说明信息化应用的情况。

二、方法与举措

（一）规划建设学校体委会网站

在建设学校体委会网站时，笔者有以下四点考虑。

1. 网站类型的定位

首先应根据学校的发展需要对网站进行定位，明确网站建设的类型和方向，如体育赛事、体育活动、运动知识等，并同时要考虑学校网站的窗口示范性，为教职工做好体育服务及宣传等工作。

2. 网站内容的选择

体育服务类网站对内容的选择有很高的要求，好的内容会让网站充满吸引力。在选择网站图片时，通常以一整张大图为背景，每一部分内容、每一个章节都用小图填充。在网站风格和学校风格保持一致的情况下，可以用视觉冲击来吸引用户的注意力，让浏览网站的用户感受到活力。

3. 网站的布局设计

根据网站的类型进行不同类型的布局设计。对于正式的体育新闻，版面一般采用比较正式的设计模式，可信度高，更有说服力。但作为学校服务类网站，设计应让人感到轻松，而不能过于正式和呆板，否则无法吸引用户关注。

4. 网站的功能设置

网站主要为用户提供哪些功能？由于我们的用户主要是学校的教职工，因此，网站需要为他们提供一些日常的体育运动知识、训练活动通知等。对此，我们进行了关于网站需求的调研。

（1）对师生关于学校体委会网站的需求进行调研。学校体委会网站作为学校体育展示的窗口，要满足学校师生的相应需求，功能要齐备。

（2）做好网站架构布局。学校体委会网站作为学校网站的一部分，整体架构布局应和学校网站保持一致，设计风格也要一致。

（3）初步设计网站模块。根据对教职工的需求进行调研，经过多次调整，最后把网站模块固定设有组织结构、规章制度、竞技运动队、运动知识、视频资源、下载中心六个基础模块。

（4）确定网站首页的排版。网站首页简明扼要，包括快讯图片、体育新闻和通知公告。

（5）完善栏目信息。陆续完善组织结构等模块信息，如上传体委会的各项规章制度、竞技运动队的资料等。

（6）发布、更新各类信息。组织各运动队发布相关体育新闻，发布各类体育活动通知，精选图片以动态形式呈现。

从网站建设之初的界面设计、板块设置到各模块内容更新，笔者倾注了大量心血。在学校统一安排公司建设学校网站后，体委会网站成功建设，基本发挥了既定的作用，方便教职工更好地获取体育信息，帮助学校各体育运动队更好地开展各项体育运动。网站首页和具体的新闻信息分别如图1、图2所示。

图1　广东开放大学体育运动委员会网站

（二）做好学院网站信息更新工作

在负责学院网站信息更新工作期间，笔者及时完善网站信息、更新各板块的内

会前齐做广东开放大学健身操

会上确定了本次会议中心议题为经费使用，2020年经费项目为活动训练费、系统比赛专项经费和保险费。各体育竞技队队长分别汇报2019年各队开展活动以及经费使用情况，介绍2020年工作计划以及2020年经费预算情况，预算财务工作小组组长藏春丽对2019年经费报销情况和2020年经费预算做了相关说明，田静秘书长特别强调尽量参加教育系统和开大系统的比赛，少参加其他协会组织的比赛，合理规划支出项目，避免报销出现问题。

图2 召开学校体育竞技队队长线上会议的新闻

容，以充实学院信息展示界面，展示学院形象。学院网站也是展示学院各项工作开展情况的窗口，尤其疫情期间，网站架起了沟通学生与教师的桥梁。

（三）优化信息化课程建设

在信息化课程建设方面，笔者在广开网络教学平台共建设了"人力资源管理"等4门在线课程，长期参与国家开放大学"人力资源管理"等课程的在线教学辅导与学习支持服务工作。同时，笔者积极参与网上教学活动，运用QQ群、微信群、腾讯课堂、腾讯会议等工具或平台与学生沟通交流，便于学生学习，教学效果好，使用情况如图3所示。

图3　"人力资源管理"课程在广开网络教学平台的使用情况

（四）信息化技术教研工作

笔者顺利主持并完成了学校教改项目"美业经营与管理"课程教学改革与实践方案的结题；参与了广东开放大学科研课题"电子商务平台商品品质动态化管控过程及指标探析"的研究，具备良好的信息化教研能力。

（五）出版信息化教材

笔者组织广东开放大学的教师开发"人力资源管理"课程资源，出版《人力资源管理》信息化教材，教材所有单元均对应广开网络教学平台资源，可以无缝链接教材和网站资源。

（六）疫情期间的信息化教学、管理工作

笔者在2020年疫情期间承担经济管理学院2019级电商专业2班、3班、4班的"新媒体营销"课程教学工作。通过对比多种工具，笔者发现腾讯会议结合雨课堂的模式能呈现最好的教学效果，如日常的教学工作、学生的考勤、课程学习的监督、作业的布置与完成、课程的考核与考试都能通过信息化教学手段完成，解决疫情期间的教学难题。雨课堂与腾讯课堂的使用情况分别如图4、图5所示。

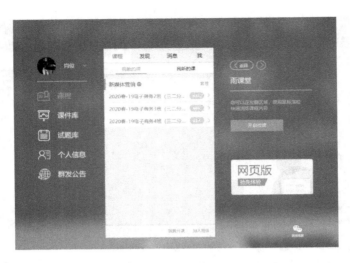

图4 "新媒体营销"课程雨课堂使用情况

图5 "新媒体营销"课程腾讯课堂使用情况

三、成效与特色

从学校体委会网站建设、学院网站信息更新、信息化课程建设、信息化技术教研、信息化教材出版、信息化教学课程管理等信息化应用的情况来看，有以下三点成效。

（1）学校体委会网站成为学校和教职工的沟通桥梁。疫情期间，学校体委会多次组织召开学校体育竞技队队长线上会议，帮助学校体育竞技队正常开展体育活动；通过体委会网站发布居家抗疫指引，体育教师亲自示范居家锻炼方法，引导师生自觉锻炼身体，共抗疫情。

（2）学院网站为学院和教师、学生之间的沟通建立了信息通道，能高效引导教师、学生开展工作与学习。

（3）教师通过信息化应用更新了教育观念、教学思想和管理理念，进一步促进了教师队伍信息化素质的提升。

当然，随着科技的不断进步，信息化是永无止境的，我们将继续深入学习，勇于实践，提高教育信息化的应用水平，紧跟学校步伐，为全面实现教育信息化和现代化做出自己的贡献。

疫情之下开放教育教学教务
管理一体化支持服务的探索与实践

牛玉冰　马祖苑[*]

一、背景与问题

（一）背景

珠海开放大学前身为珠海市广播电视大学，成立于 1980 年，经过 40 多年的发展，学校已成为珠海学习型城市建设的重要支撑，先后获得"全国示范性基层电大""最具影响力基层电大"等殊荣。近年来，学校主动适应珠海经济建设和社会发展的需要，不断加快教育教学信息化进程，通过构建覆盖珠海社区教育、学历及非学历教育的终身教育服务体系，形成全民学习、终身学习的数字化学习平台，为珠海广大学习者更新专业知识、提升职业技能、提高精神文化素质提供了实时、有效、灵活、多样化的学习支持服务，有力推动基层开放大学转型发展，助力学习型社会建设。

（二）面临的问题

在开放大学转型发展的新形势下，伴随着新兴技术的迅猛发展，开放教育体系的教育教学业务也有了较大变化，原有的教育教学管理模式及支持服务已无法满足学习者的需求。尤其是在疫情期间，如何实现"停课不停学"，保证学习者学业的顺利开展，对学校的信息化学习支持服务提出了挑战，学校面临以下四点亟待解决

---

　　[*] 牛玉冰：珠海开放大学教务处处长，副研究员。马祖苑：珠海开放大学教务处副处长，副教授。

的问题。

（1）开放教育学习过程中数据分散，学习者、教师、班主任及教学管理人员无法迅速、直观地对某个班级或个人的学习情况进行整体把握，难以对学习过程数据进行有质量的整合分析。

（2）开放教育的主体教学模式是线上线下相结合的混合式教学。在疫情防控的特殊时期，要实现"停课不停学"，除了国家开放大学学习网、广开网络教学平台外，还需要有能适应教学点实际的在线教学及管理平台。

（3）开放教育教学教务手工环节多，不仅工作量大、耗时长，还容易出错。学校涉及多种学历教育类型、多个分校点，排课、补报考、网改课程核对等均存在较大的困难。

（4）班主任对学生的管理和精准化服务缺少数据支撑和平台支撑，服务质量受班主任个体影响较大。如调停课信息发布流程繁冗、QQ 群信息发布有效性低、学习者成绩追踪困难等问题突出。

二、方法与举措

（一）建立教学服务数据

学校引入广州某科技公司的在线教学系统，结合开放教育业务流程对系统功能进行二次开发，为学习者提供 PC 端和移动端服务，为学习者提供多样化的在线学习渠道。系统数据适用于开放大学人才培养过程的每个环节，贯穿学籍管理、教学安排、成绩管理、考试管理及毕业管理等学习全过程，将国家开放大学、广东开放大学涉及整个学习过程的不同平台的业务数据都进行了整合，解决了数据分散的问题。系统的核心功能包括专业规则管理、学籍管理、智能排课、直播课程管理、在线学习资源管理、考务管理、成绩管理、学习情况分析、教学计划信息推送服务等。系统尤其关注容易对教学过程产生影响的环节，如排课、报考等功能，为提供优质、精准的学习支持服务打下全面的数据基础。

（二）完善在线直播课堂

基于教学服务数据之间的关系，系统为在线直播课堂创建相关业务关系逻辑数据，实现智能排课及课程开设功能，生成直播课堂的上课安排以及课程对应的直播间的配置信息，学校所有课程的授课方式在疫情防控期间悉数转为线上直播教学。

授课教师只需根据既定的课程表，按时启动直播课堂，即可开启直播课堂。学生根据自身学籍、专业、课程的关联关系，自动进入直播课堂。教师、学习者均可在在线直播课堂进行签到，系统自动计算课程到课率及实际到课学生信息，同时记录师生在线时长及互动记录。教学管理人员、督导可在不干扰课堂的情况下，随时随地巡查直播课堂的秩序及效果。直播课堂的录屏文件在课堂结束后自动生成，上传至平台后可供学习者随时回看并下载。此外，教师可将课程各章节的教学内容转换成不同类型（文本、图片、动画、视频、微场景等）的在线学习课程资源，并在平台中加以共享。

（三）建立教务支撑平台

结合国家开放大学、广东开放大学日常教务的业务需求，以国家开放大学、广东开放大学教务管理系统的相关应用为基础，实现与教务管理系统及学习过程涉及的多个指定平台的关键数据同步更新，保证专业规则、学习者信息、报考信息及各类成绩（含统考成绩、学位成绩）等关键信息的准确性；同时，以开放大学体系内教务管理流程为蓝本，设计、开发与体系管理流程一致的业务功能。软件的测试和使用设计以基层开放大学教务、教学管理人员为主，在设计和开发过程中充分考虑广东开放大学办学体系的管理流程，根据开放教育教务管理的各个环节进行信息化建设，实现教学教务管理一体化。

（四）优化在线学习支持服务

平台强化班主任管理功能，实现不同类型学习者档案信息的快速查询，同时可经平台将必要的信息（如调停课信息、考试信息等）自动发送至每一位学习者，学习者登录 PC 端或 App 端的时候即可获取信息。班主任可清楚掌握所带班级的专业教学进度、每一位学习者的课程通过情况、课程成绩、课程报考及日常平台登录等情况。基于平台数据，班主任可及时提醒、敦促学习者到课、到考，对学困生进行重点关注并做出有效干预，实现精准督学。

三、成效与特色

（一）实现处处学、时时学，解决成人学习者的工学矛盾

在线直播课堂的建设，实现了疫情防控期间"停课不停教、停课不停学"。学

习者可以随时随地开展在线学习，因各种原因未能按时参加直播教学的学习者也可以随时随地回看直播录屏文件。2020 年，学校基于此平台开展了新生开学典礼、新生专业入学教育、在线直播教学、在线补报考、在线答辩、教学测评、成绩录入等活动。全年到课总人数 33785 人，学校课程平均到课率近 73.45%，有效改善以往成人学习者由工学矛盾导致到课率低的问题。教学过程中师生在线互动热烈，线上教学整体运转平稳有序，师生对在线直播课堂的评价普遍较好。

（二）实现跨区域资源共享，服务对澳教育

近几年，在学校领导班子"大融合、大招生"思路的指导下，学校对澳教育招生实现了大增长。学校立足粤港澳大湾区发展大局，提高站位，积极探索对澳教育服务的转型发展。经过此次探索与实践，学校与其他地市级开放大学实现了教学资源共享，一方面解决了单一教学点专业师资不足、外聘教师难以管理的现状；另一方面，通过共建与共享跨校、跨区域优质课程资源，在解决疫情防控期间澳门学习者出入境受限问题的同时，使澳门学习者享受到优质名师的指导。

（三）大幅减少手工业务操作，提高管理效率

基于教学教务一体化平台，教师可以不受空间限制，实现在线直播教学；学习者可以随时随地学习并实现快速查阅课表、查询成绩及报考课程等一系列操作；教学、教务管理人员能够使用开放教育在线专业规则管理、学籍管理、智能排课、数字学习资源管理、考务管理、成绩管理及学习情况分析等功能。此外，平台还提供了在线课堂的相关报表，如课程直播课堂数量统计表、教师直播课堂数量统计表、直播课堂到课率统计表、直播课堂学生在线情况统计表、互动统计表等，为学校优化教育教学提供了参考依据。总的来说，教学教务管理效率得到较大提升。

（四）提升师资队伍的信息素养，丰富学校的数字资源储备

此次探索与实践进一步培养和提升了教师将技术与课程融合的意识、能力和技巧，建设了一批直播课堂视频资源及相关课程数字资源，成为国家开放大学、广东开放大学教学资源的有效补充，在支持成人学习者在线学习方面发挥了重要作用。学校所有专任教师及外聘教师均基本掌握了在线直播平台的操作技巧。

（五）形成一套行之有效的线上教学经验，社会反响好

疫情期间，学校利用教学教务一体化平台开展线上教学，灵活整合直播与在线

辅导的教学形式，成效明显（见图1至图3）。在及时总结在线教学各项工作经验及成果的基础上，学校推出在线教学经验系列谈"党建引领网教我行——珠海开放大学线上教学纪实"，包括学校篇、教务篇、教师篇、学生篇、技术篇、服务篇及分校篇。系列谈报道在珠海开放大学官网、官方微博发布后，受到各兄弟院校的关注，此系列报道被广东开放大学报分两期专版报道，社会反响好。

图1　学校利用教学教务一体化平台开展线上教学

图2　学习者随时随地在线学习

图 3 教师在线直播

利用信息化手段加强广东开放大学选课管理

陈晓曦*

一、背景与问题

选课，是指学生在学校发布的开课计划范围内按照本专业、年级教学计划进程表进行课程注册，选课管理是高校教务教学管理的重要一环。选课不仅是学生课程学习的凭证，而且是收费、教材征订、教学安排、考试、毕业审核的基础和依据。

广东开放大学开办初期由于没有教务系统，选课操作直接在教学平台完成，由教学点填报学生选课数据并汇总到省校教务处后，再统一导入教学平台。选课每学期开展一次，具有工作频率高、时效性强、涉及面广、工作量大的特点，同时，它又是学生参加学习和考试的唯一凭证，对工作的准确性要求高。传统的选课方式效率低下，易出错，难以达到该项工作对效率和准确性的要求。

自 2017 年秋季学期起，广东开放大学教务管理系统正式运行，选课业务转移至教务系统中进行，由于当时学生数量不多，因此系统选课效率高，选课管理重点主要集中在操作培训、指导、完善工作流程等方面。然而，随着学生数量的不断增长，各种选课需求不断增加，选课压力逐渐显现出来。

（一）选课规模与日俱增

广东开放大学在校生人数从 2017 年秋季学期的 2 万人增长到 2021 年春季学期近 30 万人，选课数也从每学期不到 10 万门迅速增长到每学期超过 150 万门。日益增长的选课数给教务管理系统和选课工作造成了较大压力和管理上的困难（见图 1）。

---

* 陈晓曦：广东开放大学教务处教学运行科副科长，助理研究员。

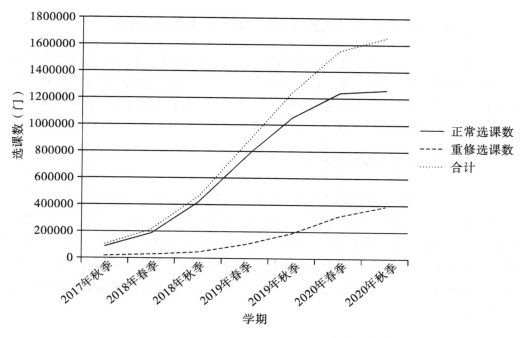

图1 2017 年秋季学期至 2020 年秋季学期选课数据统计

（二）选课类型多样，增加选课难度

与其他开放大学和全日制高校不同，广东开放大学学生类型众多，选课类型复杂。

从学生类型来看，单科课程注册生、学历生、课程转学历生的选课进度不同，教师对其所执行的教学计划也不同，对同一批次的学生选课管理难度较大。

从选课类型来看，广东开放大学的课程不设补考，学生若成绩不通过，则须重新选课学习，因此，选课分为正常选课（首次选课）和重修选课。

从计费方式来看，广东开放大学采取按选课学分收费方式，但重修课、补修课和部分思想政治课不收学费，因此，选课要区分收费课程和免费课程。

本科补修课是不具备该专业专科学历或不具备学习该专业相关基础知识的专升本学生必须补修的课程。至于具体哪些学生符合免补修条件，之前没有相关规定，粗略做法是按照学科大类区分。

错综复杂的选课类型增加了选课难度，同时也造成了错选、漏选的现象增多。

（三）教务平台与教学平台选课数据不同步，选课勘误困难

目前，广东开放大学教务平台与教学平台数据不同步。如果出现选课错漏情况，就需要删除或者增加选课，这样可能会出现教务平台上已删除的课程在教学平台上学生仍然可以参与学习和考试，或者教务平台增加的选课没有及时在教学平台上开放给学生参与学习等问题。

（四）学生无法完成自主选课

由于教务系统功能和广东开放大学教学模式的限制，学生无法自主选课，只能由教学点工作人员进行操作。但是，广东开放大学的学生类型复杂，学生学习进度难以统一，选课效率较低而且容易出错。为减轻工作量和降低出错率，部分教学点操作人员每学期会将教学计划进程表中的所有课程全部选上，从而造成了教务系统冗余、数据庞大，过多的无效选课导致考试缺考率高、成绩合格率低，影响数据统计的准确性。

二、方法与举措

（一）加强选课指导，强化选课原则

教务处每学期发布选课流程指引，要求教学点以人才培养方案、开课计划为依据，在确保修读必修课的前提下，遵循先易后难、先基础后提高的原则进行选课。通过教务系统中的课程管理功能，控制选课范围，将未到开设学期的课程设置成关闭状态。

（二）分析选课数据，制订统一选课方案

通过对选课数据进行分析，我们发现一些公共必修课程选课量大且都在第一学期开设，且受疫情影响，新生开学时间迟，无法完成过多的学习任务。为了保证新生的学习质量和学习效果，减轻考试组织的压力，从 2020 年春季学期开始，新生实行统一选课，由省校统一规定修读的科目，在系统中统一导入选课数据，避免了教学点分散操作带来的系统卡顿，大大提高了选课效率。鉴于统一选课方便快捷，我们将统一选课功能加入教务系统建设需求中，希望能实现统一选课的一键操作功能。

对于补修课程，我们组织学院专业负责人制定了前置专科专业门类与报读本科专业门类的对应规则，教学点可以导出需要补修的学生名单，方便查看并导入课程。从 2021 年春季学期开始，省校根据补修学生名单统一为新生导入补修课程，解决了教学点漏选、错选补修课的问题。

（三）解决课程转学历生选课难题

广东开放大学的课程生在转为学历生的当学期会出现新旧学号和新旧规则交替的情况。而新旧学号交替可能会造成课程转学历生在新旧学号下重复选课或在旧学号下的选课无法计费的情况。在这种情况下，课程转学历生应先用课程生学号进行选课、学习，待成绩录入教务平台后，再统一将其旧学号下的选课迁入新学号；同时，新生选课由省校完成，教学点无法用新学号选课，这样，就能解决新旧学号重复选课和旧学号下选课无法计费的问题。

另外，新旧专业规则交替可能会出现部分课程生已修读的课程在转为学历生之后其人才培养方案中已经调整，无法认定学分的问题。为解决人才培养方案调整以后课程转学历生已学旧课程与新课程之间的替代问题，在调整后的教学计划新课程中建立了相似的课程对应关系，避免课程转学历生重复学习，同时也省去了学生办理免修、免考的烦琐流程和防止了学费的重复收取。

（四）设定选课上限，控制无效选课数据

《广东开放大学学籍管理办法》规定学生每学期选课不能超过教学计划进程表当学期建议开设的课程门数，但由于教务系统没有加以限制，部分教学点操作人员为了减轻选课筛选的工作量，仍然将教学计划所有课程进行全部勾选，这些无效的选课在下一学期又累计到重修选课中，随着学生量的激增，容易造成资源浪费、统计困难。从 2021 年春季学期开始，省校实行每学期每位学生选课学分上限 30 学分的规定，教务系统同时新增了选课学分限定管理、选课门数限定管理、选课总学分管理等功能。

同时，一些特殊课程，如"本科补修课"为部分本科学生需要学习的课程，"形势与政策"需要连续学习四个学期，不受 30 学分的限制，由省校统一选课，不增加教学点选课的负担。

（五）利用"网上服务大厅"完善选课勘误工作流程

教务系统和教学平台选课数据不同步，给选课勘误造成了较大的困难，特别是

删除选课之前会经常出现教务系统已删除所选课程，但学生还能在教学平台上正常学习的现象。为规范选课勘误流程，保证选课数据的准确与同步，我们在"网上服务大厅"设计了选课删除操作流程，实现了从申请到审核再到数据删除的全程监控，提高了办事效率（见图2）。

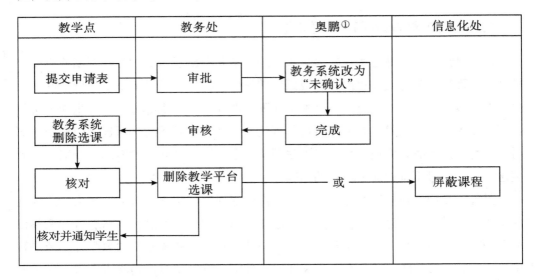

图2　申请删除选课的流程

三、成效与特色

（一）选课数据得到有效监管

通过信息化手段，实行规范选课流程、统筹选课范围、限制选课学分等一系列措施，广东开放大学学生选课总量逐步稳定，特别是在2021年春季学期，重修选课的数量大为减少，正常选课数在本学期新生达8万人的情况下没有出现急剧增长，冗余数据正在减少。随着系统的不断完善，选课数据的有效性逐步提升（见图3）。

---

① 即北京奥鹏远程教育中心有限公司，主要从事远程教育、教学支持服务。

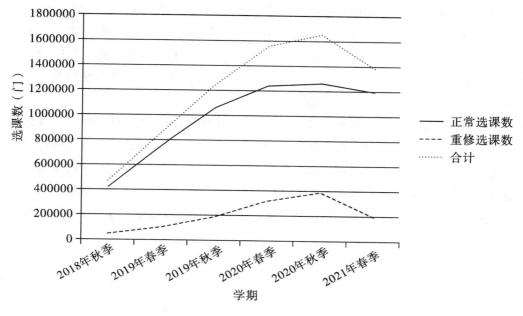

图3 2018年秋季学期至2021年春季学期选课数据统计

（二）统一选课缓解了系统压力

对选课量较大的公共必修课程实行省校统一选课，避免了教学点分散操作，节省了时间，提高了工作效率，降低了出错率，使新生可以第一时间投入学习，同时缓解了系统压力，助力招生系统入学资格审核工作顺利进行。

（三）优化办事流程，删除操作更加严谨

过去删除选课需要教学点提交书面申请，在教务处通知奥鹏后台更改选课状态后，由教学点删除选课，再经教务处通知管理人员删除教学平台数据。该审批过程烦琐，涉及的人员分布在不同部门，中间过程难以监管，数据不同步。现在，通过网上办理整个申请流程，形成闭环管理，审批操作流程清晰可见，方便操作人员查询办理进度、完成情况。同时，这也解决了删除操作在教务系统和教学平台无法同步的问题。

四、后续工作

虽然选课学分限定在一定程度上控制了无效选课数量，但是，由于广东开放大

学的学生分散在各地，不像全日制高校学生那样有统一的教学进度，学生重修的科目、数量不同，需要为每位学生统计、筛选重修课程，加之目前系统功能不太完善，对学生人数众多的教学点来说，势必带来不小的工作量，也对选课教师的计算机操作能力要求较高。因此，在下一步的工作中，我们还需要完善系统自动重修选课功能和自动删除超学分课程功能。

在教务系统建设的需求中，我们增加了开课计划管理、执行性教学计划管理以及自动选课功能，以保证今后的选课管理更加方便、快捷、准确，满足更多样化的选课需求，实现学生自主选课、学分制选课，加强数据管理功能，方便师生查询及统计选课数据。在利用计算机网络技术完善平台建设，实行选课工作的网络化、智能化管理的基础上，我们再配以热情周到、细致规范的精细化管理和服务，选课工作将更加高效。

在线直播教学课程安排管理系统开发

蔡祖科*

一、背景与问题

2020 年突如其来的疫情打乱了我们正常的教学、工作、生活秩序，同时也给我校信息化工作带来了极大的挑战。根据教育部《关于在疫情防控期间做好普通高等学校在线教学组织与管理工作的指导意见》、省教育厅《关于做好疫情防控期间高等学校和中等职业学校教学工作的通知》、国家开放大学广东分部《国家开放大学广东分部 2020 年春季学期新型冠状病毒感染的肺炎疫情防控期间应急教学组织方案》等文件精神及相关要求，为有效应对疫情，保证我校教学正常开展，按照"充分发挥'互联网＋'优势，引导学生网上自主学习，停课不停学，开学不返校"的思路，组织开展在线直播教学、讨论、答疑、作业布置等工作。如果教师在家进行线上直播教学，学生在家里用手机或电脑听课，那么每位教师要将自己开设的每门课程对应时间表和直播平台对应的链接或二维码发给班主任和教务科，然后再转发到相对应的班级 QQ 群或班级微信群，通知学生根据时间表和链接或二维码来听课。整个工作过程任务量比较大，特别是班主任因为学校学生人数多、班级多，开展工作极不方便，教务上对教学进行管理监督的过程也比较麻烦。在这种情况下，作为信息化管理人，笔者主动想师生所想、急师生所急。为了保障学校顺利开展线上教学和管理工作，实现学生、班主任、教师三方的无缝对接，提高工作效率，减轻工作量，方便学生听课、班主任随时掌握学生的听课情况、教学管理人员和学校领导对线上教学进行巡查和监督，笔者组织相关人员进行研究，做出一套可行的设计方案，在研究中充分利用自己的专业知识和工作经验，结合我校教学实际情况，

---

* 蔡祖科：阳江开放大学教务科科长，副研究员。

加班加点在短时间内研究开发了一套线上直播教学课程安排管理系统，大大提高了教务教学管理工作的效率，充分发挥了信息化管理的作用。

二、方法与举措

系统的开发与使用与教务排课工作相结合，系统功能主要分为五大块，包括教师课程直播管理、班主任班级查询功能、学生查询直播时间表功能、教学管理人员查询功能、后台管理人员数据处理功能。在开发的过程中，笔者合理安排分工，由教务科教学管理人员根据本学期本专业的教学计划进行排课工作，并确认教师的上课时间是否规范、是否有冲突，教师所授课程是否与其专业相符合。设置好所有班级的开课计划之后，将通过管理人员身份登录平台，把排课的相关信息导入系统后台数据库，然后由对应的任课教师登录平台并填写好课程的二维码和链接地址，且在每次完成直播后将实际听课学生人数和课堂 PPT 或教学资料上传到对应的位置，具体如图1、图2所示。

图1　登录界面

图 2　教师功能界面

学生在阳江开放大学公众号登录平台后，能够实时在线查看本班级课程直播的相关信息，如本学期所上课程数量，每门课程的上课时间、二维码和链接，课堂的 PPT 或教学相关内容，等等。学生登录界面如图 3 所示。

图 3　学生登录界面

班主任登录平台后，可以看到管理的所有班级课程直播安排表，以便提醒学生上课。班主任登录界面如图4所示。

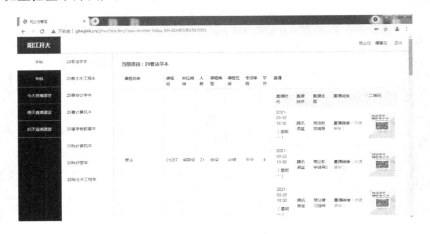

图4　班主任登录界面

教学管理人员登录平台后，可以直接通过链接进入课堂，及时了解、掌握上课情况，方便巡课和监督。教学管理人员登录界面如图5所示。

图5　教学管理人员登录界面

这套系统使教学管理、教师授课、班主任工作相结合，既与其他直播软件具有关联性，又有其独立性，实现了教学工作与管理工作的双赢，同时也实现了教务人员、班主任、学生三方信息的统一，在管理上无缝对接。

（1）班主任通过学校公众号登录平台，可以看到自己所管理班级的直播时间表并进行听课，还可以看到班级学生出勤情况，及时掌握学生上课的情况。

（2）学生通过学校公众号登录平台，选择当天直播课课程链接进入课堂听课，下载任课教师的课堂 PPT 及相关资料进行复习，方便快捷。同时，教师的上课记录可以在平台中保留两个月以便回放，方便因特殊情况不能够按时进入课堂的学生在课后进行学习。

（3）教学检查是教育教学过程中的重要环节之一，网络直播课程的监管同样不能缺位。这套系统能够及时加强课程计划的管理，保证线上教学质量。教务工作人员及学校领导可以通过该系统对当日所授课程进行巡课，如发现问题，则及时处理，保证教学工作的正常进行。

另外，通过平台后台数据库分析功能，教务工作人员能够及时获得全校每日每门课程的上课出勤率，并提供给学校领导、班主任和教师。精确的数据和及时的反馈能够让各教学环节的主体了解上课情况，当出现问题时，及时修正。

在信息化的网络直播教学中，这套系统贯穿于教学的全过程，提高了教学前期的工作效率，为教师的授课提供了便利，强化了课后监督与检查。信息化网上授课提高了学生对学校教学与管理的认可度，受到了任课教师和学校领导的一致好评。

广东开放大学"社会学概论"网络精品资源共享课程建设的探索与实践

梁瑞明[*]

一、背景与问题

2001 年 5 月 15 日，我国政府在亚太经合组织人力资源能力建设高峰会上，提出"构筑终身教育体系，创建学习型社会"。2010 年，我国颁布《国家中长期教育改革和发展规划纲要（2010—2020 年)》（以下简称《纲要》）。《纲要》第 25 条明确指出：构建灵活开放的终身教育体系，办好开放大学。党的十八大报告进一步强调"学有所教"这一民生工程。党的十九大报告对教育领域工作提出了新任务、新要求，特别是"落实立德树人根本任务""推进教育公平""实现高等教育内涵式发展""办好网络教育""办好继续教育，加快建设学习型社会，大力提高国民素质"，对推进开放大学建设发展提出了明确要求。

国家教育体制改革领导小组将探索中国特色开放大学办学模式列为 20 个教育体制重大改革项目之一，并把中央广播电视大学以及北京广播电视大学、上海广播电视大学、江苏广播电视大学、云南广播电视大学、广东广播电视大学 5 所地方广播电视大学列为试点单位，形成开放大学"5 + 1"模式，这是我国继续教育和终身教育改革的一项标志性成果。

2012 年 12 月 26 日，教育部同意广东广播电视大学更名为广东开放大学。广东开放大学是一所新型大学，其顺应了国家教育体制改革需要，是现代信息技术飞速发展和世界终身教育思潮广泛影响的必然结果，具有全新的办学理念和全新的教学模式。广东开放大学的建设对广东省建设全民学习、终身学习的学习型社会产生了重大、深远的影响。

---

* 梁瑞明：广东开放大学终身教育学院（老年大学）院长，副教授。

课程是开放大学人才培养模式运行的基石，是专业人才培养目标实现的载体，因此，课程建设必然成为开放大学探索的重点内容。"社会学概论"课程是为培养合格的社会角色服务的，旨在培养和引导学习者在学习社会学理论知识的基础上，提高理解、分析和解决实际问题的能力。该课程适用于法学、社会工作、文秘、行政管理、公共管理等专业，这些专业的人员从事着社会各行各业，使该课程的建设具有广泛的行业背景和旺盛的市场需求。"社会学概论"网络精品资源共享课程正是基于上述意义组织建设的。

二、方法与举措

网络精品资源共享课程与普通的课程建设的最大区别在于教学模式及教学方法的设计与创新。

（一）在线教学模式设计与创新

1. 教学模式

"社会学概论"课程的教学模式如图1所示。

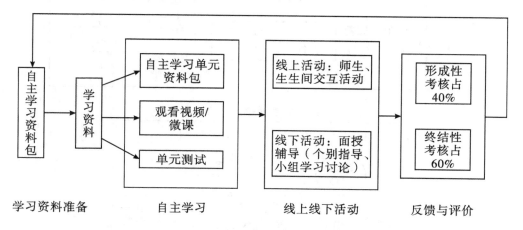

图1 教学模式

2. 创新点

（1）具有完整性、系统性。如图1所示，"社会学概论"课程的教学模式设计从学习资料准备、自主学习、线上线下活动到反馈与评价，再到学习资源准备，是一个完整的不断循环的闭合系统。

（2）以知识点作为学习节点，学习者可针对某个知识点进行学习，也可以对各个知识点进行连贯的学习。

（3）突破传统课堂面授的局限，实现远程网络教学。

（4）具有学习时间和空间的灵活性。不受时空限制，方便学生随时随地学习，还可反复进行学习。

（5）体现交互式特点，有利于学习者对知识的理解和深化。

（6）学习方式（线上线下混合）更有效，有助于学生在自主学习中能够找到解决问题的方法。

（二）教学方法设计和创新

"社会学概论"课程的教学方法设计是基于互联网的交互式的教学设计，实现平台、教师、学习者和学习资源四大元素的联动，注重基于设计的教学，以"学习者自主学习（线上）＋面授辅导（线下）"混合教学模式展开，包含视频课（微课）、面授课、讨论课三个模块，如图2所示。

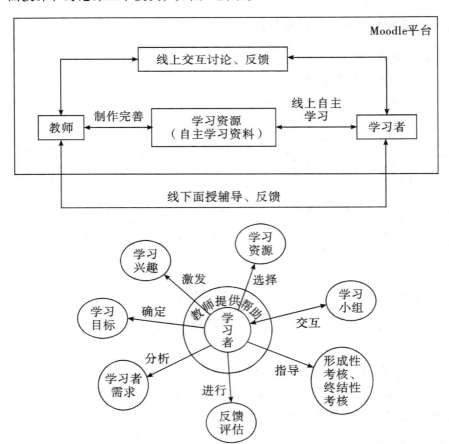

图2 以学习者为中心的教学设计模型

该模式的创新点主要体现在以下四个方面。

（1）转换教学主体。以学习者为中心，将传统的单向灌输变为教师引导下的自主学习。

（2）教与学形式灵活。小组讨论、练习、测试等环节支持多次重复参与，具有较强的互动性，有利于学习者进行深度学习，提升学习效果。

（3）增强课程黏着力。以社会热点案例切入，组织引导学习者参与角色实践，营造生动的交互氛围，通过信息相互交融、交叉，拉近学习者之间、学习者和教师之间的距离，提升学习者对课程的黏着力。

（4）实现在线课程与传统课堂的优势互补。既结合了开放、互动的以学生为主的在线课程学习的理念，又保留了传统课堂的现场参与和个性化辅导的优点。

三、成效与特色

（一）成果的实践应用效果

1. 实现教与学的三个目标

（1）夯实基础。"社会学概论"课程教材设有基础理论和实践内容，在 12 个章节中，每个章节都有学习目标、案例引导、核心内容、延伸阅读、本章小结、本章知识与能力训练等模块，配套资源有线上课程自主学习资料，包括单元简介、学习指引、重点难点导读、单元练习、共计 420 分钟的 44 个微课系统讲解视频等。学生通过线下阅读教材和线上自主学习，了解课程的基本知识和理论，打牢基础。

（2）提升学习理解。该教材每章都设有延伸阅读，即拓展阅读和阅读指引，均结合本章节的内容，帮助学生深入学习和理解相应章节的内容。

（3）拓展的延伸学习。该教材的案例引导和能力训练的内容结合了线上教学资源（社会学家茶座、放眼视界、视频课程等，链接社会学学会、协会以及全球各著名的社会学学习网站），为学生提供全球视野，帮助学生拓展与延伸学习。

2. 实现两个结合

（1）线下与线上结合：由于该教材是与课程线上学习资源相配套使用的，学生可选择多种学习方式，特别是偏远山区的学生无法进行网络课程学习，但该教材可以帮助他们完成对课程的学习。

（2）理论与实践相结合：该教材将基础理论与社会热点案例引导相结合，同时结合了课程线上教学。学生自主学习各章节的基本理论、知识点，并结合个人的实践经历，经过思考、分析、提炼后，参与课程线上讨论平台（课程实时讨论区和非实时讨论区）的主题讨论，与教师、同学互动。同时，教师依据教材内容设计，可以通过面授辅导开展实践教学。

3．实现三个转变

（1）实现从以章节为单位到以知识点为单位的转变，突出重点，既不繁冗，又能体现章节内容的连贯性和系统性。

（2）实现从传统教材的线下教学到教材与课程网络化知识点相结合的"双线"模式的学习转换。

（3）因地制宜，依据教材和相关学习资源实现多种自主学习模式的切换。

（二）成果的推广效果

"社会学概论"课程自上线以来，受到学员的广泛欢迎，成为法学、公共事务管理、文秘、社会工作四个专业的网络共享精品课程资源，在广东省开放大学体系60个市县教学点使用，目前共有29773人选课使用，使用效果较好（见表1）。

表1　"社会学概论"网络精品共享课程资源使用情况一览

序号	地区	教学点（个）	学员人数（人）	所属片区	合计（人）
1	直属分校	15	21008		
	佛山	3	59	珠江三角洲	26319
	东莞	1	284		
	肇庆	3	1231		
	惠州	4	351		
	江门	3	855		
	中山	7	2213		
	珠海	3	318		

续上表

序号	地区	教学点（个）	学员人数（人）	所属片区	合计（人）
2	云浮	4	458	粤西	2591
	茂名	3	1695		
	阳江	2	78		
	湛江	3	360		
3	汕尾	2	268	粤东	494
	揭阳	1	226		
4	韶关	1	29	粤北	369
	清远	1	128		
	河源	1	175		
	梅州	3	37		

数据来源：广开网络教学平台。

基于在线学习平台建设跨界整合资源
以发展非学历教育的实践应用

廖继标　张佑健　狄宏林*

一、背景与问题

（一）大力发展非学历教育是党和国家赋予开放大学新的历史使命

1. 在开放大学做大做强非学历教育是创建学习型城市的需要

《教育部等九部门关于进一步推进社区教育发展的意见》指出，要"通过整合资源，建立健全城乡一体的社区教育县（市、区）、乡镇（街道）、村（社区）三级办学网络。各省、市（地）可依托开放大学、广播电视大学、农业广播电视学校、职业院校以及社区科普学校等设立社区教育指导机构，统筹指导本区域社区教育工作的开展"。

《广东省教育厅关于大力发展社区教育推进学习型社会建设的意见》明确指出，"推动各市、县（市、区）广播电视大学（开放大学）办好社区大学、社区学院，在现有的乡镇成人文化技术学校基础上组建社区学校，大力建设居（村）社区教育学习站（点）。到 2020 年，全省各市、县（市、区）、乡镇（街道）、居（村）基本相应成立社区大学、社区学院、社区学校、社区教育学习站（点），形成以开放大学为龙头，以社区大学和社区学院为骨干，以社区教育学习站（点）为基础的覆盖全省各市城乡的社区教育办学网络体系，较好地满足社区成员多样化的学习需求"，"广播电视大学（开放大学）系统各级办学机构要承担牵头开展本区域内社

---

* 廖继标：东莞开放大学教务主任，讲师。张佑健：东莞开放大学办公室副主任，讲师。狄宏林：东莞开放大学信息教研室主任，讲师。

区教育资源建设的任务"。

2. 在开放大学做大做强非学历教育是进一步发挥开放大学开放办学特色的需要

2012 年 6 月 21 日，教育部正式下发文件，批准在中央广播电视大学的基础上建立国家开放大学，并要求开放大学以现代信息技术为支撑，学历教育与非学历教育并举，确立社区教育为开放大学重要职能之一。

2017 年，广东省、东莞市机构编制委员会在对东莞市广播电视大学更名为东莞开放大学的批复中，明确要求东莞开放大学要"广泛开展社区教育"。

（二）跨界整合资源，大力发展非学历教育是东莞开放大学的现实需要

截至 2020 年 10 月，东莞开放大学各类学历教育在校生 14180 人，教职工 68 人（含聘员），生师比达 209∶1，其中教师（含担任管理以及其他事务性工作的教师）40 人，师生比达 1∶355。师资力量的受限，直接影响了东莞开放大学长期以来学历教育与非学历教育的均衡发展。

2016 年 9 月，东莞开放大学在全省乃至全国开放大学系统率先试行"线上（直播室）"教学，并于 2017 年推广至 90% 的课程。2018 年，东莞开放大学建设直播中心，搭建在线学习平台，在这方面也走在前列。这种在学历教育方面的尝试，允许东莞开放大学着手布局社区教育、老年教育、技能培训等非学历教育的体系建设。2018 年 3 月，东莞开放大学进行内设机构调整，将招生工作从学生工作处分离，学生工作处专司非学历教育。

但是，学生工作处只能履行统筹、规划、组织、服务的职能，不可能完全举起非学历教育的大旗。非学历教育教学师资不足仍然是摆在包括东莞开放大学在内的基层开放大学面前的"一堵墙"。这种不足包括人员的不足、教师由学历教育讲师向培训师过渡方面的不足以及学习资源的不足。

（三）搭建非学历教育平台是基层社区教育、老年教育开展主体的业务需求

1. 非学历教育的市场需求与师资队伍不匹配

非学历教育几乎涵盖了各学科的内容，各社区学院、社区学校开展非学历教育既要根据市场的需求，也要根据目前已有的师资队伍进行匹配。由于地域的限制，师资无法发挥其最大价值。

2. 非学历教育的教务管理工作量大

非学历教育的教务管理从项目组织、学员报名、学员平时分统计到学员综合成绩评定等均需要教务员人工统计，工作量大。

3. 学员学习行为难留痕

目前，东莞各镇（街）社区学院开展培训工作主要以线下为主，培训项目、调查问卷、考核等均以纸质材料的形式保存，难以为后期的非学历教育发展提供有效的数据支撑。

（四）东莞开放大学具有开展线上教育、跨界整合资源发展学校业务的经验累积

1. 面向全国企事业单位聘请资深讲师教学

2016 年，东莞开放大学推行线上教学，尤其是自 2018 年学校搭建在线学习平台以来，东莞开放大学兼职教师队伍建设不再局限于市内，而是将目光看向市外，博揽优质教育教学资源。例如，讲授"经济法"课程的李岚老师是深圳市金诚同达律师事务所资深律师、国际法与香港法方面专家（见图1）。

第12周				东莞开放大学2020春季课程安排表（节选）						日期 2020年5月17日 星期日		
序号	月份	日期	周次	星期	年级专业	班主任	人数	出勤数	出勤率%	课程	教室	教师	课程备注
9	5	13	12周	三（晚班）	18秋、19春、19秋、20春会计多个本科班级	全校				视频课程：企业集团财务管理	居家网络上课	梁经纬	上课时间：第5、6、7、9、10、11、12、13、14周周三晚上
10	5	13	12周	三（晚班）	19春、19秋、20春公共事业管理多个本科班级	全校				视频课程：青少年心理健康教育	居家网络上课	陈喆	上课时间：第1周、19周周二晚+第5、6/停课7/暂停、9、10、11、12周周三晚+第15、17周周四晚上
11	5	13	12周	三（晚班）	20春工商企业管理、会计多个专科班级	全校				视频课程：统计学原理	直播中心205	张先林	上课时间：第6、9、11、12周周三晚+第7、9、11、12、13、14、15、16周周四晚上
13	5	13	12周	三（晚班）	18秋、19秋、20春法学多个本科班级	全校				视频课程：香港法概论	居家网络上课	李岚	上课时间：第5、6、7/停课周四晚上、8、9、10、11、12、13、14周周三晚
14	5	13	12周	三（晚班）	18秋、19春、19秋、20春学前教育多个专科班级	全校				视频课程：学前儿童社会教育	居家网络上课	张春	上课时间：第6、7、8、9、10、11、12、13、14、15周周三晚+第12周周四晚上
15	5	13	12周	三（晚班）	18秋、19春、19秋、20春学前教育多个本科班级	全校				视频课程：幼儿游戏与玩具	居家网络上课	李茜	上课时间：第6、7、8、9、10、11、12周周三晚

网络直播上课时间：　晚班　　　19:30 --21:05（课间休息5分钟）
　　　　　　　周末日班　　上午 10:00 --11:35（课间休息5分钟）
　　　　　　　　　　　　下午 15:00 --16:35（课间休息5分钟）

图1 东莞开放大学 2020 年春季课程安排表（节选）

2. 与兄弟开放大学一起共上"同一堂课"，实现师资共享

自 2019 年春季学期开始，东莞、韶关两地的开放大学着手打造"云上同一课堂"格局（见表1）。

表1 东莞开放大学、韶关开放大学共享直播课程安排

序号	教师	课程名称	课时
1	苏 萍	（网）中级财务会计（一）	30
2	朱晓怡	生产与运作管理	24
3	廖继标	地域文化（专）（本）	24
5	黄巧静	国际礼仪概论	30
6	张佑键	政府经济学	24
7	李 岚	国际经济法	30
8	袁丽红	国际私法	21
9	吴 瑕	商务礼仪概论	24
10	苏 萍	中级财务会计（二）	45
11	张周涛	当代中国政治制度	33

二、方法与举措

（一）搭建东莞开放大学非学历教育平台

1. 搭建历程

根据我校非学历教育发展战略，2019年，我校开始筹建非学历教育平台。通过综合评估信息化现状及各类非学历教育业务情况，我校制定了"以用户为中心，以业务管理为主线"的建设方针。通过调查社区、单位（组织者）、教师及学员的需求，结合我校各部门业务需求，将校园内外一切非学历教育的活动，如校内外各类非学历教育培训、学生社团活动、志愿者活动及各类公益性活动等都纳入此平台，做到线上组织管理，线上或线下实施，将非学历教育的活动数字化。在平台设计上，沿用了学校的统一身份认证中心，PC部分使用B/S（Browser/Server，浏览器/服务器）架构实现，移动端App使用原生态技术进行开发。2019年10月，非学历教育平台正式上线。

2. 平台主要功能

（1）培训管理。根据非学历教育培训计划，在平台中，可对培训项目进行增、删、改、查，详细设置培训项目的项目名称、项目简介、主办单位、联系人等基本

信息（见图2、图3）。

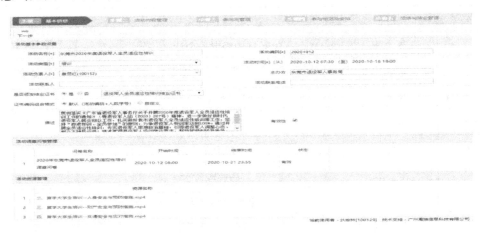

图2 平台基本信息界面

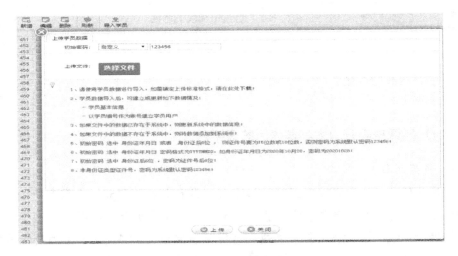

图3 平台新增项目界面

（2）学员管理。学员管理支持培训组织单位通过Excel模板批量导入或手动添加，也支持学员个人报名。在学习管理中，可根据培训项目要求，对学员进行分组管理，配置组负责人，还可对组设置参与培训课程的时间及上课方式（线上或线下）（见图4）。

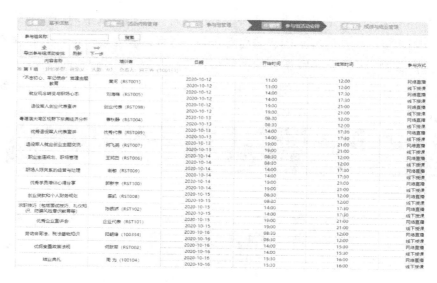

图4　学员管理界面

（3）教学管理。对培训项目进行课程安排，包括设置培训项目中每门课程的课程名称、培训者、培训者助理、上课时间、上课形式。根据培训项目需求可在直播凭证中设置是否需刷脸观看课程直播、回放，同时可按需求给学员的签到率、观看视频时长及测验成绩设置占比，最后系统自动生成综合成绩（见图5）。

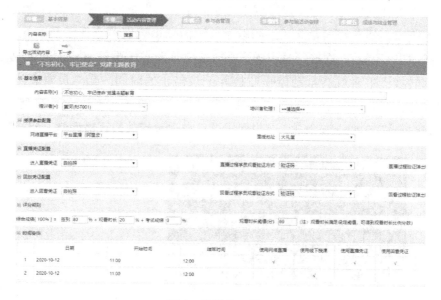

图5　教学管理界面

（4）内容管理。平台支持上传各种格式的文件，培训者或培训助理可对所授课程进行资源建设，包括课程封面、课程简介等，也可以章为单位进行课程内容资源建设，维护章的名称与内容介绍，维护每一章节的内容。此外，培训者或培训助理还可以将制作完成的直播课堂视频以及 PPT、Word、Excel 等课堂资源关联到所授的课程，并上传到平台（见图6）。

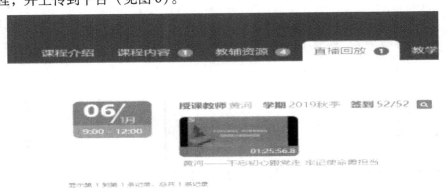

图6　内容管理界面

（5）直播管理。在直播过程中，培训者可进行多屏互动教学。在直播页面中，培训者可布置课前练习，课中通过课堂作业向所有学生提问，平台则自动统计学员答案的准确率，便于培训者灵活组织教学。同时，培训者可查看学员的签到情况，与学员随时进行互动。在授课过程中，平台会持续监控学员停留界面的情况，一旦界面发生转换，平台就会自动停止监控并记录停止的时间。当学员重新进入界面后，平台会记录新的开始时间。在直播过程中，平台会不定时发出反馈请求窗口，需要学员进行简单的操作响应，以确保学员正在观看当前的直播课堂（见图7）。

图7　直播管理界面

（6）教务管理。教务管理包括学员签到统计、请假统计、成绩管理和结业证书管理。根据学员的综合成绩，可批量或单独生成学员的结业证书。

（7）数据分析。通过平台可记录全员学习行为和习惯相关数据，帮助培训者调整学习课程和优化在线学习项目，平台从不同维度统计学员的出勤率、合格率、平台使用率等，为非学历教育的开展提供数据支撑（见图8）。

图8　数据分析界面

3. 平台特点

（1）灵活性。设计方面，平台建设遵循"大平台、小模块"的设计理念，可按需灵活调整功能模块搭建。培训项目如需涉及其他数据源，可根据数据源的开放方式和程度灵活选择不同的对接方式，能够快速对接各类数据接口。平台管理方面，非学历教育培训项目、课程安排、分组、学员等模块可灵活按需修改，与前面的配置有高度的连贯性。用户使用方面，培训者上课形式灵活，可选择线上直播、线下面授，以及"线上＋线下"混合模式教学。学员签到形式灵活，学习终端设备选择灵活多样。

（2）共享性。非学历教育平台以学校数据中心为基础，通过数据中心与在线学习平台建立了学习资源数据交换接口，将在线学习平台的学习资源共享到非学历教育平台。我校教师根据培训项目的需求，通过资源组合的方式轻松建立培训项目课程内容。同时，通过平台打破了师生的区域限制，各区域实现师资共享，从而更好地匹配非学历教育市场的需求，发挥师资的最大价值。

（3）交互性。非学历教育平台高仿真实体课堂，采用多屏互动教学的方式，使学生快速融入课堂。通过课堂练习，教师可及时掌握每位学员的学习情况并个性化推送反馈信息。通过文字互动，教师可时时与学员进行沟通交流。在课程论坛中，教师可与学员进行非即时在线讨论。

（4）便携性。非学历教育平台直播环境不依赖过多的硬件设备，只要有网络，教师用一台便携式个人电脑就能够授课，学生用一台手机就可以听课，真正实现了处处可教、时时可学。

（二）借助项目，推行线上与线下非学历教育模式

1. 承接东莞市退役军人全员适应性培训

东莞开放大学连续承接了 2019 年、2020 年东莞市退役军人全员适应性培训。该培训的一个突出特点就是采用线上线下相结合的方式，并得到了广大退役军人的普遍欢迎。这使得东莞开放大学在场地受限、师资受限、学习资源受限的情况下，圆满完成了培训工作。

据统计，在 2019 年的退役军人全员适应性培训中，退役军人线下出勤率达到 96.7%，线上出勤率达到 99.8%，综合出勤率为 99.3%，综合满意率为 98.0%，就业意向达成率为 98.8%。

2. 中小学美术、书法教育教学高峰论坛

2019 年 11 月，东莞开放大学成立美术教育中心，由广东省中小学教师发展中心美术教育委员会专家委员喻涌波老师担任中心主任，并聘请教育部美术课标组组长尹少淳教授等专家学者为顾问，以我市中小学美术骨干教师培训为突破口，精准发力，培育专业的美术培训。2019 年以来，我校连续承办"东莞市美术骨干教师培训（中学组）""东莞市美术骨干教师培训（小学组）""东莞市中小学美术教师书法培训"等项目。2020 年 12 月 26 日，首届广东省中小学书法教育论坛暨广东省中小学书法教育研究中心揭牌仪式在东莞开放大学举行，来自全省各地市的教研员、中小学一线教师等近 200 人参加了本次论坛暨揭牌仪式。

3. 以学术讲座促进专业建设，推进学历教育与非学历教育融合发展

东莞开放大学注重与企事业单位、行业协会合作，就标准化工程、建筑工程技术等特定专业进行联合办学，并以此为契机，借助东莞开放大学在线学习平台，组建线上课堂，探索学历教育与非学历教育融合发展。

三、成效与特色

（一）以平台为基础，搭建覆盖东莞市的非学历教育网络，构建社区教育与社区服务生态体系

依托学历教育在全市 27 个镇（街）设立教学点（合作点）办学网络，东莞开放大学先后成立了"社区教育讲师团"，设立党课课题库，举办社区教育培训班，支持镇（街）社区学院开展工作。但是，东莞开放大学师资有限，要统筹发展全市的社区教育，高质量发展老年教育、技能培训等其他非学历教育，仍然显得力不从心。

"智慧教室""一站式在线教育平台"等信息化技术的使用，使东莞开放大学在师资、学习资源、教学硬件配备等方面借助外力，更快地完成了对覆盖东莞市非学历教育网络的搭建，带动了社区服务的发展，实现了对师资开放、学习资源开放、非学历教育与社区服务开放，最终打造成东莞市线上虚拟社区（见图9）。

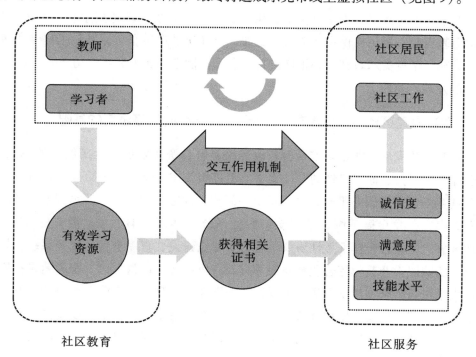

图9　东莞线上虚拟社区

（二）非学历教育取得发展，培养了师资队伍

举办标准化系列讲座，承接 2019 年、2020 年东莞市退役军人全员适应性培训，组织镇（街）成人文化技术学校（社区学院）负责人、骨干教师分别开展线上专题培训。2018 年 11 月，东莞开放大学老年学堂被评为"2018 全国全民终身学习活动周终身学习品牌项目"，这也是目前东莞市唯一一个全国全民终身学习活动周终身学习品牌项目。广东老年大学东莞学院于 2019 年 9 月获得广东开放大学批准成立，并且连续两年承接了东莞市中小学美术骨干教师培训（小学、初中、高中）。在师资队伍建设方面，一是促进了教师转型，信息化水平得以提升；二是通过非学历教育实践，学校组织编写了《终身教育政策法规文件实用手册》《老年教育教学管理标准化的模式探究》等终身教育指导书籍，广东省成教协会"基于 O2O 模式下社区教育与社区服务生态体系建设研究——以东莞为例研究报告"等多例专项课题立项并结题。

（三）促进了学历教育与非学历教育融合发展

非学历教育数字化为学校决策提供数据依据，为学历教育招生扩大宣传渠道，为学历教育教学资源提供参考资料。比如，标准化系列讲座与标准化工程专业建设互为补充；学校美术教育中心拟通过打造名师演播室，促进老年学历教育（荣誉学历）的发展；等等。

（四）为跨区域合作构建市际终身学习共同体打下了坚实的基础

东莞开放大学在在线学习平台建设和跨界整合资源发展非学历教育的基础上，联合珠海、韶关、汕尾三地的开放大学，引进相关技术公司，开发市际通用"一站式"终身学习支持服务平台，采用系统一的技术标准，通过"一库两系统"（即课程资源库，在线直播系统、学习支持服务系统）实现"教、学、服"三位一体；四地开放大学签订合作框架性协议，着力于专业建设、直播平台、教务系统、培训系统、团队建设及其他综合业务发展等方面有机结合、通盘考虑、统筹建设；四地开放大学贯通师资和教学资源交流通道，探索互通互享、小专业合作共建机制和课程的跨区域整合机制；四地开放大学建立教务教学定期交流机制，以整体提升四校学习支持服务水平。以上举措均为构建市际终身学习共同体打下了坚实的技术和实践基础。

中山市全民终身学习平台的建设与应用

郝海涛*

一、背景与问题

（一）学习平台建设背景

2016 年 6 月，《教育部等九部门关于进一步推进社区教育发展的意见》明确提出："充分利用现代远程教育体系，结合或依托社区公共服务综合信息平台建设，建立覆盖城乡、开放便捷的社区数字化学习公共服务平台及体系。"数字化学习社区的建设，是创新社区教育载体，有利于深化社区教育的内涵，提升社区教育的品质，是社区教育未来发展的重要走向，也是推进全民终身学习、建设学习型社会的时代性特征。

《广东省教育厅关于大力发展社区教育推进学习型社会建设的意见》提出，支持社区学校建设网络学习培训平台，开发在线社区教育 App，开展移动教学、远程教学、视频教学，推广移动个性化学习终端，引导社区成员运用互联网海量信息资源开展自主式学习。

中山开放大学是中山社区教育的中坚力量，积极响应号召，建设基于智能手机的中山市全民终身学习平台及中山 i 学习 App，集在线学习、信息发布和三级管理功能于一体。我校不断适应信息时代要求，深入推进社区教育课程建设，制作微视频资源，扩充学习资源库，将教学模式从仅止于线下面授有步骤、有计划地发展到线下面授与线上教学并存。

---

* 郝海涛：中山开放大学终身教育服务指导中心社区教育管理，副教授。

（二）中山终身教育和社区教育存在的问题

1. 学习效率、效果无法得到保证

以传统线下面授为主的教育形式取得了一定的成绩，但也存在一些问题。例如，优质教育资源无法共享，受众面小；学习受时间、空间限制，教学内容无法被反复学习、学习进度无法根据学习者学习能力进行个性化调整；等等。这导致学员的学习效率和学习效果无法得到保证，学习者的学习热情没有被最大限度地激发出来。

2. 课程信息发布和信息获取不对等，课程报名问题多

传统课程信息主要由社区教育部门通过宣传简章、微信群、QQ 群等宣传，信息发布渠道多而乱，没有统一的发布路径，这导致许多有学习需求的人员无法获取课程信息。还有学员甚至通过口口相传获取社区学院的报名信息，信息的传播存在延迟时间长、传递的信息不准确等问题，因此被耽误报名的学员不在少数。

另外，传统通过手工记录报名信息，错报、漏报现象时有发生，记录学员的姓名、身份证号码时出现错误在所难免。

3. 管理难度大

由于学员分布比较零散，加之都是社会学员，无论是安排上课，还是收集学习资料，管理的难度均较大。

二、方法与举措

2015 年以来，中山开放大学成立社区教育指导中心，先后与黄圃镇、石岐区等 7 个镇、区签订合作共建协议，成立了青年社区学院（修身学院），为社区教育开展奠定了硬件和组织机构基础；组建智库导师队伍，开发特色化、多样化的社区教育课程，贴近社区居民的日常生活需要，为社区教育开展奠定了良好的人力资源和课程资源基础。此外，承办市总工会及镇区企事业单位的职工大讲堂、流动修身学堂等项目，初步形成了"立足城区、深入厂区、覆盖镇区"的社区教育网络，为社区教育的全面深入开展积累了经验。

（一）设计和建设终身学习平台

信息技术尤其是移动技术的大量应用，深刻地影响着人们的日常学习、工作和生活方式。学校重视信息技术在终身教育中的应用，探索社区教育的数字化学习模式，满足人们日益增长的多样化、碎片化、个性化的学习需求。

在政府的大力支持下，学校统筹规划社区教育网络，以"人人皆学、时时能学、处处可学"的数字化学习环境为目标，设计了中山市全民终身学习平台。

学习平台采用"一体设计，分层管理"的设计理念，由社区大学、镇区社区学院和社区教育学习点（中心）三级网络体系构成，统一管理信息的发布和收集。各级学习机构之间实现信息的同步和资源的共建共享。各个社区学院可根据具体需求设置特定栏目，发布公告、课程设置、活动通知等。平台为用户配置了个人学习空间，实现社区、资源和用户的"三位一体"。

学习平台首页可以链接到 24 所社区学院的官网子页面，这种设计增加了平台的可扩展性和易升级性，让每位社区的居民都能集中看到本社区的资讯和课程、活动信息，方便接收信息和报名参加课程学习。

学习平台整合了用户管理、课程活动、服务互动等模块，学员可以在平台上进行课程点播，完成网上辅导、网上作业、网上自测等学习过程，使教师和学员之间真正实现了无障碍的实时沟通。学习平台主要从七大模块、四大功能来实现网页端和移动 App 端的服务，其结构如图 1 所示。

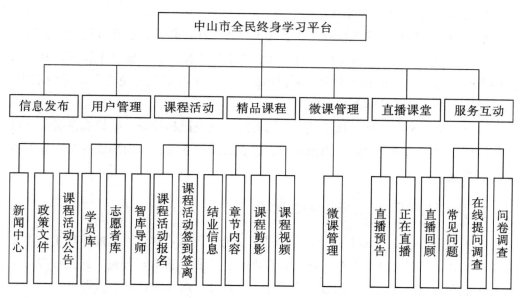

图 1　学习平台结构

1. 学员服务功能

打开学习平台，学员就如同进入了一个虚拟的大课堂，其涵盖了学习资源、互动交流、学业评价、学习记录查看等。同时，平台还为学员提供个性化服务，包括个人空间、个性化主页定制，让每位学员都能在平台上发布自己的学习资源。学员在平台上不仅可以查找学习资料，还可以查询社区教育课程和活动、各类培训以及继续教育的信息。

2. 学习管理功能

采用学分制管理办法，记载学习环节，跟踪学员的学习情况，进行灵活多样的考核，建立终身学习档案。

管理人员可以在平台上发布通知、线上和线下课程信息、各类讲座和活动信息，学员则可在网上和移动 App（中山 i 学习）报名参与学习，且线下课程和活动可采用移动 App 签到签离。

3. 资源库管理功能

通过自建、购买等方式，学习平台积累了丰富的学习资源，内容涵盖了香山文化、家庭教育、技能培训、科学素养、幼儿教育、健康养生、创意手工、生活休闲、计算机技术及老年教育等方面，是多种媒体的"连锁课程超市"，涉及领域广，资源数量大，形式多样，使用便捷，成为惠及全市各级各类教育机构和广大学员的终身教育资源库。

4. 志愿者和智库导师管理功能

社区教育智库导师中不仅有专业的知识分子、技术骨干，还有各行业的先进人物，更有社会文化名人、离退休的老干部，他们知识面广、专业水平精湛，具备很强的人格魅力。在这些示范人物的带领和影响下，学习者能够使自己的专业能力、文化层次、个人修养达到新的高度。

此外，学习平台实现对社区教育志愿者的信息登记和管理，提倡志愿者与社区居民之间、居民与居民之间、志愿者与志愿者之间的互动，从而形成一个立体的教学信息交流网络。

（二）组建导师队伍，开发特色课程

（1）组建一支 200 多人的智库导师队伍，开发既具有科学性又能体现中山本土化、人文化、特色化的 100 余门社区教育课程，课程涵盖政策理论、文化修养、生活休闲、职业技能四大类，内容丰富实用，贴近社区居民的日常生活需要。

（2）将市民最喜欢、具有本地特色的课程建设成 10 门社区精品课程，供市民在线学习。同时，为体现社区教育的地方特色，拍摄和制作了具有本土特色的微视频上传平台，让大家足不出户就能学到特色文化知识。

（三）为学员建立终身学习档案

学习平台不仅为市民提供了职业技能课程，还为他们提供了关于生活技能、信息技术等的课程，尤其是为老年人提供健康养生、文化艺术、创意手工、生活休闲等方面的微课、课件。同时，学习平台为每一位学员建立终身学习档案，全程记录每一个学习环节，对学员线上、线下的学习情况进行质量跟踪，并采用灵活多样的考核方式。

三、成效与特色

学习平台以社区居民的需求和发展为导向，深入挖掘具有中山本地特色的社区课程，建设、整合各类体现时代特征和适应市民需求的优质学习资源，为中山市建设学习型城市服务。

（一）成效及推广应用

1. 学习平台的建设成效

学习平台于 2017 年 7 月正式开通，经过 4 年的运营和优化，通过自建、引进、改造等方式积累了丰富的学习资源，拍摄了具有本土特色的微视频 243 个，自建和整合了微课 1261 个、多媒体课件 110 多个，建设社区精品课程 10 门。

截至 2020 年年底，学习平台注册学员共有 4600 余人，访问达 410 万人次；已发布线上线下课程 100 多门；已聘请客座教授 46 人，智库导师 260 多人。

2. 屡获荣誉表彰

2017 年，中山开放大学被评为"首批全国城乡社区教育特色学校"，2018 年学校项目"走读乡土文化"被评为"全国终身学习品牌项目"。在 2018 年度"书香中山"全民阅读活动中，家庭教育类课程"让孩子优雅成长"被评为"创新项目"；2019 年，"'1＋N'：开放大学服务城乡社区教育发展的实践与研究"获得广东开放大学教学成果一等奖、广东教育教学成果奖"社区教育和老年教育"类二等奖。

3. 媒体报道

中山电视台、中山日报等媒体多次报道我校社区教育情况，其中《走向我们的小康生活·中山样本：社区教育焕发生机，市民生活增添魅力》被"学习强国"中山学习平台收录。中山社区教育取得了一定的成绩，吸引了省内外多个地区的社区教育同行前来调研交流。

（二）特色和创新之处

中山市全民终身学习平台是数字化社区教育资源共享平台，学习内容涵盖生活、工作、休闲、养生、百科等各个方面，学习人群覆盖从少年至老年的各个年龄段，为市民提供了"人人皆学、时时能学、处处可学"的超越时空的数字化学习环境，满足了社会中全民学习、终身学习的需要，为中山市建设学习型城市服务。

1．建立三级网络体系

学习平台已构建社区大学、镇区社区学院和社区教育学习点（中心）三级网络体系，统一管理信息发布和数据收集（见图2），各级学习机构之间可以实现信息的同步和资源的共建共享。平台支持二级和三级机构的创建，实现社区教育网络节点的拓展。

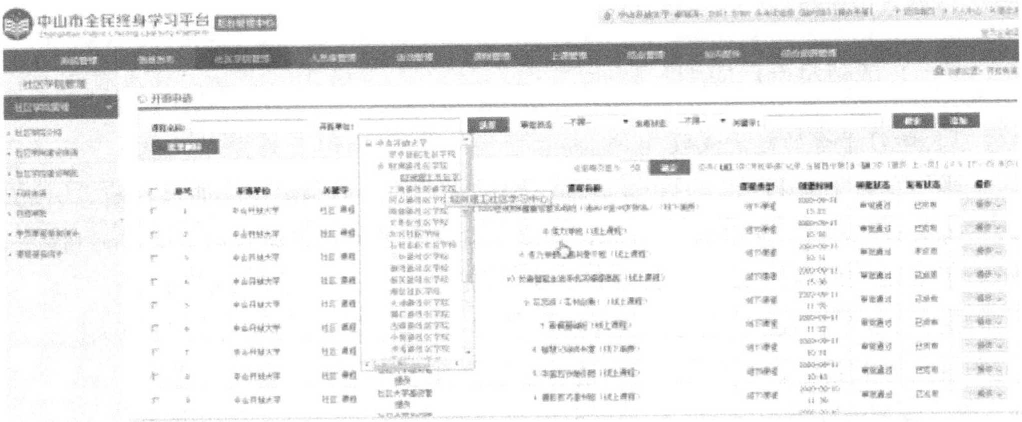

图2　三级网络体系管理界面

三级网络体系加强了社区教育纵向与横向之间的联系，确保了社区教育工作正常有序地开展，尤其是在分布相对分散、地域广阔的农村，加强社区教育网络建设显得更为重要。社区教育网络是连接省、市、区（县）、街道（镇）、社区居（村）委会有关机构与部门的枢纽和桥梁。学习平台能及时把上级精神传达到各镇（街道）以及社区（村），使社区居民能快速及时地了解和掌握上级信息，不仅提高和扩大了信息传播速度和受众面，而且有效降低了信息传播成本，方便分级管理，广受使用者的好评。

2．铸造特色精品课程

充分结合本地终身教育的特色，开发内容涵盖香山名人、名师音乐"荟"、长者计算机应用技术、智慧家长成长营、石头绘画、插花艺术等 10 门特色精品课程，学习平台不仅展示文字、图片信息，而且展示声音、动画、视频信息，可供市民在线学习，学习形式多样化（见图3）。其中，有一门精品课程的建设是动态的，它可以根据开设期数增加或调整内容。通过社区精品课程建设，提高了社区教育数字化资源建设水平，丰富了学习资源，为社区居民提供了多元化学习服务。

图3　精品课程界面

3. 为学员建立终身学习档案

学习平台为每一位学员建立终身学习档案，全程记录学员的每一个学习环节。我校社区教育获得中山市政府的认可，将社区教育培训证书纳入《中山市流动人员积分制管理规定》中的社区活动和社会教育培训积分，学员凭其获得的结业证书可兑换中山市入户入学积分（见图4）。学习平台预留市流动人口管理办公室审查端口，办事人员可以依据权限查核积分申请者的证书情况。

图4 入户入学积分管理界面

4. 线上、线下课程相结合

学员可以随时随地学习，不受时间、空间限制，学习更加方便，学习方式更加灵活。学习平台以网络技术为基础，结合学校优秀社区教育资源，将院校最优秀的教师的课程、最好的社区课程录制视频，方便学员学习到最新的知识。通过线上、线下课程的融合，有利于推进全民修身，构建全民终身教育体系，促进教育公平、提高市民素质。

汕尾开放大学跨区域协同教学信息化改革案例

潘　鹏*

当今世界正处于从以大众化教育为特征的第三次教育革命向以个性化教育为特征的第四次教育革命过渡的阶段。高校在积极引入新技术的同时，不仅要改革信息的传递方式，还要进行心灵的启迪、智慧的碰撞、多样性的互动、因材施教等，这些才是第四次教育革命的关键所在。汕尾开放大学在教学方面面对危机，积极主动求变，利用现代教学技术科学应变，闯出信息化教学新路径。

一、背景与问题

汕尾开放大学体系内有汕尾开放大学、陆丰市开放大学、海丰县开放大学以及陆河县开放大学。市县两级学校均不同程度地存在专业教师不足、教师结构单一等问题，辅导手段以传统面授为主，还存在教师的教学手段创新不足和教学团队亟待组建、整合、磨练等问题。

自 2015 年以来，在普通大学扩招、网络学院冲击、招生机构混乱等各种因素的影响下，开放大学体系招生遭遇极大的冲击，报考人数直速下滑。在开放大学学习的成人学生知识水平参差不齐，统一的授课无法做到因材施教，同时，由于各种原因，传统面授课到课率逐渐走低，教学工作也因此陷入瓶颈。

当前，我校的信息化水平仍停留在 10 多年前广播电视大学办学期间的水平，许多设施和设备由于使用时间长、频率高，已非常陈旧，严重影响学生的学习体验，更无法满足现代信息化教学的要求。

国家开放大学推进的"六网融通"人才培养模式是在终身教育理念、远程开放教育理论、"互联网＋"思想的指导下，按照大规模培养职业性应用型人才和高素

---

*　潘鹏：汕尾开放大学教学科研处主任，讲师。

质劳动者的培养目标，以学习者为中心，集网络学习空间、网络学习课程、网络学习支持、网络学习测评、网络教学团队和网络教学管理于一体，相互关联、融合、贯通，全面支持在线人才培养的工作流程与模式。这有助于解决在职成人学生工学矛盾突出等问题，挖掘远程教育的优势，满足学生在岗学习、在家学习的需要；解决体系内师资力量不足和不均衡问题，克服时空限制，解决某些地区师资不足的问题；解决师生分离，学生学习孤独，有困难、有难题无法得到及时有效解决的问题，创新服务方式和方法，利用多种手段为学生服务，提高学生的满意度；提供实用性、针对性强，互动交流方便，有吸引力的课程，满足不同群体的学习需要，解决我市开放大学体系在教学中的问题。

二、方法与举措

面对种种危机和问题，学校领导班子提出要走出去、多学习，直面问题，以问题为核心，结合问题、教学、学生、团队、自身，寻求创新。在走访兄弟开放大学后，学校根据实际情况，决定以参与"国家开放大学公共英语多模态试点改革"项目为契机，开启教育信息化教学改革，探索市县教学团队跨时间和空间协同教学模式，运用现代教育技术进行教学改革，以学习者为中心，以期在教学模式、教学设计、形成性测评等方面进一步取得突破，逐步形成"六网融通"大模式下的混合教学模式；同时，打造一个市县教师联盟——学习支持有温度、教学研究有深度的跨区域体系教学团队。

自2018年起，学校教学部门尝试使用布卡互动App、雨课堂、QQ直播等手段进行在线教学改革试验。这些方法虽然可以把课堂同步到学生手机中，但无法监控学生的学习行为，也无法提取后台相关数据，方式过于多样化，对学生而言仍然是一种负担。2019年，笔者带领由市、县开放大学教师组成的英语教师团队主动参与国家开放大学多模态试点项目，先试先行，设计了项目研究的多模态在线教学流线图（见图1），同时引进了禹瑞在线教学平台，扎实开展教学改革。

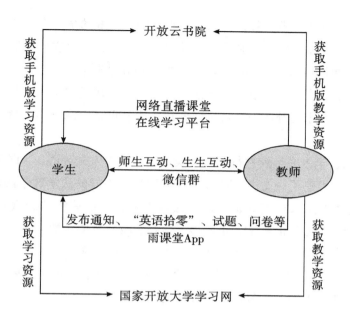

图 1　多模态在线教学

　　网上教学将网上直播课堂教学、面授辅导、自主学习、小组活动、微信群交流答疑环节有机整合，使它们相辅相成，完善教学过程。

　　通过国家开放大学学习网和开放云书院，教师和学生都可以获取课本的电子资料，或用于教学，或用于学习。在学习网上，课程组还设立了光荣榜表彰勤奋学习的学生，并开辟出一个让学生提交录音作业和讨论的空间。

　　通过微信建立的师生交流群便于师生的学习交流、答疑、解决学习相关问题，在微信群中，课程组不时发送"每日一题"等知识点的碎片学习材料，让学生随时学习，促使学生持续学习英语。

　　借助雨课堂 App，教学团队可以直接了解和管理学生学习的情况。在这里，教学团队推送学习资料、发布课程相关通知、问卷调查、模拟试题等。每位学生能够在雨课堂点击查看推送资料的信息，教学团队则可以随时查看学生点击的情况，从而及时掌握学生的学习动向，即时督学，有的放矢地为学生提供支持服务。开放大学成人学生的英语水平参差不齐，教师团队在雨课堂发布"英语拾零"，从最简单、最常用的用语开始，每周 2～3 次，每次一个主题，使学生可以学习到与生活息息相关的日常用语，练习口语，从而激发学生的学习兴趣。

　　汕尾开放大学自建在线学习平台，通过在线学习平台，课程组的教师轮流进行网络直播，打破空间限制，把课堂直接传送到两地学生手中，并把直播视频和 PPT 课件等学习资源放在平台中，方便学生随时回看直播课堂。

通过两个学期的积累，教师团队成员将共同打造好的学习资源用智能工具传送到学生手中，让学生可以充分利用自己的碎片时间，打破时空的限制，初步实现了"人人可学、时时可学、处处可学"。在中期汇报和结题汇报会上，在资源建设、师资团队建设、学习支持和教学研究方面取得了一系列在线教学成果，得到了上级专家的一致认可，专家们都认为项目研究做到"教学形式走深走实、教学过程确实落实"。

2019 年秋，笔者在继续进行"人文英语 1"及"人文英语 2"课程的多模态教学试点的同时，组建了一支由专职教师与兼职教师构成的法学教学团队，"人文英语 1"课程的多模态教学模式被复制到法学专业较难的课程"行政法与行政诉讼法"中以进行教学改革的尝试，也取得了很好的教学效果。学生们不仅积极签到上直播课，而且参与课堂讨论和课后微信群讨论的热情高涨。

调查显示，超过 80% 的学生喜欢和赞同多模态教学模式，有 90% 以上的学生认为该教学模式对他们的学习帮助很大（见图 2）。

第4题 您对本学期"行政法与行政诉讼法"的教学模式是：[单选题]

选项	小计	比例
非常喜欢	16	35.56%
喜欢	21	46.67%
一般	8	17.78%
不感兴趣，只想通过考试	0	0%
本题有效填写人次	45	

第11题 您对本学期学校的直播课、教学团队集体上课的教学模式改革的意见是：[单选题]

选项	小计	比例
非常好，对本人的学习非常有帮助	24	53.33%
还可以，对本人的学习有帮助	21	46.67%
一般，对学习没有多大帮助	0	0%
和以前的模式没有区别	0	0%
本题有效填写人次	45	

图 2　调查问卷

基于 2019 年教学改革尝试的良好成效，学校在报考人数下滑、经济压力较大的情况下，仍自筹资金正式购买和建设汕尾开放大学在线学习平台（PC 版和手机版）用于教学管理和教学活动，推行信息化教学管理和推动教学改革，利用在线学习平台进行课程网络直播、线上互动。从 2019 年秋季学期开始，以在线学习平台为基点，大幅度推动混合教学模式，该学期有 21 位教师、40 门课程、88 个教学班参与了混合教学模式的改革；2020 年春季学期则有 30 名教师、78 门课程，秋季学期有 32 名教师、98 门课程参与。教学改革覆盖所有在读生，学生签到率达 50% 以上的课程在春季学期占 50.6%、在秋季学期占 56.8%。这些数据不仅很好地说明了我校教学改革取得了很大的成效，而且表明了我校坚定信心抓质量，深化改革促创新，确实有效落实了教学过程，强化了教学质量管理，全面提高了教学质量。2020 年秋季学期，"人文英语 3"教学团队尝试打造"全市一课堂"项目，我校将"人文英语 3"直播课和微信答疑与其他县级开放大学（约 110 人）共享，开启了县级开放大学的直播课堂新尝试，同时也开创了体系资源共享的新路子（见图 3、图 4）。

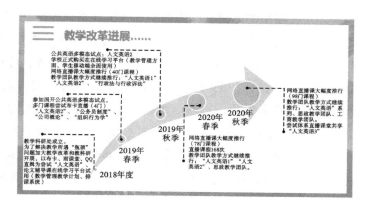

图 3 教学改革进展

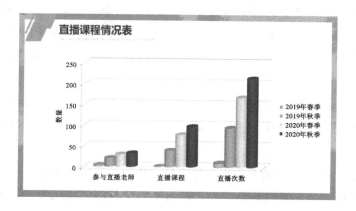

图 4 直播课程情况

三、成效与特色

1. 教学以点带面、以市带县，教学过程走深走实

2019 年春季学期参与公共课程"人文英语 1"国家开放大学公共英语多模态教学改革试点的学生口语能力显著提高，92% 的学生顺利通过了期末考试；2019 年秋季学期参与"人文英语 2"课程多模态试点项目的学生期末考试及格率为 96%。我们将多模态教学模式复制到法学专业"行政法与行政诉讼法"课程，也取得了很好的教学效果，赢得了广大师生的好评，该课程期末考试及格率提升到 93%。

受疫情影响，在学校无法开学的背景下，我校充分发挥在线教学平台的优势，加大力度发展科学的在线教学，确保疫情防控期间"停课不停教、停课不停学"，突显了开放大学"互联网 + 教育"的特征、机遇和功能，促进了我校在线课程资源建设、学习活动设计、网络平台开发、教学组织形态、教学团队建设的整体变革，打造了"人人皆学、时时能学、处处可学"的学习新体系。全校教师依托"在线学习平台"全年共同完成近 250 门课程的教学，通过 600 多场次的直播课，教学活动效果和学生参与度有了明显提升，有一半以上的直播课程学生签到率达 80%以上。

师生对我校教学模式改革赞赏有加。外聘教师陈立浩认为"线上直播教学互动方便，签到率高，提高上热情……"；陆丰市开放大学校长认为"市校的教学改革直接推送到我们县级开放大学，为我们的学生提供了优质的学习服务"；海丰县开放大学校长认为"市校的教学模式的改革与时俱进，不仅带动了我们县级开放大学的老师和学生，还为我们的教学改革提供了思路"；学生们认为"现在我们可以随时随地学习，群内还有老师和学生的陪伴，不再感到孤独""从开学初到学期末，都能持续在网上上课或回看，还有不同时段与同学和老师的互动、做题。学习好像变得容易了许多"；等等。

2019 年的公共英语多模态试点项目在资源建设、师资团队建设、学习支持和教学研究方面取得一系列在线教学成果，得到了专家们的一致认可，认为该项目研究做到了"教学形式走深走实、教学过程确实落实"。同年，该项目组还获得了 2019 年国家开放大学广东分部"网上教学奖"二等奖。

2. 教学管理要主动创新、敢于创新

在使用在线教学平台前，统计到课率、组织教学非常不便；使用在线教学平台后，由于管理手段更加科学、有效，学生到课率从过去面授课的不足 10% 增加到

50% 以上。先进的教育技术的引入带来的管理创新和效率提升，给教学管理者和教师们都带来了信心，直播课程数也快速增加。我校在广东分部教学质量报告中多次受到表扬。

3. 团队精神是克服困难的关键

彼得·圣吉在《第五项修炼》中提到，一个组织在学习方面的信念和能力，不会超过组织成员在这方面的信念和能力。要想取得教学改革试点项目的成功，其中最困难的就是做教师们的思想工作。在此过程中，笔者克服困难，通过亲身示范，终于在校本部全面推行直播教学，参与网络直播的教师由 4 名增加到 32 名，直播课总次数从 8 次增加到 214 次。让笔者感受最深的是，一开始教师团队对直播教学的效果心存疑虑，对教学改革存在抵触心理，直到看到学生在直播教学平台上热情的反馈，大家的担心才被抛到九霄云外。这里体现的团队合作与团队学习的精神也得到国家开放大学公共英语教学部领导们的赞赏。

教学改革过程充分体现了市县教学团队、专兼职教师团队的合作精神，团队成员通过网络空间加强交流，打造了交流合作网络，跨越时空，创新合作模式，共同推动教学各个环节走深走实，更重要的是实现了课程的整个教学过程，保证了教学质量。

教学团队对于解决一个地区的师资问题有着非常重要的作用和非比寻常的意义。这一次项目的成功，也验证了我们的学习平台在实现师资共享方面的可行性和可信任性。希望我们的成果可以服务更多的教学团队，可以帮助更多的基层开放大学有效应对师资问题，让教学更添姿彩，共同争取更多的教学成果。

"后疫情时代"开放教育发展路径研究与实践
——惠州开放大学教育信息化创新应用案例分析

彭征宇　周　妍*

一、前言

2020年，面对疫情给开放教育教学带来的"危"与"机"，教育变革的必要性和迫切性再一次凸显。惠州开放大学积极应对新变化，围绕"后疫情时代"开放教育的转型问题进行了前瞻性思考，创新融合先进信息技术，对开放教育发展路径开展了有益的探索实践。

二、案例背景

惠州开放大学前身为惠州市广播电视大学，创办于1984年，2019年12月正式更名为惠州开放大学，是一所以现代信息技术为支撑，服务全民终身学习的新型高等学校，下辖惠东、博罗、龙门、惠阳三县一区的开放大学。办学至今，先后为社会各界培养本、专科学生近3万人，是"全国示范性基层电大"、"广播电视大学全国统一考试优秀考点"、广东省"成人教育先进集体"、惠州市"社科普及学习宣讲示范基地"。目前，学校正努力打造规模扩大与内涵建设并重、学历教育与非学历教育并举、技术支撑与支持服务并行的服务全市终身学习型社会建设、服务惠州一流城市建设的广东省内一流开放大学。

---

* 彭征宇：惠州开放大学教务科科长，讲师。周妍：惠州开放大学教务科办事员，助理讲师。

三、应用做法

习近平总书记指出："做好高校思想政治工作，要因事而化、因时而进、因势而新。"惠州开放大学在"三因"理念指导下，坚持"时时可学，处处可学，教学全覆盖"的办学精神，千方百计克服各种困难，充分利用现代信息技术精心打造多元课堂，确保学校教育教学工作有序开展。

（一）因事而化，筑牢思政工作的生命线

2020年初疫情暴发后，学校迅速行动，通过用好网络媒体宣传平台，加强对开放教育学生的思想引领，全面做好防疫期间的各项学生工作。同时，学校将疫情防控作为开放教育思政课堂的"活教材"，回应学生思想，关切热点，筑牢思政工作生命线。

2020年3月28日，惠州开放大学党委书记、校长张海燕以《亲历"抗疫"大考——大学生的悟与践》为主题，通过腾讯课堂、惠州开放大学直播平台，为全市开放大学系统师生讲授"开学第一课"。全市开放大学系统师生近4000人次通过远程直播或回看录播的方式收听收看了"开学第一课"，反响强烈。

开学复课伊始，各班主任在给学生上"一堂思政课"时，将主题班会和思政课相结合，将党中央关于疫情防控的决策部署、学校联防联控措施成效贯穿融入思政课，通过全国上下齐心协力抗击疫情的感人事迹、生动故事，将思政小课堂同疫情大战场有机结合起来，有理、有据、有情地讲好抗击疫情故事，激发学生的爱国主义热情，增强民族自豪感和自信心。从学生居家防控疫情的实际出发，将生活指导、学业辅导和心理疏导融入学生班级管理服务工作中，促进学生自我学习和自我管理，打好线上研学战。

为做好疫情防控和应急处置工作，保障2020年春季学期开放教育期末考试安全、有序进行，惠州开放大学制订了期末考试工作方案和期末考试疫情防控工作方案，严格执行工作流程，每个环节落实到位。在考试过程中，监考老师认真履行监考职责，确保考试的公平、公正，学生严格遵守考场纪律、认真独立完成答卷，考场秩序井然，体现了诚信的考风和严谨的学风。

（二）因时而进，打造"线上＋线下"多元课堂

随着疫情发展变化带来的不同情况，惠州开放大学科学研判，因时而进，打造

了"线上＋线下"多元课堂。

一是在 2020 年上半年，学校与广州某科技公司合作，开发推出"惠州开放大学在线学习服务系统"。该系统集线上直播、教务管理、学习服务等多种功能于一体，上线运行至今发挥了重要的教学功能，使开放教育学生足不出户便可开展远程线上学习，与教师进行实时互动，感受到了来自学校坚持"办好学、上好课"的信心和决心。该系统受到广大师生的认可与好评，也为进一步解决近年来开放教育学生因工学矛盾导致现场面授到课率偏低的问题打开了新思路（见图 1）。

图 1　惠州开放大学在线学习服务系统

二是学校结合实际，对开放教育教学路径进行了新的探索与尝试，推出"线上＋线下"的双线教学模式。在坚持建设好、使用好、维护好惠州开放大学在线学习服务系统，组织开展线上直播授课的基础上，于 2020 年秋季学期开始逐步恢复面授，教师既在直播课室授课，也在课室现场授课，为开放教育学生听课学习提供了更灵活的选择。

（三）因势而新，提升教师的信息技术应用能力

惠州开放大学充分利用互联网和信息化教育资源，对使用"惠州开放大学在线学习服务系统"开展教学的教师提供在线培训，将"停课不停教、不停学"的应

急之举内化为学校积极探索课堂教学改革的新机遇，帮助广大教师更好地掌握"互联网＋"信息技术教学技能。惠州开放大学全体教师恪守教职，热爱专业，因势而新，积极提升信息技术应用能力，摸索教学方法新技能，精心制作优质资源，在开放教育互联网教学一线诠释了德技双馨的育人风范。据统计，2020 年春季学期全校共开设直播课程 354 门，教师直播授课共计 720 次，在线学习学生达 36372 人次，取得了良好的教育教学效果。

三、案例反思

回顾本校的开放教育教学变革路径，我们积累了宝贵的经验和教训，值得深入总结和探讨。

（一）"线上＋线下"双线学习：开放教育内涵发展的必然选择

鉴于本次疫情所带来的特殊情况，大规模在线教学满足了成人继续教育时时可学、处处可学的现实需求，信息技术突破时空限制、快速复制传播、呈现手段丰富等独特优势，坚定了广大成人学生参加开放教育在线学习的信心，契合了新时期成人参加继续教育的发展诉求。如能将信息化在线教学（即"线上教学"）与传统开放教育面授教学（即"线下教学"）有机融合，实现共生发展，将为开放教育实现内涵发展打开更为广阔的空间。

（二）打造精品课程和优质团队：开放教育教学质量提升的重要抓手

一方面，无论是依托"互联网＋"背景下的线上教学，还是发展成熟的传统线下教学，课程建设都是提升开放教育质量的关键着力点。如何改变当前开放教育课程教学中普遍存在的重知识考试、轻思维能力的现实短板，打造出具有高阶性、创新性和挑战性的精品课程，成为本校今后教研课改的重要方向。另一方面，基于开放教育的系统办学特点，其优质精品课程建设有赖于系统创新的教学设计、科学完善的资源开发、高校热情的教学团队和全面的评价机制，如此才能形成有效合力，助力提升开放教育教学质量。

近年来，惠州开放大学积极发挥市校（教学点）优势，努力打造一支理论功底深厚、实践经验丰富、教学水平高的专业（课程）教学队伍，陆续组建了惠州市开放大学系统行政管理和会计专业系统团队，充分发挥示范和带动作用，打造品牌特色和专业特色，提高了学校的办学社会声誉；发扬主人翁的创新精神，先行先试，主动承担广东开放大学建筑室内设计自建专业的教学工作，并取得了值得肯定的办学业绩。

（三）转变服务管理理念：开放教育信息化创新的应有之义

更好地提高开放教育教学的灵活性、机动性、有效性，是学校信息化建设的改革主题和发展方向。将僵化的、机械的传统服务管理理念转变为灵活的、开放的人性化服务管理理念，积极探索弹性教学、学习、评价的新模式，改进与时代不相适应的管理与督导制度，无疑是开放教育信息化创新的应有之义，也将为走向智能时代的开放教育教学体系转型做好准备。

四、拓展方向

当前，开放教育发展将面临多方面的机遇与挑战，大规模在线教学更加坚定了广大成人继续教育学习者在线学习的信心。基于以上惠州开放大学教育信息化创新应用案例分析，学校未来的开放教育教学发展之路将从以下三个方面开展转型拓展。

（一）推动教学组织实现线上、线下有机融合

目前，惠州开放大学积极抓住国家"精准扶贫"政策带来的机遇，充分利用信息技术积极探索"移动课堂""送课下乡"等创新方法，因需施教，推动教学组织实现线上、线下有机融合，满足更多学生的学习需要。例如，在总结惠州开放大学与惠州市委组织部联合启动实施的"教育部'一村一名大学生计划'"近10年来的办学经验基础上，开拓办学思路，联合社会力量办学，拟与惠州市南粤教育培训中心合作，组建讲师团到基层开展村干部综合能力提升培训班；鼓励班主任定期组织学员开展农村实地互访交流和联谊活动，有效畅通线上、线下师生双向交流，增强学员对本职岗位的责任感和担当意识，提升主动学习的热情和动力。

（二）推动教学评价向多元主体参与评价过渡

随着"互联网+"的深入发展，开放教育的传统单一的总结性评价逐渐向总结性评价、形成性评价、伴随式评价等多样性综合评价过渡，体现了对成人继续教育学习者特殊性的尊重，但大多数教学评价体系仍局限于学校自身这个单一主体。推进构建开放教育"线上+线下"课程教学质量评价体系，促使学校自身、开放教育

学生、社会第三方等多元主体参与评价，从教学实施、教学团队、资源平台、支持服务等方面多维度、多层次检验教学质量，保障开放教育课程实施的有效性，将成为开放教育教学可持续发展的动力。

（三）推动教学管理向弹性管理、扁平化管理、人性化管理转变

经过本次疫情考验，我们发现，得益于前期改革到位、教学信息化建设做得较好、教学理念比较开放、教学管理比较灵活等积极因素，惠州开放大学在应对突发情况的表现是值得肯定的，也使学校对适应未来更多样的变化环境有了信心和决心。抛弃过时的教育观念和管理模式，增强教育教学的灵活性，趋向弹性化、扁平化、人性化的新时代教学管理模式将成为开放教育办学转型升级的新方向。

五、结语

长期以来，开放教育作为我国教育体系中的重要组成部分，为经济和社会的发展培养了大批实用型人才，做出了重要的教育贡献。信息技术的快速发展也使得开放教育迎来了新的更广阔的发展空间。

如今，处在"互联网＋""人工智能＋"现代先进信息技术高速发展的时代，根据开放教育学习者的需要，探究"线上＋线下"双线融合教学实施策略，提高"线上＋线下"教学质量是教育信息化创新的重要任务。本案例开展的有关讨论和分析，是基于惠州开放大学近年来多项教育信息化创新应用的总结和反思，提出了"后疫情时代"开放教育发展路径研究与实践的可行理念和方法，以期对进一步推动开放教育办学转型升级提供有意义的启示与思考。

广东老年大学教学管理及服务信息化应用实践

戚志明[*]

一、背景与问题

随着经济社会的发展和生活条件的不断提升，高龄长寿人群规模越来越大，我国已步入老龄化社会行列。2019 年人口统计结果表明，我国 60 岁及以上人口为 25388 万人，占 18.1%，其中，65 岁及以上人口为 17603 万人，占 12.6%。广东近年来老龄化趋势明显，将对广东省的经济、社会、政治、文化发展产生深远的影响，迫切需要大力发展老年教育事业。这不仅是满足老年人多样化学习需求、提升老年人生活品质、促进社会和谐的必然要求，更是构建广东省终身教育体系、建设学习型社会的重要任务。

在这一背景下，广东老年大学应运而生。广东老年大学是依托广东开放大学设立的一所面向老年人和养老服务从业人员开展学历与非学历教育的新型老年大学，其诞生和成长得到了国家开放大学、广东省和学校领导的高度重视。2018 年 7 月 18 日，国家开放大学正式批复同意设立国家开放大学（广东）老年开放大学；2018 年 11 月 18 日，在广东省政协和学校领导的共同见证下，广东老年开放大学正式揭牌；2019 年 5 月 18 日，广东省教育厅同意广东开放大学加挂"广东老年大学"的牌子。其充分依托广东开放大学远程开放教育的优势，以现代信息技术为支撑，以"增长知识，丰富生活，陶冶情操，提高素质，促进健康，服务社会"为办学宗旨，以培养"健康老人、快乐老人、时尚老人"为目标，通过广东开放大学及各市县开放大学体系进行办学，采用传统教学模式与现代信息技术手段相结合的教学方式，致力于为广东省中老年人群提供"老有所教、老有所学、老有所为、老有

---

* 戚志明：广东开放大学终身教育学院（老年大学）老年教育教学部主任，副研究员。

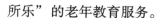

所乐"的老年教育服务。

当前，信息化、智能化、科学化已渗透各行各业，学校"十四五"信息化规划明确了未来的建设规划和要求，广东老年大学是学校发展终身教育、建设学习型社会目标的重要组成部分，建设信息化智能化管理是必由之路。成立之初的广东老年大学面临着以下一系列主要问题：一是规章制度不完善，导致一些工作无章可循；二是现场人工报名方式不够方便，学员无法通过移动端自助完成报名，不能快速、便捷地完成报名手续，导致部分学员弃读；三是缴费方式不够灵活，现场刷卡的缴费方式使部分学员在报名时因忘带银行卡而无法完成缴费；四是学员人数急剧增长，管理难度加大，自2018年秋成立至今，广东老年大学办学班级数量由11个班增长到目前近90个班，学员人数由200多人增至目前2000多人，为了应对学员人数的迅猛增长，亟须提升老年教育信息化管理水平；五是2020年突如其来的疫情给老年大学的教学和管理带来了新的挑战，迫切需要开展老年教育与现代信息技术深度融合的探索和实践。

二、方法与举措

针对上述问题，广东老年大学在信息化应用方面采取了如下方法和举措。

（一）建章立制，规范管理

为使老年大学各项工作有章可循、有据可依，广东老年大学在办学实践的基础上，制定了一系列的管理办法和规定。在学员管理方面，制定了《广东老年大学学员管理办法》《广东老年大学学籍管理办法》《广东老年大学班级微信群管理办法》《广东老年大学班干部管理办法》《广东老年大学学员自主管理委员会章程》，在有效提升学员自我管理能力的同时，充分激发了学员们的学习积极性和参与学校事务管理的热情。在教师管理方面，制定了《广东老年大学教师管理办法》《广东老年大学课时管理规定》《广东老年大学学员评教调查表》，进一步规范了教师管理和教学秩序，为广东老年大学师资队伍建设提供了有力保证。在教学管理方面，制定了《广东老年大学班主任管理办法》《广东老年大学教务管理办法》《广东老年大学班级日志管理办法》，有效促进了教学管理各项工作的有序开展，强化了对广东老年大学教学质量的监控。

（二）改变传统人工线下报名方式，实现微信公众号线上报名

为克服传统人工线下报名的各种弊端，在学校的大力支持下，2019年5月，广

东老年大学启动"基于微信公众号的老年大学教学管理平台建设项目",并于 2019 年秋季学期顺利启用。该公众号报名系统实现了学员端网上注册、课程选报、在线缴费等功能,以及管理端的信息发布、学费折扣管理、学员管理、收费统计、班级管理、课程编排、课室管理等一系列功能,在极大方便老年学员的同时,有效提升了老年大学招生及管理的效率。2020 年下半年,广东老年大学进一步优化微信公众号教学管理平台功能,增加了线上退费管理、校友学员注册甄别管理、课程管理、教学资源管理、教师管理以及各类报表功能,进一步提升了广东老年大学信息化建设的水平和管理效率。

(三)积极推进网络化建设,建设老年大学门户网站

为提升信息化管理效率,广东老年大学于 2019 年建立门户网站(https://gdlndx.ougd.cn),分别设立学校简介、招生信息、学校新闻、通知公告、规章制度、师资队伍、体系动态、在线学堂等专栏,及时发布各类招生公告、学校新闻等动态,便于学员及时了解相关信息。同时,依托广东开放大学(广东理工职业学院)图书馆引进各类微课、视频、音频和电子图书资源,覆盖了哲学、文学、法学、农学、医学、教育学、管理学等领域,为广东老年大学学生的线上自主学习提供了宝贵的学习资源。

(四)疫情期间,积极响应教育部"停课不停学"号召,及时免费推出优质学习资源供社会大众居家学习

疫情期间,广东老年大学"停课不停学",积极发挥信息化和数字化学习资源的优势,依托广东老年大学网站和广东老年大学微信公众号的"在线学堂"专栏免费开放音乐、器乐、体育、舞蹈形体、美术书法、人文修养六大类 300 余门内容丰富、实用性强的课程,供社会大众居家学习。这一举措使老年学员足不出户也能学习知识,提升文化素养,得到社会的广泛好评,受到"南方+"等媒体的报道。

(五)积极做好"乐学防疫"直播课程,报道"乐学防疫"优秀事迹

疫情期间,广东老年大学积极配合国家开放大学老年大学做好"乐学防疫"联合行动直播课程推送工作,2020 年上半年共组织省校老年学员及广东开放大学体系各市、县老年大学学员收看"老年大学·乐学直播"课程总计 18 期。积极响应教育部"停课不停学"的号召,疫情期间共撰写、发布"乐学防疫"通讯报道 15 篇,广泛报道了广东开放大学体系各单位老年大学学员坚持学习、乐观抗疫的事

迹，充分体现了学员热爱生活、热爱学习、积极向上的乐观精神。其中，多篇通讯稿件被国家开放大学老年大学和教育部"社区教育大讲堂"转载报道。

（六）疫情防控不放松，双线教学同步走

2020 年，广东老年大学根据疫情防控形势，针对部分返校学员和部分居家学员的情况，灵活采用线下面授和线上直播同时进行的双线教学模式，积极探索现代信息技术与老年教育的深度融合。广东老年大学采用双线教学模式，即在教师线下面授的同时，通过直播软件（如腾讯课堂）同步输出本节课的授课视频，课后学员还可以根据对内容的掌握情况选择性地进行课程回放，从而达到对所学知识进行反复练习和巩固的目的。

三、成效与特色

上述的一系列做法和措施经受了实践的检验，并在实践中逐步完善，效果显著，得到了教师和广大学员的一致好评。其主要成效和特色如下：

（1）广东老年大学在成立初期，及时建章立制，发布了一系列行之有效的规章制度在广东老年大学网站供老年大学师生学习。在有效提升学员自我管理能力的同时，充分激发了学员们的学习积极性和参与学校管理的热情，也为广东老年大学教学管理的规范化提供了良好的制度保障。

（2）依托"广东老年大学"微信公众号平台，将我校以往单一的现场报名缴费方式改为集网上报名、选课、缴费、查询电子学员证和下载电子课程结业证书于一体的多功能报名方式，极大地方便了学员，同时也有效提升了我校招生及管理的效率。

（3）广东老年大学门户网站的成功建立，为我校老年教育的发展提供了良好的宣传窗口和重要的在线学习平台。一方面，在门户网站及时发布的广东老年大学的招生信息和新闻动态，在学校和老师、学员之间起到了桥梁和纽带作用；另一方面，广东老年大学网站设立的"在线学堂"提供了各类线上学习资源，学员根据需要可随时随地登录学校门户网站，选择感兴趣的课程进行学习，充分体现了广东老年大学"增长知识，丰富生活，陶冶情操，提高素质，促进健康，服务社会"的办学宗旨和办学理念。

（4）疫情期间，各类在线课程资源的开放为广大学员足不出户学习知识提供了便捷途径和学习机会，引导老年学员依托互联网开展形式多样的在线学习，尽可能

地满足老年学员多样化的学习需求。这一举措广受学员好评和欢迎，并被多家媒体报道。

（5）疫情期间，我校撰写、发布"乐学防疫"通讯报道 15 篇，其中 8 篇稿件被国家开放大学老年大学转载报道，另外有 6 幅作品被教育部"社区教育大讲堂"作为优秀作品转载展示。2020 年 10 月，在国家开放大学举办的 2020 年"乐学敬老"联合行动启动仪式上，国家开放大学对全国各分部老年大学"乐学防疫"工作突出单位做出表彰，国家开放大学（广东）老年开放大学被评为"优秀组织单位"（见图 1）。

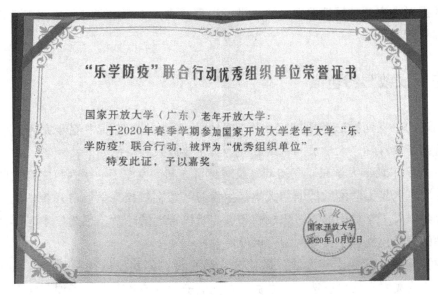

图 1 我校被评为"乐学防疫"联合行动"优秀组织单位"

（6）广东老年大学双线并行的教学模式将线下面授和线上直播结合起来，既具有传统课堂教学的亲切感，又能充分利用线上平台进行直播；既满足了到校学员的学习需求，又满足了居家学员的学习需求，受到教师和学员的一致好评。

"新时代，新使命"，广东老年大学的成立顺应了老龄化社会背景下国家对老年教育发展的迫切需要，为广东开放大学的发展开拓了新的阵地。在老龄化趋势凸显的新时代背景下，广东老年大学将继续积极探索现代信息技术与老年教育的深度融合，进一步发挥信息化管理优势，在已有实践的基础上继续深入探索，全面提升老年教育信息化水平，逐步打造内涵丰富、灵活多样、服务完善的老年教育办学模式，为广东省老年教育提供有力支撑，为广东省老年教育树立一面旗帜！

基于开放教育网络直播平台的一站式信息化服务

张光裕*

一、背景与问题

《教育信息化 2.0 行动计划》《中国教育现代化 2035》等文件的出台为教育信息化工作带来了发展的黄金机遇。目前，东莞开放大学信息化建设初见成效，建成了多功能微课室、高清录播室、智慧校园系统、标准化考场及高清监控系统、学术报告厅等一批先进的场所设施设备和信息化系统，学校也多次获得省、市领导的肯定和兄弟开放大学的好评。

学校虽然在信息化建设过程中取得了一些不错的成绩，但是也遇到了一些困境，主要表现为以下四个方面：①思想意识方面。虽然学校领导和广大教师非常重视信息化建设带来的"革命性影响"，但其自身还未形成自觉推进信息化的动力。②系统生态方面。随着招生形势的复杂化，生源结构单一，显现出班级规模小、"麻雀班"数量多、教学点分散、运营成本高等问题，日常教学和管理工作难以通过原有的方法继续开展。③经费投入方面。学校总体经费投入受市财政规限而投入不足，经费使用不够合理，"重硬件、轻软件"的情况普遍存在。④师生教学资源应用方面。师生应用信息化手段进行教学活动的能力有待加强，教学资源建设不够合理，资源应用程度比较低，学生对学校的归属感不强。

---

* 张光裕：东莞开放大学信息技术中心主任，讲师。

二、方法与举措

（一）在学校领导下，打造"互联网＋"时代具有开放教育特色的网上直播平台

"十三五"期间，在学校领导下，信息技术中心和教学教务部门希望使用信息化手段，解决开放教育报考人数下降、"麻雀班"增多、教学效率低下等实际问题。因此，信息中心提出构建教学直播，结合CPS数据结构和数据标准，打造"线上＋线下"的教学模式，提升"互联网＋"时代教学支持服务水平，推进教学改革的发展（见图1）。

图1　东莞开放大学在线学习平台

（二）打造东莞开放大学直播中心

多年来，在学校的领导下，由信息技术中心牵头，积极谋求构建各专业、各教学点学习的信息化支持服务体系，打破单一面授的传统教学方式，全面引入"直播中心"的教学模式。

2018年12月5日下午，东莞开放大学直播中心顺利揭牌，这是广东省乃至全国开放教育系统的创举，将促进学校在信息技术与教育教学深度融合方面走在全国前列。东莞开放大学直播中心是一栋容纳了12间多功能直播教室的直播楼，其中，6间直播教室配备专业设备，为学校6个教研室专用直播间。授课老师可以在直播当中通过互联网进行线上教学，学生只需要打开手机教学App即可直接学习线上课程。

通过直播中心，学校进一步满足了分布于全市27个镇街38个教学点10000余名开放教育学员的学习需求，让更多的学员借助互联网技术随时随地进行学习，避免了传统学习模式存在的时空矛盾，得到了广大师生的好评。东莞开放大学直播中心的正式启用，是学校教育教学模式改革的关键成果，也是学校探索信息技术与教育深度融合教育模式的有益尝试。

（三）设计与推进基层开放大学一站式教务管理平台建设

我校建立了为教务管理提供全面服务的远程教务管理平台，该平台把教务人员、教师或班主任、学生三者集成到一起，实现三位一体的教务管理模式。教务人员通过平台可以对教师、学生、课程进行添加、修改、删除等管理，还可以及时发布学籍管理、教学管理、考试考务等各类教务信息。此外，平台还具有在线办理学籍登记、转学、转专业、考试报名、实践课程、使用数据分析等功能。教师或班主任通过平台查询学生的个人资料、学习情况、成绩信息等，可实时了解学生的相关信息并及时跟踪学生的教务事务处理，从而突破时空限制，打造一站式的教务管理平台。

（四）打造具有开放教育特色的开学直播庆典文化

我校秉承以现代信息技术为支撑的办学特色，"十三五"期间，采用"线上+线下"的方式，隆重举行每个学期的新生开学典礼，不仅在我校多功能学术报告厅设置主会场，而且每个分教点的学生都可通过实时直播的方式远程参加，连校本部的新生也体验了一场极具特色的开学典礼，成为"口袋中的大学"学习模式的参与者和见证人（见图2）。开学典礼通过信息化手段，拉近了师生的距离，增加了学生的归属感和自豪感。

图2　各分教点组织学生收看开学典礼

（五）做好教学直播支持服务工作

作为广东省开放大学系统第一个采取全面直播教学的基层学校，2018年以来，我校初步建成教学直播平台和直播中心，学校有95%的课程都是网上直播教学，学生线上互动，信息技术中心全程提供教学支持服务。经过近些年的实践和应用，教师和学生已经完全适应直播平台的教学。

三、成效与特色

"十三五"期间，学校打造基于开放教育的一站式教学、教务服务平台，结合CPS数据结构和数据标准，打造"线上＋线下"的教学模式，提升"互联网＋"时代教学支持服务水平，推进教学改革的发展，信息化改革获得广泛认可。

（1）学生好评。据统计，下载使用东莞开放大学在线学习平台 App 的学生人数达99%以上，平均上课签到率达60%以上，学生从被动学习转变为主动学习。

（2）兄弟院校认同。珠海开放大学、肇庆开放大学、佛山开放大学、江门开放大学、汕尾开放大学、韶关开放大学、中山开放大学、茂名开放大学、湛江开放大学、惠东开放大学等10多所省内市县级开放大学多次来东莞开放大学调研。笔者多次获邀到河北、茂名、梅州等地就本项目作专题报告，引起热烈反响。

（3）主管部门和专家认可。广东开放大学领导对东莞开放大学推进教学改革给予了高度肯定；时任东莞市教育局局长梁凤鸣曾高度评价东莞开放大学在线学习平台的上线、直播中心的启用；东莞市副市长黎军多次肯定了东莞开放大学的信息化改革，并于 2019 年 3 月对东莞开放大学直播中心进行实地调研，充分肯定我校的信息化工作。2020 年 12 月，我校信息中心、教务处有 3 位教师被评为"广东开放大学信息化应用先进个人"。

四、小结

"长风破浪会有时，直挂云帆济沧海。"信息化建设与信息化支持服务是一项长期规划、持续推进的项目，东莞开放大学在"十四五"期间将继续积极推进学校的信息化建设，为推动我校建设成为"互联网＋"时代服务全民终身教育的新型高校做出应有的贡献。

直播平台在培训项目中的应用

——以东莞开放大学退役军人培训为例

周 为*

一、背景与问题

（一）背景

1. 直播教学已经积累一些实践经验

2018 年秋季学期开始，东莞开放大学全面启动直播教学，直播平台能够将全市各个教学点的学生按照不同的课程及授课时间，分配进入直播间，授课老师通过登录平台将自己的教学 PPT、课程讲解语音音频等资源上传到云端服务器，学生只需打开手机教学 App 软件，点击当天的课程，就可以直接进行线上课程学习。学校通过直播教学，进一步满足了分布于全市 27 个镇街 38 个教学点 10000 余名开放教育学员的学习需求，使学员实现随时随地学习，避免了传统学习模式中存在的时空矛盾。直播平台经过多个学期的使用，师生普遍反映良好。在直播教学的实践过程中，我们不断对平台功能进行完善，使教学管理更加方便高效。

2. 中标退役军人培训项目

基于直播教学的成功经验，我们借助直播平台，将学历教育与非学历教育更好地整合起来。在学历教育方面成功的实践，使得东莞市退役军人事务管理局对这种全新的教学模式产生了认可。根据市退役军人事务管理局的工作要求，参与培训的退役士兵到课率不低于 98%，就业意向达成率不低于 95%，培训综合满意度不低于 95%。由于参与培训的退役士兵人数较多，且学员分布在东莞各个镇街，加之有

---

* 周为：东莞开放大学信息技术中心副书记，讲师。

部分学员仍然在部队而没有返回家乡，如果采取传统的线下培训方式，一方面学员人数多，场地受限，管理难度大；另一方面，培训经费受限，不可能分多批次进行培训。因此，培训采取"远程直播＋现场部分学员集中授课"相结合的"线上＋线下"混合教学模式以解决上述问题。通过公开投标，东莞开放大学 2019 年、2020 年连续两年中标东莞市退役军人全员适应性培训工作项目。

退役军人全员适应性培训对学校来说是一项全新的任务，更没有成功的案例可借鉴，因此，这项工作具有一定的挑战性，要将这项培训工作圆满完成并达到要求，仍然有很多的问题需要解决。

（二）问题

要采取"远程直播＋现场部分学员集中授课"相结合的"线上＋线下"混合教学模式，首先需要解决以下两个问题。

1. 直播培训平台是否需要单独开发

是在原来直播教学平台中增加模块，还是单独开发一个培训平台？经过研讨，我们认为有必要单独开发一个非学历培训的直播平台，这是因为非学历培训平台是结构重建，而不是简单的功能补充。流程从报名开始，到创建培训项目，接着分班，再到排课、测验、发证，统计分析等，这套流程是单独的，与学历教育直播平台是有区别的。

另外，单独开发有利于对原有平台部分功能的升级。例如，根据这个培训的需求，我们还增加了收看直播视频过程中不定时弹出校验框，如果学生不输入相应的校验码，就不能计时、分享二维码听课等，这些都可以应用到对我校原有直播教学平台的升级当中。

2. 直播培训平台应具有哪些新功能

培训平台与原有直播教学平台不存在重复建设，这是因为培训平台需要新增开发的功能模块有报名、分班、排课、测验、发证、统计分析等，是一条独立线，只有直播、课程资源模块可以共享接口，虽然底层数据可以互通，但是在上面搭建了新的功能模块，学生可以根据需要进入不同的功能模块，这便于系统管理和学生使用。

二、方法与举措

（一）确定培训平台的功能模块

功能模块包括系统管理、项目管理、前端功能、报表功能、宣传网站五大部分。

（1）系统管理：包括用户信息、角色管理、角色权限控制、用户及权限管理、数据字典管理、登录日志管理、操作日志、系统异常等子功能模块。

（2）项目管理：包括排课管理、学员信息管理、培训班信息、讲师信息管理、讲座管理、教辅资源、直播配置、视频管理、试题库管理、试卷库管理、考卷设置管理、出勤管理、请假管理、成绩管理、通知公告管理、结业管理等子功能模块。

（3）前端功能：包括登录入口、课程表展示、直播课堂、直播回看、面授签到、学习资源、考核、问卷调查、成绩查询、结业证查看等子功能模块。

（4）报表功能：包括课程签到统计、教辅资源统计、学员平台使用情况统计、学习过程统计。

（5）宣传网站：包括首页、工作方案、开学典礼、学习攻略、平台说明、课程安排、结业典礼、现场招聘、联系方式等栏目。

（二）做好培训前期准备工作

1. 收集学员信息

从退役军人事务局取得退役士兵的信息，根据不同兵种、地域、学历等情况进行详细分类，将学员信息导入直播教学管理平台。

2. 学员分组

对学员进行分组，每组 70～80 名学员。每个学习小组安排一名班主任，同时安排一名学员担任小组长，班主任负责与学员的联络沟通工作。

3. 开学典礼

采取全员线下集中参与的方式进行开学典礼，主要包括领导讲话、集体照相、介绍相关政策等内容。

（三）开展"线上＋线下"培训模式实践

培训采用线上远程学习和线下分组面授相结合的方式进行。每个学习小组需到学校的 1 号报告厅参与思想政治教育、法律法规政策介绍、就业创业指导、心理引导、求职技巧指导、服务项目指引等相关主题培训的现场集中学习，每次选派一组学员到学校集中参加面授课，其余学员则参加线上学习。

1. 线下学习

参加线下面授课的学员在规定的时间内到达学校 1 号报告厅，由班主任点名，学员签到，参与现场授课的各项互动环节，否则按缺课处理。

2. 线上学习

同步开展线上学习的其他学员，在其住所或军营通过直播教学 App 软件参与培训活动，实现师生在线交互。如果因特殊原因不能参加在线学习，可以通过平台的回放功能，查看当天的学习内容，平台会记录学员登录学习的情况（包括签到、学习时长等）（见图1）。

图1 学员线上学习

（四）加强培训服务管理

1. 班主任服务管理

班主任负责维持现场授课环节纪律，查看学员到课情况及网上签到情况，及时统计学习情况并反馈给学员，为学员提供优质的服务；安排专人对学员到课率、成绩、满意度等进行管理，通过问卷调查和电话访谈等形式，搜集学员的意见和建

议，及时调整培训方案。

2. 技术支持服务

技术人员编辑好直播平台使用手册并发送给学员，对学员在使用直播教学培训平台软件过程中遇到的各种问题进行答疑。直播教学中，技术人员在授课现场负责现场直播的技术维护和支持，确保网络通畅、线上学习能够正常开展，同时对直播教学课程视频的质量进行监控，若发现问题，则及时处理。面授课程结束后，技术人员将直播课程上传到教学平台，方便学员回看（见图2）。

图2　技术支持服务

（五）完善培训考核功能

培训成绩由线上综合测试成绩、线上学习时长成绩、线下面授签到成绩三部分构成。学员完成培训后，复习授课内容，或查阅授课材料，或通过远程平台回看授课，最终完成线上综合测试。线上学习时长成绩由系统根据学员观看教学内容情况自动生成，线下面授签到成绩由班主任根据学员上课签到情况在平台上进行确认。培训结束后，平台会根据这三部分的成绩自动生成学员的培训成绩，如果达到培训要求，远程直播培训平台将自动生成培训结业证，否则不予结业（见图3）。

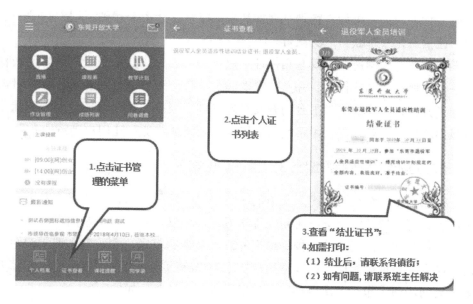

图3　培训考核

（六）设置专场招聘会

邀请 100 家企业，平均每家企业提供岗位 15 个，合计岗位需求量为 1500 个，招聘会现场设 100 个摊位，并在线上线下广泛开展宣传，促使退役军人与企业双方达成就业意向。招聘会结束后，我校对退役士兵的就业意向进行统计。此外，我校还通过不定期随机跟踪调查来了解退役军人的就业情况，对部分就业有困难的退役军人提供就业指导服务。

三、成效与特色

（一）圆满完成了退役军人事务局的工作任务

通过培训，帮助退役军人了解当前就业形势与政策，教授和提升其就业创业所需知识与专业技能，有助于他们更快融入社会，顺利实现从部队到地方的身份、角色、职业转换。

（二）打造了非学历教育信息化培训平台

学历教育与非学历教育是学校发展的"两条腿"，要实现双轮驱动、良性发展，借助信息化平台大有可为，特别是突如其来的疫情，让大家看到了远程教学平台的优势，让信息化改革获得广泛认可。

学历教育与非学历教育既有相似性，也有不同之处，如果完全照搬学历教育信息化平台的那一套功能模块，并不一定能满足非学历教育平台的要求。只有对需求进行详细分析，才能为培训平台的开发打好基础。当然，对培训平台功能的优化不是一蹴而就的，需要在实践中不断反复探索，才能最终达到让用户满意的效果。

（三）为非学历教育探索出了一条成功的路子

直播培训教学解决了传统意义上的时空限制，学员可以在其住所或者军营观看培训内容，可以按照线上学习时间安排学习，也可以在其他时间参加学习，这种方式深受学员欢迎，同时也为学校的培训开辟了全新的模式。在两期培训实践中，学员的到课率、培训满意度、就业意向达成率等指标均达到要求，东莞市退役军人事务管理局的培训工作也多次得到广东省退役军人事务管理局的表彰。

项目任务驱动下的实训运维管理实践

陈亦兵[*]

一、背景与问题

开放大学的理论教学主要通过网络来进行，课程实训则以开放大学提供的校内实训、校企合作实践及网络虚拟实训等方式来开展。多样化的实训学习方式是开放大学实训教学的特色，同时也给实训运维管理带来了新的研究课题。通过对本校实训运维管理的分析，笔者发现在实训运维管理中存在诸多问题。

（一）实训制度跟不上实训教学支持服务多样化的要求

由于实验实训基础设施投入不断加大，实训教学理念不断更新，新的课程任务的开展以及新技术不断涌现，实训运维管理制度明显跟不上教学改革的需要。

（二）实训任务管理水平低下，实训运行与维护管理规范性不强

虽然项目化教学已成为实训教学的常规模式，但由于长期以来实训运行与维护管理人员对此的认识不足，缺少实训运维管理方面的培训与实际的运作，实训运维管理缺乏对项目化教学有效的支持。

（三）实训运维管理平台更多的是对实训设备的管理

高端的实训设备往往与低效的运维管理平台共存，严重影响了实训运维管理的效率，也不足以支撑实训教学的开展。

---

[*]　陈亦兵：茂名开放大学网络信息化中心主任，讲师。

（四）实训运维管理人员综合素质较低，缺乏相应的培训

实训运维管理人员长期被称为"技术专家"，教学支持服务工作多局限于对实训设备的维护与管理。实际上，对实训运维管理人员的培训重点应放在技术培训方面。

（五）教师对实训运维管理缺乏正确的认识

许多实训教师对真正参与到实际教学工作中的实训运维管理人员仍存在不信任感。长期以来，实训运维管理部门对自身的工作改变没有足够的认识，导致在教学管理部门及一线实训教师的观念中，实训运维管理部门的职责只是做好技术服务，保障实训设备运行顺畅，而对实训运维管理人员参与到实训教学中持有不同的看法。

二、方法与举措

实训运维管理创新模式要适应开放大学实训教学改革的要求，不仅要注重实训的项目化教学，还要结合实训教学需求，将实训运行管理项目化，加强实训教学过程的控制管理，使实训运维管理融入实训教学，以期有效提升实训教学质量。

（一）改变观念，建立整体高效的实训运维管理模式

实训运维管理长期被认为是提供长期稳定的实训设备运行和维护方面的服务工作，不论是实训运维管理部门还是教学管理部门，均没有将实训运维管理参与到实训教学过程作为实训运维管理的考核评价标准。

要真正建立高效的实训运维管理模式，首先必须改变实训运维管理的观念，应以项目支撑服务的理念，从单纯地提供实训设备与场地的运行维护，转变为真正结合课程实训教学目标而提供整体的实训运维管理与技术支撑服务，全程融入实训项目，并提供良好的监督与控制机制。其次，要有整体的布局观念。实训运维管理的最终目标是要做好教学支持服务工作，要与教学教务部门深入沟通，推动实训教学项目化的设计与实施，在实训教学项目中引入项目化的实训运维管理模式，以教学改革促进实训运维管理的提升。最后，新的理念、新的管理模式要有新技术的支持。新的实训运维管理模式需要有新的运维管理平台辅助运行，随时随地的技术支持服务是新的运维管理平台必须具备的功能，而项目管理知识则是新的平台能达到

高效教学支持服务的理论支持。

（二）引入平台，建立以移动网络技术为支持的实训运维管理模式

在学校整体教学改革中，大量的项目教学模式给实训教学提供了良好的运行模式。在这种教学模式下，网络信息化中心引入项目任务管理作为实训运维管理平台建设的理论基础，以课程实训教学为项目目标，利用已有的项目管理运行维护平台来尝试开展基于项目任务管理的实训运维管理改革。在校园网络，特别是在移动网络技术的支持下，项目管理运行维护平台提供的新的实训运维管理理念，可以随时随地按项目任务的形式高效、快速地提供实训教学服务，协助课程教师完成实训教学目标。同时，还可以有效地监控实训管理人员在实训教学过程中的服务水平，合理分配管理资源，明确实训运维管理人员的职责，并与教学部门合作掌控实训项目。

（三）完善系统，建立以服务为主的专业化实训体系

实训运维管理作为实训教学的辅助功能，在实际的运行管理中依附于教学，为完成教学目标而开展各项工作，因而缺少自主性，对实训教学更缺乏指导性。网络信息化中心在引入基于项目任务管理的实训运维管理平台后，实训任务管理在学校才真正得到关注。如果将实训教学任务作为一个项目进行项目化管理，那么实训教学目标不仅成为课程实训学习的考核目标，而且成为实训运行与维护的考核目标。通过平台的管理方法和管理工具对实训任务管理流程进行规范，可以做到实训管理与实训教学目标相融合，进而对实训教学的开展提供有效的管理手段与技术支持。

（四）规范操作，多方参与创新实训管理

随着实训教学改革的深入及大量新技术的应用，实训环节早已不再是单纯地通过单个实训完成实训教学目标，而是通过一系列的项目来完成实训教学目标。实训教学的改革和新技术的应用促使实训教师在进行教学设计时将实训管理人员融入实训教学，辅助实训教师共同完成实训项目教学目标，而实训教师对实训管理人员的普遍认识偏差导致其在实际教学实践中未能与实训管理人员合作。网络信息化中心近年来开展的对实训教师的培训实现了在实训项目管理方面的转变，对实训教师的培训已不再仅限于对实训设备的使用及操作水平的提升，而更多趋向如何引入实训管理人员参与实训教学的培训，增强实训教师的项目教学管理水平。

（五）建设团队，加强参与实训人员之间的沟通机制

实训教学改革的不断深入，也使得实训技术支持服务不仅仅局限于实训管理部门。参与实训的人员虽然还是学习者、实训教师、实训运维管理人员，但在新的机制下，实训运维管理人员要逐步融入不同的课程教学团队，参与团队课程实训教学的管理与实施。这就要求实训运维管理人员不仅要提升自身的实训运行管理水平，做好教学支持服务工作，还要与实训教师组成实训团队，加强与实训课程教师的沟通与交流，增进与学习者之间的了解与互信，只有这样才能将实训教学整合成一个整体，更好地适应实训教学改革的需要。

（六）加强培训，努力完善实训运维管理的激励机制

近年来，在学校领导的关注下，对实训运维管理人员的培训已逐步常态化、系统化和制度化，同时，对实训运维管理人员的培训也被网络信息化中心作为考核项目纳入工作评价。每学期，网络信息化中心均会安排实训运维管理人员参与各种培训学习活动，培训内容也从技术专业培训向实训运维管理能力培训转变。对网络信息化中心的技术人员的称呼也逐渐由"技术人员"向"实训运维管理人员"转变，称呼的改变意味着管理理念的转变，这一点也逐渐被学校相关管理部门及中心的教师所接受。

三、成效与特色

茂名开放大学自 2016 年年底开始加大对学校信息化基础设施的投入，学校先后完成了 5 间计算机实训室、2 间云机房的建设，改造校园网，实现了无线网络全覆盖，新增 1 间网络考试机房，新建了电子商务实训中心及跨境电子商务实训基地。学校信息化基础设施的提升，为学校信息化管理打下了良好的基础，也为学校实训运维管理的项目化改革提供了有力的保障。特别是学校跨境电子商务实训基地的建设与实训教学改革，使实训教学的项目化理念逐步被学校的教学教务管理部门所接受。

（一）实训管理部门的更名体现了学校对新型实训管理模式的认可

学校网络信息化中心是由原实验中心发展而来的。2018 年，学校将实验中心更名为网络信息化中心也是实训运维管理观念改变的一个重要举措，是对网络信息化

中心多年来坚持项目化实训教学支持服务改革的肯定。自 2014 年以来，原实验中心的实训部门开始注重实训教学的支持服务，将教学支持服务提升到实训运维管理的首位，并开始尝试秉持项目化实训教学管理理念开展实训教学支持服务，建立了基于浏览器的实训教学项目化服务平台，将原有按技术功能划分的实训运维管理模式升级为按区域、按项目划分的实训教学支持模式。原实验中心还积极与教学教务管理部门对接，积极参与教学实训的设计和实施过程。原实验中心的技术人员除了按区域管理好自身负责的实训设备外，还要按教学项目提供相应的实训教学支持服务。项目化的实训教学支持服务极大地促进了学校实训教学水平的提升，项目化实训教学管理的理念也获得了教学相关部门的认可。

（二）结合学校教学信息化建设开展项目化实训教学支持服务

原实验中心以学校新建两间基于云技术的新机房为契机，将原有零星的项目化教学支持手段整合，与使用这两间云机房的课程教师合作，共同推动实训教学的项目化开展，并基于项目化的实训教学提供相应的实训支持服务工作。在学校的跨境电子商务实训基地建设完成后，中心全面推行基于实训教学项目的实训支持服务，并取得了良好的效果。跨境电子商务实训教学工作的开展、相关校外实训基地的建设、实训支持服务人员的培训、实训教师的培训工作均按项目化的理念展开，教学与支持服务工作相互融合，形成一个较为完善的跨境电子商务实训体系。

（三）打造新型实训教学团队，更好地服务于学习者

为配合学校打造电子商务品牌专业，结合电子商务专业的专业特点，网络信息化中心与电子商务学科组共同组建电子商务实训团队，电子商务学科组的专业教师负责实训教学任务的总体设计，与网络信息化中心的教师共同制订实训教学的实施方案。实训运维管理教师参与的课程实施方案更贴近现实，也让实训教学支持服务实实在在地落地，极大促进了实训教学的开展。

（四）移动技术的应用实现随时随地的实训教学支持服务

网络信息化中心将原有的基于浏览器的实训教学项目管理平台更新为基于浏览器和移动端的实训教学项目管理平台，在校园无线网络全覆盖的基础上实现全校园随时随地的实训教学支持服务。

（五）专业教师参与实训技术培训，提升实训教学设计水平

在常态化开展实训技术培训的同时，网络信息化中心向学校提出申请，让专业

教师参与实训技术培训活动。目前，学校已安排了多期电子商务专业教师的实训技术培训，使电子商务专业教师对学校的跨境电商平台有了更深入的认识，同时跨境电商的实训教学工作也开展得十分顺利，得到了学生的好评。

四、结束语

学校顺应实训教学改革的需求，适当运用新技术，创新实训运维管理模式，从观念上改变了传统的实训运行维护方式，不断完善实训运维管理制度；结合实训教学目标开展实训组织与控制工作，在不断提升实训技术人员的专业水准的同时，加强了项目任务管理能力的学习与实践，让实训运维管理融入实训教学的各个环节，有效地服务于实训教学，保障了实训教学改革的顺利进行。

支撑开放教育人才培养的基层开放大学数字化校园系统

陈华清[*]

一、建设背景

自1979年邓小平同志亲自批准创办广播电视大学以来，广播电视大学伴随我国改革开放的发展进程，始终坚持社会主义办学方向，充分利用现代信息技术手段，大力发挥系统整体优势，在大规模培养基层应用型人才、保证教学质量、推进教育公平、提升全民科学文化素质及加强继续教育理论方面，成为国家构建终身教育体系和学习型社会的宝贵资源。

2010年，《国家中长期教育改革和发展规划纲要（2010—2020年）》明确提出10年间要"加快教育信息基础设施建设和网络教学资源体系建设，推进数字化校园建设"，基本形成全民学习、终身学习的学习型社会。

《国家开放大学建设方案》提出："国家开放大学性质和任务，决定了它的建设必须以现代信息技术为支撑，搭建开放灵活功能强大的网络平台，开发网络学习课程和数字化学习资源，探索教育信息化发展道路，不断提升办学能力和服务水平。"

经过多年积累，中山开放大学初步完成信息化建设，先后自主开发了教务信息管理系统、学生平时作业系统、课室管理系统、课表查询系统、准考证打印系统、毕业论文管理系统、毕业生相片分离信息核对系统等十几个日常业务管理系统。然而，随着一个个单纯处理某项具体管理需要的小系统的推出，信息化建设各为所需的弊端逐渐露出端倪，"以整合信息管理系统和提升信息化综合服务水平为起点，以为师生为社会提供优质教育资源服务为目标"的数字化校园建设变得日益迫切。

---

[*] 陈华清：中山开放大学现代教育技术中心主任，讲师。

2016 年春季学期，中山开放大学信息化二期建设正式启动，至 2019 年年底基本完成并投入运行。

二、数字化校园系统建设经验

在数字化校园系统建设过程中，中山开放大学从搭建底层基础平台开始，建立学校的数据标准体系，到创建网络教学平台和网络存储新系统，再到进一步增补若干应用组件，将新旧应用组件集成到数据中心平台，一步步实现了校级数据的共享与应用。同时，依靠中山市政务云平台，中山开放大学提升了基础设备设施，从而全面提升了学校教学管理信息化管理水平。

数字化校园系统建设是一项科学的系统工程，涉及多个设计细节和执行环节，必须本着"承接历史、照顾现状、考虑未来"的原则进行规划和建设，从学校整体的高度全盘考虑。系统建设既要从时间上、发展上进行纵向的考虑，又要从全校各个部门以及其他校外机构的协调运作关系进行横向关系上的考虑；既要考虑信息基础设施建设、信息资源建设、应用支持平台建设、应用系统建设、运维体系建设等信息校园建设项目的分步实施，又要考虑这些建设项目的协调发展。

因此，中山开放大学明确了数字化校园系统的建设目标：建立统一、开放、先进、安全、承载综合应用系统的数字化校园，实现"网上办公、网上教学、网上管理、网上服务"，对教学、科研、服务等环节提供高效的信息化、智能化和人性化管理，为师生员工提供快捷、共享、全面的信息服务；实现学校各类资源整合和配置优化，提高学校管理水平和办学效率，使中山开放大学信息化应用达到较高水平。

三、建设成果显著

建设成果突出体现在以下六个方面。

（一）规范的信息化标准体系

建立了一套立体的、结构化的信息化标准体系，包括信息标准和信息化管理规程，为中山开放大学数字化校园建设提供良好的标准规范和应用基础。

（二）统一的底层基础平台

基础平台包括数据中心平台、统一信息门户平台、统一身份认证平台、统一通信与短信业务平台，便于接入各种新旧业务数据，建立唯一数据源，实现数据交换与应用，提高数据利用价值（见图1）。

图1 统一身份认证登录界面

（三）具有特色的学校网站

学校网站主要设置学校要闻、学生频道、教师频道、在线咨询等栏目，该网站现已真正成为反映学校事业发展、加强对外宣传、梳理对外形象、促进交流合作的窗口和平台（见图2）。

图2 中山开放大学网站

（四）支撑人才培养和教学管理的校务系统

集成学校应用组件，包括教学管理、教学计划、课程资源、教学评价、毕业作业、教师工作量统计、学籍管理、考务管理、成绩管理、收费管理等应用组件，满足了教学管理的信息化需求，为学生提供了集学习资源、学习活动、形成性考核及学习支持服务于一体的一站式服务，从而为开放教育人才培养提供了有力支撑（见图3）。

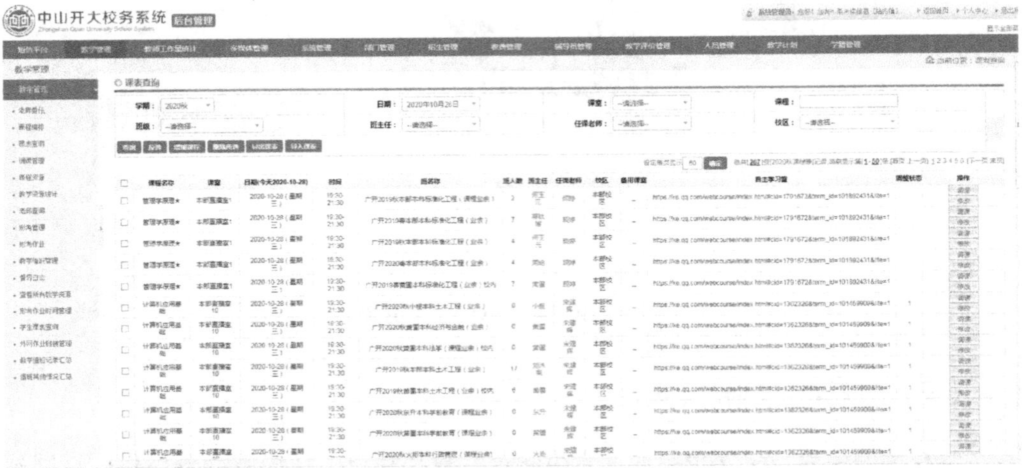

图3　中山开放大学校务系统

1. 教学计划时时可查、处处可看

专业规则的导入，一是确保中山开放大学实施专业规则有准确的依据，二是实现各专业班级与教学计划的电子信息匹配，三是为教学管理提供快捷的查询路径和简便的管理模式。可以说，专业规则是数字化校园系统的最重要的基础性应用效果（见图4、图5）。

图 4 导入上级开放大学专业规则

图 5 制定班级专业规则

2. 课程编排自动化

数字化校园系统实现了各班级学期课程的自动编排，极大地提高了课程编排速度和效率，减少了人工编排的时间成本，有效地降低了人工编排的差错率，为开放教育人才培养的贯彻落实奠定了坚实的基础（见图6）。

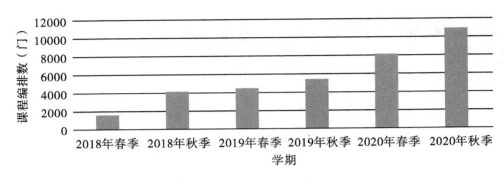

图6 2018 年春季学期至 2020 年秋季学期课程编排数

3．教学资源建设成效初显

自 2018 年秋季学期以来，教师通过本系统上传教学进度表、教案、复习指导、习题库、辅助学习资料等大量丰富的网络教学资源。数字化校园系统中教学资源的不断积累，有助于教师之间共享资源、改进教学方法、提升教学质量、建设精品课程等，积累了丰富的电子教案，形成了比较扎实的资源基础（见表1、图7）。

表1 教学资源建设统计

单位：项

学期	教学进度表	教案	其他资料	小计
2018 年秋季	209	676	1431	2316
2019 年春季	155	898	1374	2427
2019 年秋季	175	798	1806	2779
2020 年春季	187	683	1246	2116

图7 课程教学资源

4. 形成性考核管理全程电子化

形成性考核是开放教育学生考核不可或缺的一个重要环节，是对学生学习过程的全面考核与评价。借助本系统，一方面，教师可以设置形成性考核作业的形式、开启时间、作业布置，查看学生完成作业的情况并对网上作业进行电子评阅；另一方面，学生可以通过本系统完成形成性考核作业。数字化校园系统不仅可以促进教师布置形成性考核作业的电子化进程，而且有助于学生加强对学习过程的管理。

5. 毕业作业管理实现网络化

毕业作业是学生在校学习的最后环节，其管理工作具有周期长、细节烦琐、对各个步骤的记录要求较严的特点。该系统可从三个方面提供便利：一是学生在规定时间内提交选题、提交文章和查看教师指导意见；二是教师在系统中实现学生选题的审核、论文写作的指导、论文初审、论文复审及论文定稿等全过程；三是教务部门可实现对指导教师分配、学生分组、过程进度的监督，可谓"一举三得"。2019年秋季学期，共计2080名学生通过本系统完成实践环节；2020年春季学期，共计1641名学生通过本系统完成实践环节；2020年秋季学期，共计2555名学生正在使用本系统完成实践环节。

6. 学生缴费线上化

学生缴费工作具有人数多、金额大、风险高、时间长等特点，依靠财务人员人工操作不仅工作量巨大，消耗大量人力和时间成本，而且存在职业道德缺失和操作失误双重隐患。因此，实现学生自主线上缴费成为财务工作的迫切需求。

随着缴费系统的上线，2018年秋季学期至2020年秋季学期，我校已经连续5个学期实现线上缴费，使用上线缴费的学生数不断上升，大大提高了收费效率，有效降低业务差错率（见表2）。

表2　各学期缴费人数一览

学期	线上缴费学生数/人	备注
2018 年秋季	263	—
2019 年春季	413	—
2019 年秋季	1192	同比增加 353%
2020 年春季	514	同比增加 24%
2020 年秋季	2799	同比增加 135%

（五）方便易用的网络教学平台

网络教学平台实现了课程学习、测试、作业、在线教学、流媒体播放等功能，满足了学生远程学习、在线学习的需求（见图8）。

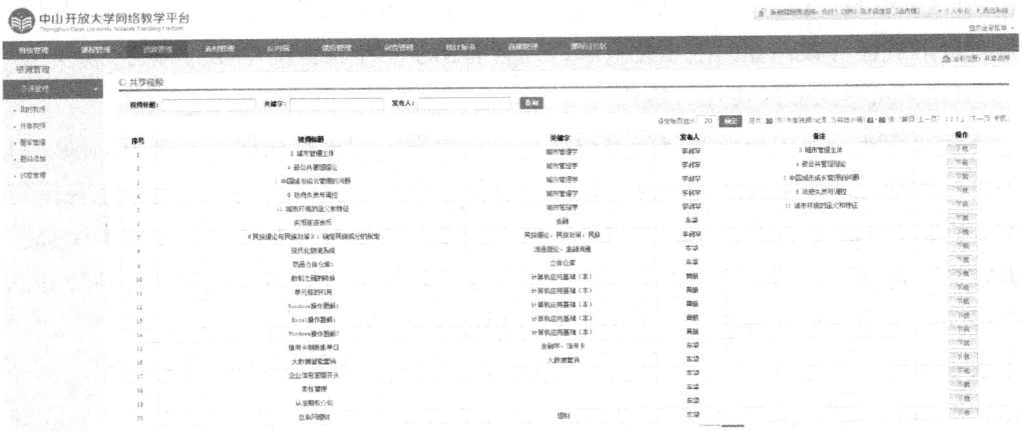

图8　网络教学平台

（六）实用且适用的办公 OA 系统

办公 OA 系统包括通知公告、邮件管理、公文管理、物品管理、督办管理等模块。其功能包括：①即时发布学校各类通知文件和会议公告，方便教职工随时了解学校事务和每周动态；②规范内部公文流转流程，提高办公效率；③邮件管理为部门和人员之间的工作交流提供便利，并确保文件和信息的安全性、保密性。

四、数字化校园系统的主要特色

（1）建立了与地方财政系统对接的开放大学学生微信缴费系统和学生线上缴费情况时时可见、日日可统计的学费信息管理系统。

（2）实现了校园应用系统的一体化。在校园综合信息平台内，实现了基于公共数据库和统一身份平台的信息应用集成与服务，提供系统使用者身份认证和登录的一站式服务。

（3）有力推动信息化教学改革。数字化校园系统是一个数据共享、服务融合的一站式系统，对数字化教学环境和优质数字教育资源的有效利用，实现了现代信息技术与教育教学的深度融合，提升了教师的信息化教学能力，推动了信息化教学模式改革。

立足应用，努力破解学校信息化建设困境

——韶关开放大学社区教育信息化管理典型案例

刘　金[*]

一、背景与问题

《国家中长期教育改革和发展规划纲要（2010—2020 年)》《教育信息化十年发展规划（2011—2020 年)》等文件的出台为教育信息化工作带来了发展的良机。近年来，随着开放大学系统的不断改革与发展，韶关开放大学信息化取得了长足的发展。韶关开放大学经过多年的信息化建设，目前已初步完成校园基础网络建设和学校网站、教务教学管理系统、财务管理系统、韶关在线学习系统等的建设。韶关开放大学面向基层、面向行业、面向社区、面向农村，广泛开展职工教育、社区教育、老年教育、新型农民工教育和各类培训。同时，社区教育、老年教育的信息化是学校关注的重点。

学校虽然在信息化建设过程中取得了一定成绩，但是在处理信息化如何在社区教育老年教育管理中应用的问题上屡遇困境。主要表现在以下五个方面：①意识问题。虽然学校管理团队都知道信息技术对教育发展具有"革命性影响"，但这种认知还未普遍内化并转化成一种自身的行为。②机制问题。教育信息化的管理队伍尤其是社区教育管理队伍不健全，相关管理制度有待完善，权责优势划分不够明确。③经费问题。社区教育经费总体投入不足，经费使用不尽合理，"重硬件、轻软件"现象较为普遍。④队伍问题。社区教育专职人员队伍建设不足，对岗位编制、评价体系等方面尚未理顺。⑤应用问题。社区教育师生应用信息化手段从事教育教学工作还有待加强，资源建设不尽合理，对资源的利用程度较低。

---

* 刘金：韶关开放大学社区教育指导科副科长，讲师。

二、方法与举措

我校计划申报社区教育示范校，一直把信息化应用和管理放在关键点上，并将解决上述五个方面的困境作为学校社区教育信息化建设的工作重点。我校努力破解困境，在信息化应用水平和管理模式上不断探索，努力构建智慧型现代社区教育、老年教育学校，主要在以下五个层面开展具体工作。

（一）加强信息化管理保障建设

1. 成立专项领导小组

学校成立社区教育领导小组，由分管副校长担任组长，监督学校社区教育推进的各项工作；社区教育指导科是下辖办公室，具体落实学校社区教育工作。学校明确了各科室、班级、班委各层次社区教育管理员的工作之策，从领导层到执行层，再到操作层，覆盖全校的社区教育信息化组织架构，以保障学校社区教育信息化建设工作长期、有效地推进。

2. 加大投入，体现绩效

近年来，学校积极筹措资金，逐步加大社区教育信息化建设期的投入。学校在推进社区教育信息化建设过程中，将信息化工作纳入日常工作；在科室日常考核中，严格执行标准、科学评价，并在绩效项目奖励上予以体现；同时，将社区教育信息化应用水平纳入教师业务考核范围，在班主任工作、教学工作、绩效考核上予以体现，制订了《韶关开放大学线上课程绩效考核方案》。

3. 加强信息化应用基础建设

学校建有以千兆主干计算机局域网为核心的校园网，实现校园有线网络和无线网络的全覆盖。近两年，学校在原教育网络基础上，重新对综合楼五楼进行布线，此处可容纳500人，适用于举办开学典礼、大型课程、各类汇演、综合性活动等。讲学厅配备投影设备2套，支持无线投影；配备100 M的宽带网络，支持无线网络；配备全套音响设备和控制台。学校在综合楼二楼建了9间社区教育直播间，配备带宽100 M的宽带网络，支持无线网络。此外，学校还为综合楼一楼配备全套音响、电脑、话筒、摄像头、补光灯和挂式空调等设备，此处可容纳70人，适合各类规格高的会议、专家讲座以及主题活动等。报告厅则配有视频会议系统、高性能投影、100 M的宽带网络、电子液晶屏、智能液晶电视、3台立式空调以及全套音响设备和控制台。

（二）创新制度，明确职责

1. 全面创新社区教育专项制度

学校根据社区教育要求全面创新和完善学校社区教育信息化方面的各项制度，制定了《社区教育信息化建设管理办法》《网站信息发布管理办法》《信息员管理制度》《微信群管理办法》《QQ 群管理办法》《学校网络安全管理办法》《学校网络直播管理办法》等涵盖信息化的各个领域和环节的制度，以制度来规范和约束教育教学各个过程。

2. 明确信息管理相关职责

在信息化管理过程中，明确了学校领导、社区教育指导科领导、职员、班主任、任课教师、班委责任以及社区学员的责任和义务，同时梳理了各类工作流程。

（三）加强队伍建设，打造"1 + 3"管理队伍

1. 专职管理队伍

韶关开放大学下设社区教育指导科，由一名科室负责人、两名职员组成，负责教务管理、教学管理、招生管理和对外项目管理，主要采用多媒体技术、网络技术等信息化手段来管理班主任、学员以及社区项目。

2. 班主任管理队伍

在社区教育班主任管理中，培训班主任使用各类应用软件，提倡每一位班主任都是一名"社群管理员"，并制定各类社区教育制度，同时在社群内设立"班委群""学习小组"，利用社群开展多种形式的活动。此外，我们还鼓励班主任在平时管理过程中利用现代教育技术进行教学和管理，这在一定程度上提升了学校应用现代教育技术的水平。

3. 学员管理队伍

首先，由于我校在 2018 年社区教育班级招生前没有任何社区教育的相关平台，因此，笔者联系负责学校平台开发的老师，提出建立社区教育学员管理平台和报名平台的需求。经过多年不断的磨合和完善，平台基本具备学员报名、学籍管理、班主任办理等基本功能，利用信息化技术提高了工作效率。其次，组建每个班级的微信群，将班主任设置为群主，任课教师、班委为管理员，制定了学员管理规则的微信版本。疫情期间，微信班群还被用作学习群，具有多功能、多用途，提高了学员的学习效率。

4. 外聘教师管理队伍

自 2018 年 3 月开展社区教育第一期教学班以来，学校连续招聘了五大门类 14 个专业 30 个班级共 25 名老师，这些教师不仅是授课教师，而且是社区教育的管理

队伍，外聘教师实时向学校反映学员情况，收集社区和学员的需求，配合学校开发新的社区教育课程。

（四）师生信息化素养建设

1. 教师信息化素养提升

学校通过线上学习、线下培训、实操演练等方式来提高教师的信息化素养和教学能力。学校每年不定期组织全体社区教育教师参加计算机使用培训；组织全体教师参加直播平台的使用培训。尤其是疫情期间，培训教师通过使用腾讯课堂、人人讲等网络平台，推动开展公益课堂活动。

2. 学员信息化素养培育

学校积极探索"互联网＋社区教育"模式，推动社区教育信息化，为社区居民提供更加多样、精准、智能的社区服务。学校在每个班级建立了班级学习群和直播群，每周实时直播一次，线上课程涉及体育健身、艺术修养、文化素养等。直播开课前，班主任、任课老师、社区教育管理员会提前指导学员安装相应学习直播软件，助力其顺利开展线上学习。目前，学校已开设14门课程，内容涵盖摄影、国画、书法、舞蹈、瑜伽、剪纸、声乐、太极等，有学员共2500余名，近18000人次学习，极大满足了社区居民的学习需求，增强了社区学员的信息素养。

（五）统筹其他部门，实现资源共建共享

学校与社会其他部门共建共享社区教育优质资源。自2019年以来，学校与韶关市消防救援支队合作开展消防安全进社区讲座及线上学习；与韶关市妇女联合会开展"父母学堂""倾心说法"系列直播课；与韶关市消费者金融权益保护协会开展"金融进社区"线上课堂，以及开展韶关市钱币馆"云游"。

三、成效与特色

近年来，学校在社区教育信息化环境建设、资源建设、教学应用、教育管理等方面做了大量的工作。其主要成效包括：①制定了一系列社区教育信息化应用和管理的制度；②形成了一支"1＋3"的社区教育信息化管理队伍；③在信息化应用创新模式上有了一定的突破；④统筹社会各部门，实现了更大范围的共享共建。

通过探索，我校在社区教育信息化管理的成效主要可以概括为：制度健全、组织完善、推进有力、成效显著。"千里之行，始于足下。"实践证明，只有立足应用，脚踏实地，稳步推进信息化的各项工作，才能真正破解学校社区教育信息化建设的困局。

基层开放大学教师信息化能力提升的思考与探究
——以台山开放大学为例

屈 军[*]

一、背景与问题

（一）研究的背景

随着信息化社会的快速发展，信息技术已被广泛应用于政治、经济、文化等人类生活的方方面面，并逐步改变了人类的工作、生活和学习方式，提升了人类的生活品质。习近平总书记在致首届国际教育信息化大会的贺信中指出，要"通过教育信息化，逐步缩小区域、城乡数字差距，大力促进教育公平"。2015 年，时任国务院副总理刘延东在第二次全国教育信息化工作电视电话会议中提出，要"大力提升信息化在推进教育公平、提高教育质量中的效能，促进教学方法、管理模式以及教育服务供给方式的变革"。落实到我校层面，即要全面推进教育教学及管理的信息化建设，运用先进的信息化技术实现学校资源的整合与共享，进一步提升广大师生的信息素养和教育信息化的能力；要全面提高学校教育信息化的应用水平，展示学校信息化的办学特色，提高教学质量和科研水平，创新教育理念，促进管理水平提升。

（二）存在的问题

1. 信息技术在教学中的应用意识相对淡薄

基层开放大学的教师普遍承担着网络远程教学任务，教师日常教学任务繁重。

---

* 屈军：台山开放大学教务处主任，高级讲师。

而教师在职后学习中，对信息技术学习和运用常常以自学形式单独获取，在教学中应用信息技术需要教师投入更多的时间和精力，大多非计算机专业的教师对在教学中应用信息技术的意识相对淡薄。教师对信息技术的研究意识不强，原因在于：一是基层开放大学计算机信息技术的硬件设备和技术人员比较缺乏，对信息技术及辅助教育等的前沿信息关注不够，表现在大多数的基层教师缺乏科研意识；二是教师较多关注书本的教学内容和教学方式的改变，对一些新兴的技术或者教学模式关注相对较少，更不用说将其有效地应用于教学实践；三是开放大学的教学资源大多由国家和省一级的开放大学建设，基层教师很少参与课程资源的设计，这也是信息技术应用能力难以提高的原因之一。

2. 信息技术应用中理论多、实践少

从教育技术的发展来看，基于信息技术的教育理念已被证实可以提升教学的效果，教师广泛应用信息技术已经成为一种趋势，在教师职能没有发生改变的前提下，对教师的执教能力提出了新的要求。现在的教学不仅要求教师有讲述能力，而且要求教师有项目设计能力、信息技术应用能力和反馈引导能力。基层开放大学教师在教与学的实践中缺乏信息技术应用能力，参与信息技术的相关培训比较少，学校没有建成较为系统的培训体系，教师应用信息技术的意愿不强，大多教师认为信息技术应该是计算机及相关专业教师要掌握的技术，对信息技术的理解存在一定的偏差。

3. 信息技术培训缺少个性化、有针对性的学习内容

教师应用信息技术的能力因学科、要求和习惯而不同，基层开放大学只有少数教师能创新性地运用信息化技术。常规的培训模式大多是基于技术的知识和技能的学习与训练，其形式大多是讲座式的大课堂，这种方式对于较少应用信息技术的教师而言，确实可以达到普及计算机知识的目的。但从相关调查结果来看，教师对这种培训形式并不认可，从而导致学习的积极性不高。如今，教师应用信息技术的能力水平主要分为三个层次：一般、较好、创新性应用。一般的层次是指教师在教学中只会应用一些比较普及的技术手段，教师主要使用 PPT、QQ、微信等进行教学或与学生交流；较好的层次是指教师在教学中会运用多种信息技术进行教学，尤其是计算机专业的教师使用多种信息技术的频率较高，这类教师一般会使用比较前沿的应用软件辅助教学或制作课件；而只有极少数教师具备软件开发和设计的能力，并开展创新性的技术应用。教师的专业知识、技能素养、教学内容不同，其信息技术应用熟练程度必然存在差异，但现有的培训基本都没有考虑到教师的差异化、个性化需求。

二、方法与举措

（一）改变观念，促进教师信息技术应用能力的提升

信息技术与教学深度融合是教育技术发展的大趋势，基层开放大学的教师要保持高度的敏锐力，不断学习，使自己的发展与信息技术的发展保持同步，提升自身应用信息技术的能力。为改变教师对信息技术学习的态度和观念，我们主要做了以下两个方面的工作。

1. 提升教师的信息检索能力

大多数教师并没有关注自己的检索能力，其检索能力只停留在打开搜索网站，输入关键词进行搜索。其实，检索能力对提升教师信息技术能力是非常重要的，面对大量的数据和信息，能有效、快速地找到自己需要的资源是教师信息技术能力的基本要求。教师要通过学习文献检索知识和实际操作经验，掌握检索工具、检索语言、引擎搜索、截词检索、词段检索等，提高自己的检索能力。学校要了解教师的运用情况，并提供针对性的指导，以此提高教师的信息技术水平。

2. 提升教师的信息获取与收集能力

基层开放大学教师的文献资源获取和科研数据收集能力还有待进一步提高，这主要是因为教师较少使用数据收集工具，对这些网络工具的使用存在一定的困难。为了提高教师的科研信息获取与收集能力，学校鼓励教师积极参与科研。近些年，学校申报了各类科研课题，参与教师人数逐年提高。通过科研引领，教师主动学习获取参考文献和收集数据的方法，其信息检索能力和信息获取能力得到较大提升。

（二）建立激励机制，提高教师在教学中运用信息技术的积极性

激励机制对调动教师在教学中运用信息技术的积极性是非常重要的，也是人才队伍管理的重要手段之一。激励机制要激发教师在教学中运用信息技术的主动性和潜能，使其不断提高工作效率，更好地为教学服务。激励机制并不只靠单一的奖励来完成，而是要通过规章制度、激励政策、激励环境、激励手段等多种形式展开。其中，激励政策的制定应考虑把信息技术的运用纳入教师个人教学考评和职务考核，把信息技术的使用情况纳入学校的教学评估检查范围。

激励机制要根据学校教师信息素质发展的实际情况，综合考虑各方面的因素来构建，要把教师个体的需要、目标与学校的办学和发展目标相融合，选择合理的激

励措施，恰当地应用激励方式。只有建立有利于调动和发挥教师积极性的激励机制，才能不断提高教师学习和运用信息技术的信心和能力。

（三）组织专题培训，提升教师的信息技术素养

推行跨学科的师资培训，让执教不同学科的教师有机会同台研讨，有助于教师之间形成优势互补，开阔知识视野，顺应基础教育课程改革发展的需要。

拓宽专业化发展的渠道。以信息技术作为认知工具的学习理论给我们以明确的启示：自主、协作、探究式学习，是信息时代的学习方式。可以说，现代人比任何时候都更认同交流与协作对个体学习的重要性。教师跳出本专业学科的视角，实现多渠道、多层次的交流与协作，其优势明显。与此同时，思想的交锋与碰撞不断激励和引导教师积极开展各种思考策略及学习策略，有助于教师获得积极的情感体验，促进其自主发展，提高学习效率。

推进网络环境下的科研、教学、培训三者整合。为实现教师信息素养与专业发展的有机对接，学校信息化管理中心搭建了教学资源管理平台，为教师开展信息技术交流与学习提供了技术保障。

从 2012 年至今，我校每年坚持开展 4 次以上关于信息化技术应用的培训，鼓励学校信息技术骨干教师参加上级部门的各类信息技术专业会议。信息技术骨干教师则把学到的先进技术和理念带回学校，将最新的信息技术发展情况与其他教师分享。

三、成效与特色

（一）教师的信息技术应用观念发生了变化

根据我们的调研结果发现，目前我校教师的信息技术水平与课程融合度逐步提高，教师参与信息技术的主动性加强了，在课程制作等方面也有了明显进步。特别是近几年，很多教师都参与了相关课题的研究，对信息技术与教师专业化的发展有了更深的体会。

（二）学校的信息化管理探索出具有一定科学性、广泛性、可操作性的培训管理内容

培训包括全面培训阶段和重点培训阶段，不同阶段有其不同的任务：全面培训

阶段主要培养普及型队伍，重点培训阶段主要培养提高型队伍。以多种途径、多种内容、多种方式进行科学有机的融合，可使信息技术的教育、培训、应用与学科课堂教学、学科实践活动及学科课外活动得到有机整合。

（三）提高了课堂教学效率，为切实减负增效提供了必要的保证

由于信息技术被广泛、深入地应用于课堂教学，原有的课堂教学模式发生了深刻的变革。从最初的计算机辅助教学，到计算机多媒体辅助教学，再到目前的计算机网络环境下的教与学，可以说，信息技术都起着不可忽视的作用。师生信息素养的提高及信息技术的广泛应用为实现在课堂教学中大容量、高密度、多渠道获取有效信息提供了可能。此外，信息技术手段在课堂教学以及学生学习方式上的诸多优势，如生动性、形象性，超越时空的灵活性、跳转性，资源共享的方便性、快捷性，知识体系的仓储性、丰富性，内容查询的开放性、可选择性，等等，都为提高课堂教学效率、减轻学生的课业负担起到重要的作用。

（四）教师科研能力显著提升

教师信息技术能力的提高，更带动了教师科研能力的提升。随着信息技术的日新月异，今后的学习方式将很大程度依赖于信息设备与信息技术。从对我校教师学习方式的调查情况看，目前很多教师已经感受到了信息技术带来的方便、快捷。

（五）教学成果丰硕

自学校启动教师信息化技术提高项目以来，教师在信息技术的研究与实践方面取得了不少成绩。其中，广东远程开放教育科研基金项目课题"远程教育教师信息化技术应用与设计能力培养研究""基于现代信息技术的农村社区教育实践研究""云计算环境下电大教师信息技术应用研究"已顺利结题。2012—2020 年，我校教师共撰写论文 75 篇，公开发表 16 篇，另有 31 项教学资源在各类评选中获奖。

开平开放大学网络教学实施方案及其成效与特色

胡振龙　谢月萍*

一、背景与问题

2020 年初，疫情来袭。为贯彻落实习近平总书记关于坚决打赢疫情防控阻击战的重要指示精神，根据《广东省教育厅关于全力防控疫情确保开学安全的通知》等文件精神，为最大限度减少疫情对学校教育教学的影响，确保学校师生生命安全和身体健康开平开放大学，我校制订了《开平开放大学网络教学实施方案》，实行"停课不停教、停课不停学"。

二、方法与举措

（一）成立网上教学工作领导小组

网上教学工作领导小组具体负责组织网上教学工作实施方案的制定和实施。

（二）教学的组织

1. 网上教学平台及教学工具的选用

根据学校教研组会议研究，采用腾讯课堂及雨课堂（教师个人版）两种网上教学平台，结合微信群、QQ 群开展网上教学。

（1）腾讯课堂：具有直播功能，方便开展线上直播教学（特别是实训课教学），并且具有录像功能，方便学生课后重播学习。

---

* 胡振龙：开平开放大学教务处主任，讲师。谢月萍：开平开放大学教务处副主任，讲师。

（2）雨课堂（教师个人版）：没有直播功能，但有课前预习、课堂播放 PPT、课后布置作业等功能，方便教师进行教学检查及管理工作。

（3）微信群、QQ 群：既方便教师上传学习资料，也方便师生开展网上答疑。

2. 教学模式

网上教学以理论教学课为主，学生参与的实操类课程则待学生返校后做统一安排。对各专业实操课建议采用网上直播进行教学，其他课程可采用录播或上传 PPT 的方式，配合微信群（或 QQ 群）同步进行教学。

（1）教师开展网上直播或录播教学：课程教师结合本学期任教课程，充分利用开放大学及网上在线课程资源，采用直播或录播方式开展网上教学。采用直播方式时，学生可以在腾讯课堂观看直播学习；如果采用录播方式，则要求教师上传教学视频文件及精细的 PPT 课件。每一门课程均要求配套设置"随堂作业""学习要求""参考学习资料"等模块，便于学生学习和按时完成作业。PPT 课件要求结合学生自学的特点，尽量穿插小视频、动画、图片、图形、表格等便于学生理解的内容，合理把握各阶段课程的特点及内容的难度、深度，让学生看得懂、听得懂、学得会、能够用。

（2）学生参与网上学习：所有班级均建立微信群及 QQ 群，科任教师利用腾讯课堂进行签到及网上发帖讨论，利用雨课堂在课堂上现场提问、答疑及布置课后作业。要求每一位学生对课程进行签到，科任教师将签到、课堂讨论发帖及作业完成情况作为学生平时成绩的参考依据。

（3）线上作业及辅导答疑：科任教师应及时指导和批改学生作业（开放教育试点课程选课学生可在国家开放大学或广开网络教学平台完成作业，全日制中专学生可发送作业到指定邮箱），并按课表规定时间在 QQ 群或微信群为学生进行在线答疑。

（4）利用心理健康教育、形势与政策、公共安全教育等课程，对学生进行防疫心理健康疏导等；体育科任教师调整教学计划，安排室内体育项目、室内游戏等适合居家锻炼的内容。

（三）教学实施步骤

第一阶段：准备阶段

（1）成立学校网上教学工作领导小组。

（2）教务处根据需要调整教学计划及做好课程安排。

（3）各教研室主任对本科组教师做好雨课堂和腾讯课堂教学平台以及 QQ 群、

微信群的使用培训。

（4）各班主任建立微信班级群及 QQ 群，并通知本班学生下载腾讯课堂和雨课堂，各科任教师加入相应的群。（全日制中专班及开放教育各班均需完成此工作）

（5）通知全体科任教师做好网上教学准备。

第二阶段：试点应用

（1）科任教师开展网上试点教学，学生参与网上学习。

（2）科任教师做好与学生、家长的及时沟通，增强学生、家长对在线教学方式的认可；引导学生自觉学习，严格按照课程安排上下课，不迟到，不早退，认真听讲，主动交流；加强对学生心理健康的指导，引导学生合理安排作息时间，形成健康的生活方式。

（3）学生自觉参加网上学习，积极参加网上教学讨论，积极完成网上学习任务，不断提高学习效果。

（4）教务处及各教研组及时梳理、总结工作经验，完善网上教学方案。

第三阶段：全面实施

（1）各科任教师按课程安排表开展网上教学工作，全面实施"延迟开学不停教、不停学"。

（2）教务处将会同各教研室主任通过微信、QQ 群等交流平台监督科任教师进行网上建课、授课、辅导答疑等。

（四）教学管理与检查

（1）加强组织领导。学校成立网上教学工作领导小组，统筹负责教学计划和教学内容安排，健全相关配套措施，指导教师全面做好组织实施工作，并根据教学实效对相关教学方案进行优化调整。

（2）做好培训工作。学校教务处及各教研组做好网上教学和相关培训工作，紧贴教师需求，做好相关业务指导和服务保障工作。

（3）配套激励措施。教师组织、参与的网络教学相关工作计入教学工作量，在考核、评优时予以统筹考虑；对为推进网上教学工作做出突出贡献的单位和个人，学校将通过适当方式予以奖励。

（4）加强督导检查。学校教务处和教学管理人员通过深入考察教学网站、班级微信群及 QQ 群、学生签到统计记录等对各科任教师网上教学工作进行全面督导检查，确保网上教学工作得到全面、有效的实施，确保教师网上授课活动科学、规范，确保网上教学质量。

三、成效与特色

在疫情防控期间的两个多月网络教学中，我们有思想、有行动、有责任、有担当、有举措、有收获。我校开展线上教学的最大的亮点是把工作做到前面，并做到各部门联动。

在《开平开放大学网络教学实施方案》的指引下，我校各个层面的教学工作有序进行，线上教学工作有条不紊地开展，这种教学模式在疫情期间大大体现了它的优越性，即以网络教学平台为载体，以教师使用平台培训为抓手，构建适合网络教学的教学方式，打造各具特色的网络课堂；鼓励教师认真研究，推送优质学习资源，以学生自主学习为主，开展网上辅导和答疑；加强对学习反馈的监控，切实保证教学效果，从而实现"停课不停教、停课不停学"。

第三部分　信息化服务篇

疫情背景下线上实训教学模式的探索与实践

——以"电算化会计实务"课程为例

李柏辉*

一、背景与问题

实训教学作为高职教育人才培养的重要内容，通过讲授理论知识和模拟实际工作场景，提升学生的专业技能、实践经验、工作方法和团队合作能力。在传统的面授课堂中，师生上课时到达固定的实训室，通过"一人一机"进行实训操作，教学方式以"讲授+练习"为主。在疫情的影响下，实训条件受地点限制，学生居家学习难以开展传统实训。传统单一的线上教学模式在缺乏课堂监督的情况下，容易导致学生偏离教学目标。

伴随互联网技术、云计算技术和虚拟仿真技术的蓬勃发展，网络教学平台发展百花齐放。云计算技术中的桌面云 VDI 架构得益于集中管理、集中计算，在服务器上运行，业务上线速度快，资源更新迅速，其在局域网、广域网、VPN 网络运行，可让用户通过互联网远程访问桌面云资源，目前广泛应用在医疗、教育和科研等领域。基于桌面云 VDI 架构建设的实训室打破传统实训室在时间、空间上的限制，师生不需要到固定的实训室，只需要拥有一个桌面云入口，即可随时随地进入专业的实训环境进行自由学习。桌面云技术在高校实训室建设中已经成为一种趋势和发展方向。本研究结合广东理工职业学院现有条件，以桌面云、腾讯课堂、云课堂为依托，将云实训室与直播教学相结合，探索构建疫情背景下基于"桌面云实训室+腾讯课堂+雨课堂"的线上实训教学模式。当前线上实训教学存在如下问题。

---

* 李柏辉：广东开放大学实训中心科员，助理实验师。

（一）实训教学环境受限，实训课程开展困难

（1）实训设备。受限于家庭经济情况，部分学生未配备电脑，或家庭电脑配置老旧，无法运行实训软件。学生仅限于通过智能设备，如手机、平板电脑观看直播教学，效果欠佳。

（2）实训软件。一是实训课程软件必须得到正版授权，需要软件加密狗或绑定mac地址局域网授权，因此只能在校园内使用；二是部分实训课程教学软件需在Window XP或Window 7 32位环境下运行，学生购买的电脑以Window 10 64位系统为主，无法兼容安装使用；三是不同课程软件存在冲突，无法同时安装在个人电脑上。

（3）网络带宽。学校部署的网络教学服务有限，无法支撑大规模在线教学的需求。服务供应商对系统优化不足，带宽出口压力大，在教学过程中容易出现网络拥堵、无法登录、黑屏、影音卡顿等问题。

（4）课程资源。线上教学过程中，大部分学生未配备教材。学生对理论知识的了解完全依赖教师提供的课程资源。教师通过打包的形式将课程资源上传社交软件以共享，学生在学习的过程中需要自行检索材料，课程资源与课程进度无关联性，导致其检索过程异常困难。

（二）教师信息素养不足，教学模式单一

部分教师的信息素养水平不高，难以适应在线教学发展，依然采用传统课堂的形式，以"讲授法+演示法"为主，花大量时间讲解理论知识、进行操作演示和布置实训任务。在学生自由练习的时间里，教师寄望于学生提出问题、讨论问题、解决问题，真正留给学生的实训时间所剩无几，课堂教学显得较为枯燥乏味。

（三）课堂监管乏力，考核评价困难

实训课程的教学目标是培养学生的实践能力和创新思维，而当前线上实训教学主要依据考勤、作业、线上测试等材料进行考核评价，流于形式。线上教学中，学生普遍存在自律性较差、专注度和参与度不高等问题。对课堂的监管失控，导致学生课前不预习、课中学习注意力不集中、不主动参与教学互动、不做实训练习以及作业完成质量不高等一系列连锁反应。学生提交的作业只有结果，并不能如实反映学生在实训过程中对知识及技能的掌握程度。由于无法参照线下教学中以课堂表现作为评分依据的做法，教师仅靠实训报告评定成绩显得过于片面，缺乏对实训过程

的监督、考核和评价。

二、方法与举措

针对现阶段在线实训教学中存在的问题，本研究以"理实一体化"的教学理念，结合广东理工职业学院已有条件，开展基于"桌面云实训室＋腾讯课堂＋雨课堂"的线上实训教学模式探索。如图1所示，三种线上工具深度融合，重新组织在线教学内容，优化教学方法，以期为开展在线实训教学提供借鉴。

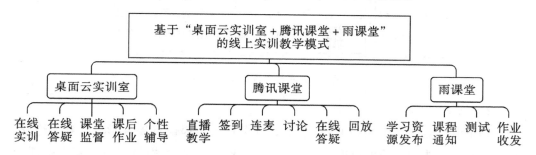

图1　基于"桌面云实训室＋腾讯课堂＋雨课堂"的线上实训教学模式

（一）多平台融合，打破线上实训教学的环境障碍

1. 依托桌面云 VDI 技术，打造桌面云实训室

云实训室通过深度整合服务器虚拟化、桌面虚拟化及存储虚拟化，并将虚拟机的桌面环境通过互联网发布给用户，用户可以使用多种设备接入，从而突破手机无法安装实训软件的障碍。同时，云实训室具有访问流量小、数据传递速度快、资源更新便捷等优势，学生通过 VDI（Virtual Desktop Infrastructure，虚拟桌面基础架构）客户端登录，即可进入统一标准的实训环境，完成线上实训和课后作业。教师登录云实训室后台可以获得学生桌面实时影像和完整操作权，平台可辅助教师完成在线答疑、课堂监督，开展个性化辅导。桌面云实训室拓扑结构如图2所示。

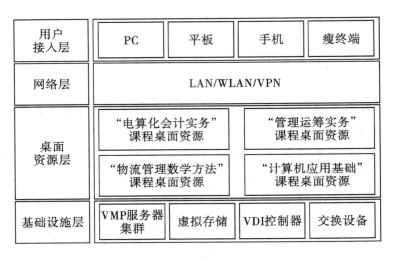

图 2　桌面云实训室拓扑结构

2. 依托腾讯课堂，还原面授教学

腾讯课堂支持手机端和 PC 端安装，服务稳定，提供直播教学、签到、连麦、讨论、回放等功能，最大限度地模拟了线下课堂，为师生提供了一个真实的课堂情景。

3. 依托雨课堂，完成教学资源建设及网络化管理

雨课堂支持课件（PPT、MOOC 视频、PDF 和图片）和试题（单选、多选、判断、填空和主观题）等教学材料上传。教师可系统化建设教学资源，配合教学进度，轻松将公告下发到学生的微信上。学生在线上完成课前学习、测试任务和作业，根据学习内容快速检索资源。每次课堂结束后，系统会生成课堂记录并关联课中使用的教学资源，可供学生回看。

（二）提升教师的信息素养，创新以学生为中心的线上实训教学模式

根据线上教学环境下学生的特性，充分发挥学生自主探究的精神。教师在线上的实训教学模式以直播讲授为主，"自主预习 + 直播解疑"和"自主学习 + 答疑辅导"为辅。研究基于先学后教、以学定教的理念，将课堂中心从教师转换为学生，形成"任务 + 指导"的教学方式。以桌面云实训室、腾讯课堂和雨课堂三者为载体，改变单一的线上教学模式，将三者融入线上教学，贯穿课前、课中、课后三个环节，提高学生居家实训学习的自主学习能力和自主探究能力。

1. 课前：资源建设，自主学习，动手实践，先行探索

课前阶段，教师利用雨课堂进行课程资源建设，上传课件、视频、测试题等资

源。根据教学计划制定推送任务，设置课前预习时间，定时发送资源到指定班级，并在桌面云实训室教师桌面制作实训素材，根据雨课堂课前推送任务同步更新学生桌面。学生在课前接收到雨课堂的推送内容后，便可根据自身情况选择合适的时间进行自主预习，完成课前测试。学生登录桌面云实训室个人桌面动手操作，完成课前练习，并将问题留言到讨论区，寻求教师及同学的帮助。教师则通过雨课堂实时监控查看学生的预习情况和答题情况，在讨论区组织讨论，答疑解惑，并根据学生在课前预习遇到的问题，适当调整教学内容。

2. 课中：直播教学，协作探究，加强监督，践行落实

学生通过课前自主预习，已具备一定的知识认知，无需从头到尾讲解理论知识。课中，教师通过腾讯课堂进行在线直播。首先，解答课前学生存疑内容，讲解重难点、易错点知识，配合桌面云实训室教师桌面完成实操演示，帮助学生纠正共性错误；然后，提出新的实训项目，在雨课堂发布，布置、指导学生在云实训室完成。

学生认真听直播讲解，边学边做，修正错误；在掌握实训项目的理论基础上，完成课堂任务，自主探究，登录桌面云实训室个人桌面开始操作；在实训过程中遇到疑问导致无法继续时，可将问题截图发送到腾讯课堂，举手连麦，寻求教师或同学的协作。教师收到问题内容后，组织学生参与讨论，共同分析问题、解决问题，提升学生的思维能力。对于寻求操作协助的学生，教师主动与其连麦，通过桌面云实训室后台获得学生的个人桌面影像及操作权。此时，教师可以控制学生桌面并用语音指导学生完成操作，其他学生则在腾讯课堂观看画面，可参与讨论、发表意见，这种多元交互有助于提高学生分析问题、解决问题的能力。

学生完成实训任务后，将实训成果提交到雨课堂。教师在雨课堂中实时查阅、评价反馈，抽取部分成果作为示范性案例展示，并让学生通过腾讯课堂语音和桌面云实训室个人桌面介绍设计思路。教师将其个人桌面影像投射到腾讯课堂直播中，其他学生在腾讯课堂观看，取长补短，开拓自己的思路。

课中学生自由练习阶段，教师可通过桌面云实训室后台打开学生个人桌面，巡查学生实操情况，加强指导，发现错误操作时，及时利用腾讯课堂直播提醒学生予以纠正，以确保操作的准确性。同时，教师对每位学生的操作过程、熟练度做好记录，以作为课堂成绩，定期向学生通报情况，从而提高学生练习的自觉性，提升其练习效果。对于不做练习的学生，教师提醒其动手操作并单独提问，督促学生投入学习。

3. 课后：巩固复习，个性指导

课后阶段体现了学生学习的差异性，是学生自主学习和课堂学习效果的综合验

证。在雨课堂发布课后作业，有助于教师发现学习基础薄弱、跟不上课程进度的学生，通过线上联系，教师可进入桌面云实训室对学生进行一对一辅导。与此同时，教师可以梳理教学过程，优化教学设计，在雨课堂总结生成课堂报告并将其推送到指定班级。

课后，学生在教师的辅导帮助下，反思自己的知识构建，结合腾讯课堂回放，对知识进行拓展，积累实训经验。

（三）全面考核，完善过程评价

全面、合理的成绩考核评价有助于加强学生自主学习的积极性和主动性，同时可反映教师的教学方法是否有效。在线上实训教学中，应注重学习过程的评价，降低期末考试成绩的比例，建立多元化考核评价机制。具体考核评价项目如图3所示。

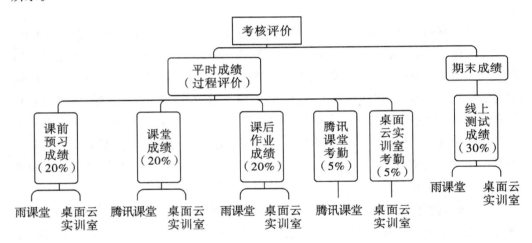

图3　考核评价项目

课程考核评价由课前预习成绩（20%）、课堂成绩（20%）、课后作业成绩（20%）、腾讯课堂考勤（5%）、桌面云实训室考勤（5%）和期末线上测试成绩（30%）组成，平时成绩（过程评价）占比为70%。其中，腾讯课堂记录学生在线时长，以此作为考勤依据。雨课堂发布测试任务及作业，自动批阅客观题（单选、多选、判断和填空题），教师仅需批阅主观题。桌面云实训室指引学生完成考核评价项目中的实操内容，包括课前预习、课堂成绩和课后作业，并记录学生登录桌面云实训室的次数和时长作为实训考勤依据。通过以上6个考核项目，可以更为全面、完整地考核与评价学生理论知识掌握的程度和实训操作的能力，保证评价与预期的过程和结果相一致。

三、成效与特色

"电算化会计实务"是一门理论与实践并重的专业必修课程,通过学习财务管理、财务会计实务,利用电算化软件完成总账设置、往来款项的核算,编制财务报表并进行分析。该门课程实践性强,无法脱离实践教学。在线下教学中,学生个人电脑因杀毒软件、系统设置、软件授权等无法稳定使用实训软件,同时,软件安装难度大,一旦安装失败就需重装操作系统。种种因素导致学生即使有实训设备也无法开展实训课程。学生在校学习完全依赖专业实训室完成课堂实训任务和课后作业。疫情期间,广东理工职业学院将基于"桌面云实训室 + 腾讯课堂 + 雨课堂"的线上实训教学模式应用于"电算化会计实务"课程教学实践中。为验证该实训教学模式的实践效果,学院组织 2019 级会计专业两个班进行实验。通过在线问卷调查的形式,对两个实验班共 115 人进行了调查,回收有效问卷 104 份。

(一)学习体验调查分析

对于"桌面云实训室是否对实训有帮助"这一问题,有 93.27% 的学生认为桌面云实训室可以帮助他们完成实训任务、课堂交流和课后作业;有 6.73% 的学生认为桌面云实训室对实训没有帮助,自己有条件搭建实训环境。

关于桌面云实训室的使用满意度调查,有 56.73% 的学生选择"满意",有 41.35% 的学生选择"一般",有 1.92% 的学生选择"不满意"。通过访谈,我们了解到影响学生满意度的主要因素是网络质量和带宽速率。部分学生家庭网络质量差、手机流量限速,导致无法稳定使用桌面云实训室。

关于是否认同基于"桌面云实训室 + 腾讯课堂 + 雨课堂"的线上实训教学模式,有 82.69% 的学生表示认同;有 17.31% 的学生表示不认同,不认同的主要原因是认为线上教学效果不如线下教学效果。

(二)成绩分析

两个实验班与 2018 级面授班级相比,实验班共 115 人,其中 98 人完成期末课程考核,17 人因个人原因无法参加期末线上考试,申请缓考,到考率 85.2%;面授班共 136 人,到考率 100%。期末成绩计算公式为:总评成绩 = 平时成绩(70%)＋期末成绩(30%)。实验班和面授班的总评成绩见表 1。

表1　实验班和面授班总评成绩数据一览

班级	最高分	最低分	平均分	各分数段人数比例				
				0～60分	60～70分	70～80分	80～90分	90～100分
面授班	96	63.5	84.9	0	5.15%	20.59%	27.94%	46.32%
实验班	93	60.5	86.4	0	2.04%	14.29%	48.98%	34.69%

从表1可以看出，实验班比面授班的平均分略高，最高分和最低分相差不大，及格率都为100%。实验班80～100分的比例比面授班高，充分说明基于"桌面云实训室＋腾讯课堂＋雨课堂"的在线实训教学模式能有效帮助教师实现线上教学目标，满足学生居家实训的需求。

（三）影响因素分析

通过整理分析实践数据，可以发现基于"桌面云实训室＋腾讯课堂＋雨课堂"的线上实训教学模式有三个重要影响因素。

（1）必须具备良好的网络条件。实验班17人申请缓考的主要原因是网络基础条件差，使用桌面云实训室时操作卡顿，无法在规定的时间内完成考试内容。

（2）线上教学对教师的信息化教学能力要求更高。实验班的成绩集中在80～90分，面授班成绩集中在90～100分，在相同课时的情况下，实验班的优秀人数与面授班对比还存在一定的差距，反映出线上教学更考验教师的信息化教学能力。面对线上教学，教师需要额外投入时间和精力适应新型教学方式，利用信息技术创新教学策略和方法，倾听学生的诉求，设置合理的教学目标和学习任务，加强培养学生自主学习的能力，引导学生保持积极的学习态度。

（3）学生必须具备较高的自我管理能力。基于"桌面云实训室＋腾讯课堂＋雨课堂"的线上实训教学模式对学生自主学习能力和自律水平要求较高。随着学习内容的深入，学生的抗干扰能力、执行能力、自我监督能力等都会影响学习效果，自我管理能力较差的学生，其线上学习效果并不理想。

基于"桌面云实训室＋腾讯课堂＋雨课堂"的线上实训教学模式充分利用信息化技术来开展线上实训教学，有利于推动教师转变教学观念和创新教学方法，培养学生居家实训的自主探索能力，实现随时随地学习。教师对学生的学习情况、学习过程及学习成果全程跟踪，则有利于教师考核评价学生的实训结果和实训过程。除"电算化会计实务"课程外，学院还在"计算机应用基础""管理运筹实务""物流管理数学方法"三门课程中应用基于"桌面云实训室＋腾讯课堂＋雨课堂"的线上实训教学模式。经过一定范围的实践，目前该模式取得了较好的教学效果，但还存在一些问题，如网络环境差异影响在线教学的质量和效果，教师还需不断改进和完善线上教学方法，加强学生信息素养和自主学习能力的培养，等等。因此，基于"桌面云实训室＋腾讯课堂＋雨课堂"的线上实训教学模式还需不断完善，以提高线上实训的教学质量。

大规模在线课程标准化改造

陈鹏宇[*]

一、背景与问题

广开网络教学平台自 2015 年开始投入使用，以本科课程为试点，上线 5 门本科课程。初期课程建设以项目形式由学院负责建设，课程技术中心负责视频资源及整体课程验收。课程建设中仅视频资源有统一技术规范，其他资源如文字、题库等均无统一的技术规范与上线标准。课程层面统一标准缺失导致上线课程的界面各有特色，质量不一。随着业务的发展，截至 2020 年秋季学期，广东开放大学共开设课程 551 门，累计注册学生数达到 267119 人。学生人数与开设课程呈几何式增加，过去非标准化的课程建设模式无法支撑大规模的在线教学。

市县开放大学的教师和学生均反馈每进入一门课程都需重新寻找和适应学习区域，各不相同的课程界面极大地加重了学生的学习负担。同时，在线课程还存在文字、课件资源以及导航链接打不开，测验作业过期导致学生无法作答等问题。

上述日益凸显的的问题集中表现为广开网络教学平台的使用问题，这也成为学校学历教育业务发展的主要障碍。因此，对已有课程按照统一标准进行改造，使其统一化、规范化成为当务之急。

---

* 陈鹏宇：广东开放大学信息化建设处科员，助理研究员。

二、方法与举措

（一）协同相关业务部门，制定课程标准模板

通过多次深入市县开放大学调研发现，教学平台存在的诸多问题中最为突出的问题是课程界面缺乏统一规范。因此，本次课程标准化改造以解决上述问题为主要目标。

制定科学、合理的课程标准模板是首要任务。在线教学涉及多个关键部门，如教务处负责课程验收与在线教学过程考核，学院教师负责课程建设与教学组织管理工作，信息化建设处负责日常教学的技术支持与平台维护。因此，制定标准模板不应脱离在线教学与教学管理本身，应由教务处、学院以及信息化建设处共同制定。

由于职责不同，三者在制定标准模板过程中承担不同角色。信息化建设处通过对比同类在线课程的界面布局与功能，首先制定出课程标准模板的首页界面原型，以方便其他部门提出直观的修改意见与建议。教务处从教学过程考核的角度，对该界面原型的布局与功能提出建议，以确保包含教学过程的必要环节，保证课程满足基本的在线教学需求。学院教师则从教学过程组织与教学管理角度提出方便学生学习、教师组织教学的补充功能。最后，由信息化建设处整合所有修改建议，并交由技术公司开发课程模板，实现其功能。

（二）区分培训群体，制订针对性培训方案

统一课程标准不是简单的界面改造，它涉及课程资源与题库的规范化改造，若将其单纯交由技术公司完成，不仅难度很大，而且费用较高。因此，本次课程标准化改造工作主要由教师完成，技术公司提供支持服务。教师具有熟悉教学内容的优势，但是技术操作能力较弱。为了解决这一问题，教务处联合信息化建设处组织了两场教师培训，通过培训达到动员教师重视改造工作、教师弄清课程改造的目标、教师学会基于模板改造课程的目的。

为了获得更好的培训效果，我们将参与课程改造任务的教师按是否有在广开网络教学平台建课的经验分为"有基础"和"无基础"。针对"有基础"的教师，我们制订了精简的培训方案，着重于标准模板的介绍以及使用；针对"无基础"的教师，我们制订了全面的培训方案，即将平台基本操作与课程模板使用相结合，同时提供详细的教学平台操作手册。两场培训均以上机实操的方式进行，并预留充足的

时间给培训对象操作练习，在培训过程中解决疑问。

（三）缩小课程改造范围，降低教师的操作难度

为降低教师的操作难度、减少操作环节，信息化建设处承担了所有课程的非个性化的操作，如课程基本参数、模板的导入以及旧课内容的导入等，将教师的课程改造工作范围缩减至课程内部，减少课程改造过程中的页面跳转，教师只需要对课程内部的资源、题库、活动与界面进行改造。

减少课程改造过程中的页面跳转，可以避免教师因为页面定位、导航不清等而操作不畅，使课程改造在整体上更易执行。

（四）开展多轮验收，保证课程改造效果

课程标准化改造完成后，为了确保其改造效果符合预期、所有课程能在开学时直接投入使用，课程的验收环节尤为重要。

制定明确的验收标准规范是把好质量关的第一步。我们提供了一份详细、可以直接指导操作的验收清单，允许教师在申请验收之前进行自查。该清单涉及五大方面共计25项自查项目。自查合格后，教师方可将附有自查结果的验收申请发送至验收小组的工作邮箱。第二步，经过培训的验收人员根据申请，进入课程，对照自查项目即验收清单逐一核查，如有未达到要求的，则返回给教师并提供相关操作步骤的文字反馈，让其按照步骤进行整改。初验通过者可直接通过邮箱获得反馈通过的结果。第三步，复验。初验未通过的教师可在按要求完成整改后，再次提交验收申请。此次验收为终结环节，目标是所有课程均完成标准化改造。因此，在该环节中，验收人员除了要进行邮件沟通外，还需提供更直接的沟通与技术支持，如利用QQ远程指导等方式帮助未通过的教师完成课程改造。

（五）全环节、多手段的技术支持

本次课程标准化改造工作量大、涉及面广、时间紧，虽然采购技术公司服务与部门内部人员提供支持服务相结合，但是，如果按照一对一的技术指导方式，技术支持人员仍然紧缺。因此，本次课程标准化改造采用不同阶段提供不同技术支持服务的方案，让技术支持发挥最大作用。

动员培训阶段，以培训为主，现场指导为辅。在培训后的一周内，我们安排技术公司驻场服务，方便教师随时咨询。教师落实改造阶段，以QQ、微信等远程指导为主。验收阶段，以操作手册、邮件反馈以及QQ远程协助等个性化服务为主。

其中，操作手册在培训资料的基础上根据初验出现的共性问题编写，复验的反馈直接引用此文档中的操作步骤。此方法效果显著，满足了教师的技术指导需求。

三、成效与特色

（一）收益面广

本次课程标准化改造历时 2 个月，涉及全校本专科共计 353 门课程，工作量大、难度高、涉及人数多。本次课程标准化改造包括：在较短时间里完成了全部课程标准化改造任务，使 353 门课程统一应用标准模板，解决了课程界面不同导致的学生不想学、不会学的问题；清除了无效资源与链接，解决了后台资源占用的问题；规范了课程资源命名与呈现形式，解决了课程资源存放混乱、不规范的问题；规范了题库分类，解决了课程测验题库题量不达标、无法随机抽题的问题。广大学生和教师纷纷点赞，学生反馈现在广东开放大学的在课程比以前更容易学；教师反映课程建设不用依赖技术公司，主动权更大。此外，课程改造还获得了课程评审专家的称赞，切实解决了当前学校教学的痛点问题。

（二）经济效益显著

经询价，若由技术公司负责迁移需要 3 万元/门，总迁移费用将高达 1059 万元。而在此次课程标准化改造中，教师的课程改造工作作为额外课时，学校支付相应超课时报酬给教师。实际上，学校通过超时工作量的方式支付的课酬费用不到 40 万元，故从理论上本次课程标准化改造共节省经费 1000 多万元。

（三）提高平台性能

过去由于课程上线后的资源维护缺乏有效的监管机制，平台上存在大量"僵尸资源"、无效链接。这些资源链接极大地消耗了平台后台资源，多次导致平台因后台资源耗尽而产生大规模访问故障。通过本次课程标准化改造，清理了上述无效资源后，平台的稳定性得到了很大的提升。

2020 年 3 月，学校全面完成课程标准化改造后，平台日访问量高峰从改造前的 9.8 万人次上升到 18.7 万人次，访问量增加 90%，而访问速度却提升了 2.9 倍。网络教学平台运行平稳、使用顺畅，截至 2021 年 3 月，未发生过平台宕机等重大运行事故。

基于腾讯会议系统的传统会议室改造

何志斌*

一、背景与问题

广东开放大学（广东理工职业学院）是以现代信息技术为支撑的大学，其覆盖全省的办学体系，实行两地办学的管理模式，并实行"一套班子，两块牌子"的管理体制，资源共享，优势互补。基于我校两地办学的需要，领导干部和教职员工频繁往来于广州、中山两地。由于两地现有会议场所的音视频设备以及视频会议设备建设之初缺乏总体规划和统筹协调，因此，我校两地之间的会议室要实现双向视频会议需解决以下四个问题：

（1）作为我校全校性会议常用主会场的广州校区 8 号楼 301 会议室，其多年前建设的会议系统技术落后、设备老化，虽然后期加入一定的远程会议的设备，但仍无法满足我校远程视频双向交互会议的需求。平时传送到中山会场的会议视音频信号存在图像模糊、声音质量差、无法交互等问题。

（2）我校中山校区分会场的学术报告厅（阶梯 2 会议室），前期经过装修改造后，现场视音频质量虽然达到了普通会场的音像效果，但由于建设初期没有对视频会议方面的功能进行规划设计，仍无法实现与广州校区主会场进行视频会议交互，只能单向接收广州校区的会议视音频信号。

（3）我校在广州、中山两地办学，两地校区的网络情况存在差异。通过前期对市场上的各大传统厂家的视频会议产品进行调研发现，市面上普通的视频会议系统在我校这样的现状下进行建设，存在前期建设成本高、效果不理想、无法灵活配置等问题。

---

* 何志斌：广东开放大学信息化建设处科长，实验师。

（4）我校广州校区会议室设备老化陈旧，学校对广州校区 8 号楼 301 会议室已有全面升级改造的计划，但不会在短期内进行。因此，对该会议室增加视频会议功能而投入大量资金进行大规模改造显得不现实，也不符合经济效益，急需寻求一个可行的经济实惠的解决方案。

二、方法与举措

（一）项目设计选型

我校从 2019 年下半年开始对该项目进行前期调研。我校首先对各种视频会议产品进行了调研，因这些产品方案均需要对原有会议室进行大规模改造，且产品价格均超出我校预算范围，故项目方案一直未能确定下来。

疫情期间，腾讯会议以其易用性及其出色的使用效果受到人们的广泛认可和使用。在此期间，我校也使用腾讯会议进行远程会议和远程教学。为此，我校决定基于腾讯会议系统，在不对原有会议室进行大规模改造的基础上，利用原有设备，适当增加部分必要的设备，使原有会议室具备视频会议的功能。

（二）项目建设目标

本次项目建设的内容主要包括：对广州校区 8 号楼 301 会议室和中山校区学术报告厅现有的视频、音频系统进行升级，以腾讯会议为基础，用合理的配置和高性价比的方案搭建我校的云视频会议系统，以此提升各部门协作、沟通的效率，优化两地会议安排，方便各部门进行实时沟通，节省会议筹备时间。

（三）项目建设内容（见图 1、图 2）

1. 广州校区 8 号楼 301 会议室

（1）沿用原有的显示设备（投影机）、会议扩声系统。

（2）增加视频会议终端设备以及与原有系统相连接的必须的辅助设备。具体设备包括高清云台一体机、自动跟踪视像系统、视频会议主机、高清视频采集卡、反看显示屏等。

（3）以腾讯会议为基础搭建视频会议系统。

2. 中山校区学术报告厅

（1）沿用原有的显示设备（投影机）、会议扩声系统。

（2）增加视频会议终端设备以及与原有系统相连接的必须的辅助设备。具体设备包括高清云台一体机、视频会议主机、高清视频采集卡、调音台等。

（3）以腾讯会议为基础搭建视频会议系统。

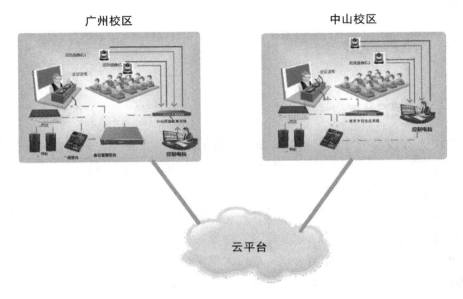

图1　视频会议系统

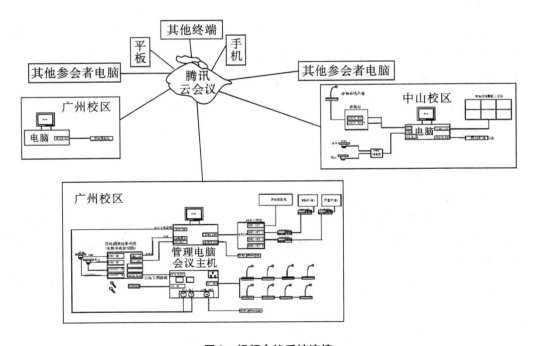

图2　视频会议系统连接

三、效果、特色与经验

（一）本项目的效果

本项目采用腾讯会议商业版，因此具备了腾讯会议商业版所有的功能。

（1）视频会议方式灵活，可以在全平台运行，在手机、电脑、平板、Web 等环境一键召入视频会议。视频会议支持使用微信视频小程序打开，不需要下载任何插件或客户端。

（2）高清流畅的视频会议体验。腾讯会议系统采用腾讯云部署，画质高清，视频智能降噪处理，支持美颜和背景虚化。AI 语音增强，高保真还原人声，消除环境杂音、键盘声等噪音。音频丢包 80% 仍享自然流畅语音，视频丢包 70% 不花屏、不卡顿。

（3）高效分享与协作。系统平台支持多种格式文档在线协作，会议的演示交流便捷、生动。腾讯会议系统的桌面端和移动端均可实时共享屏幕。系统平台具有即时文字聊天功能，可以辅助讨论，使交流不干扰会议的进程。

（4）由腾讯云七大安全实验室保驾护航，保障用户的隐私安全。AI + WEB 应用防火墙、动静态扫描，能有效抵御威胁攻击；有了业务数据、管理机制、网络设备、接入策略等多重防护，能做到全网加密，安全防御。

（5）与免费个人版不同的是，我校采用的腾讯会议系统商业版最高支持 1080P 高清画质，可最多支持 2000 人同时参会。

（二）本项目的特点

（1）本项目在广州校区 8 号楼 301 会议室新增了会议系统主机和自动跟踪视像系统。该系统能实现开放式会议、先进先出限制发言功能；内置视频切换矩阵，高速云球能够跟踪最后开启麦克风的位置，当最后开启的麦克风关闭时，高速云球跟踪返回上一跟踪摄点，当所有发言列席并闭时，摄像头自动复位到待机位置。单机多达 512 个摄像头位置跟踪控制点。该功能辅助会议室管理员操控摄像头，可使视频会议更加高效、便捷地开展。

（2）在本项目中，广州、中山校区两地的会议室均在前后两端各安装一个摄像头，这样两校区的会议室均可作为主会场进行视频会议，不受摄像头位置的限制。广州校区的会议室主要使用会议系统主机对前后端摄像头视频信号进行手动或自动切换，中山校区的学术报告厅则采用 HDMI 切换器对前后端摄像头视频信号进行手动切换。当作为主会场时，主要使用安装在会议室后端的摄像头的视频信号；而当作为分会场时，则主要使用安装在会议室前端的摄像头的视频信号（见图3、图4）。

（3）视频会议系统中的音频输入输出均通过会议室原有调音台设备进行对接。

（4）由于广州校区 8 号楼 301 会议室经常被用作主会场，因此，我们在该会议室新增了反看屏设备。通过反看屏，讲台上的参会人员不用扭头回看，即可观看到其他分会场的现场情况（见图5）。另外，在会议室的控制室，通过增加 HDMI 分屏器，会议室管理员在控制室内就能观察到会议室内各路视频信号的实时情况，可随时对直播信号进行切换。以上新增的设备及其功能，均是基于投入少、改善大的解决方案实现的。

图3　广州校区会议室效果

图4　中山校区学术报告厅效果

图 5 反看屏效果

（三）本项目的经验所得

（1）腾讯会议系统如果需要开启 1080P 高清画质，必须要满足以下要求，特别是第 2 点，尤为关键。①客户端登录企业版/商业版账号并在"设置" – "视频"中开启"高清画质"；②硬件配置仅支持 Intel i7 4 核（暂不支持 AMD 的 CPU），显卡使用非 AMD 芯片的；③宽带建议 3 兆字节/秒～5 兆字节/秒；④客户端版本为 2.3 或以上；⑤CPU 占用率不能超过 30%；⑥当会中仅有 1 人，而没有其他拉流①时，分辨率仅保留 1920×1080 dpi；⑦商业版/企业版账号具有启用高清画质的功能，如果启用该功能，则发送端最高达到 1080P 15 帧；如果不启用该功能，则默认最高为 720P 30 帧。接收端不区分企业版、商业版、个人版，只要解码能力支持就能观看，最高达到 1080P 15 帧。

（2）在实际使用过程中，建议主持人端的电脑部署在会议室的控制室内，以便对会议管理进行整体操控。对于会议室现场主讲用来演示 PPT 的电脑，建议将其作为一个客户端。这样做的好处是，会议不会由主讲人员的失误操作导致非正常退出。远端参会人员可以自主地选择主会场的 PPT 演示画面或者主讲的头像作为主要的收看方式。

（3）在该项目建设之初，腾讯会议系统仍处于早期开发阶段，该系统软件周边相关硬件的配套并不丰富。随着腾讯会议产品系统的不断迭代升级，推出了与系统相配套的周边硬件设备，产品种类比较丰富，如会议室连接器、Rooms 等硬件设备，这些硬件配套极大地简化了传统会议室向视频会议室的扩展和升级。

（4）视频会议产品并非越贵越好，应根据自身的需求情况，选择适合自己的产

---

① 拉流：指服务器已有直播内容，用指定地址进行拉取的过程。——笔者注

品。由于腾讯会议系统在疫情期间使用免费且使用效果出色，现已被人们广泛采用，具有了广泛的群众使用基础。在实际使用过程中，我校可以很方便地组织专家和参会人员通过视频会议远程参会，开展讲座、会议等。加之腾讯会议系统已被人们广泛使用，因而不必专门指导专家和参会人员如何使用腾讯会议系统，大家使用起来得心应手。另外，根据会议室原有的设备情况来增加必要的设备，即可实现视频会议的功能。

开发一体化学习平台，提升服务学生的水平

胡健庭*

一、背景与问题

江门开放大学是在原江门市广播电视大学基础上转型发展的一所新型高等学校，下辖新会开放大学、开平开放大学、鹤山开放大学、恩平开放大学、台山开放大学等5所县级市（区）开放大学，下设江门市工贸职业技术学校。

办学40年来，江门开放大学设有本科、大专、中专教育，开设了各类专业50多个，培养了7万多名适应性强、留得住、用得上的服务江门侨都经济发展的应用型人才。学校校舍完备，场馆齐全，设施先进，教学资源丰富，是全国优秀成人继续教育院校、第二批全国城乡特色社区教育学校、国家开放大学社区教育实验基地、首批国家开放大学残疾人教育学院教学点。

近年来，江门开放大学加快转型发展。在开放教育方面，江门开放大学主动适应江门经济社会发展和人的全面发展需要，充分利用现代信息技术，探索具有江门侨都特色、灵活开放的学习体系和办学模式。在职业教育方面，2012年创办江门市工贸职业技术学校，完成了"搭架子、铺摊子、上规模"的既定目标，目前，该校有在校学生近2300人，成为江门侨都培养职业人才的重要基地。在社区教育方面，随着2014年江门社区大学的挂牌成立，江门开放大学充分利用原有的办学系统和先进的远程教育平台，形成"（市）社区大学－（区、市）社区学院－镇街社区学校/社区教育实验点"社区教育网络体系，大力推进社区教育、老年教育，从初期"一院一品"的10个实验点，到目前八大类30个实验点，涵盖社会治理、科普体验、非遗文化传承、党建、乡土文化与游学、侨乡名人等内容，形成了一套具有江

---

* 胡健庭：江门开放大学信息技术部科员，技术员。

门特色的社区教育模式，近年来送教活动受惠居民已达 4 万人次。在非学历培训方面，面对激烈的培训市场，江门开放大学积极开展各类培训、管理咨询、技术服务、技能鉴定等，为市民提供多元化的继续教育，构建"学习超市"，累计培训 5 万多人次。

2019 年 6 月，《江门开放大学建设方案》获江门市政府通过。江门开放大学以全纳、终身、开放、共享为理念，创新体制机制，汇聚优质教育资源，重点建设江门市现代远程网络教育中心、继续教育服务中心、社区教育指导服务中心"三大中心"，继续面向基层、面向行业、面向社区、面向农村，围绕"学历教育、职业教育、社区教育和各类技能培训"的"四位一体"办学目标，更好地满足百姓多样化、个性化的终身学习需求，为江门侨都经济社会高质量发展、城市品质提升和市民素质提高贡献自己的力量。

立足江门开放大学转型发展方向，强化服务学生的意识，提升学生的学习效率，简化学习过程管理流程，我们对学生从报读至毕业的流程进行梳理分析，提出开发江门开放大学学习平台，以期打造一个流程简单、便于操作的教务教学平台，为学生提供一站式服务。

二、方法与举措

江门开放大学学习平台开发的目的是充分利用校园网的软硬件资源，通过 B/S（Browser/Server，浏览器/服务器）系统结构来实现基于 Web 的校园教学信息综合管理，结合毕业论文提交平台的开发经验，实现学生从报读至毕业的一站式信息资源管理，包括教务信息、学习信息以及班级情况。

（一）功能模块设计

江门开放大学学习平台的基本功能主要包括学生信息管理、教学规则、成绩管理、学籍管理、交费管理和后台数据管理六大部分。

1. 平台用户及登录管理

平台用户管理模块包含学生信息、教师信息、专业管理、班级管理。

学生管理以班为单位进行管理，将新生报名信息统一导入平台学生管理库。

平台用户库与开放大学在线用户库进行平衡对接，直接使用开放大学在线的学生及教师账号连接开放大学在线用户登录模块，在开放大学在线学生及教师版块直接嵌入平台接口，提高开放大学在线账户的使用效率，避免学生和教师管理过多的平台账号。

平台角色主要分为：学生、任课教师、导学员、教学管理员、教务管理员、数据统计管理员、超级管理员。

2．教学规则管理

教学规则包含班级课程设置、专业指南。

根据各班级课程的实际情况，同一专业的不同班级可以设置不同的选修课，平台将按照专业设置教学规则，也可以根据不同班级进行调整，确保与教学需求保持一致。

根据课程号以及试卷号可以查询学生学习的完成情况、学分等。

3．课表管理

原则上，课程表的安排是由教学规则导出的，为保证数据统一，课程表安排必须包含班级代码，课程代码等。

4．考试安排

学生根据学号查询本学期期末考试安排信息。

5．成绩管理

学生课程考试成绩根据试卷代码和课程代码对应课程，并自动连结到学生相应的教学规则；成绩管理需要教学规则与考务平台的相应课程考试数据进行连结。

6．学习平台管理

该学习平台包含形成性考核平台、学习平台。形成性考核平台根据教学规则的课程要求，在课表中链接相应的形成性考核平台网址；学习平台则列出各类课程学习的平台，包含网络课程、终身学习网、论文平台等。

7．学籍管理模块

结合学生个人资料和所在班级的教学规则，由学生管理、核对个人资料和学业完成情况。

8．自助注册、报考模块

（1）自助模块包含学期自助注册、打印缴费单、补考课程自助报名等。

（2）由导学员统一导入学生注册数据，学生可以自行打印缴费单进行缴费。

（3）方便各级管理员查询学生的注册情况以及补考报名情况。

（二）各模块功能示意图

1. 学生模块功能如图1所示。

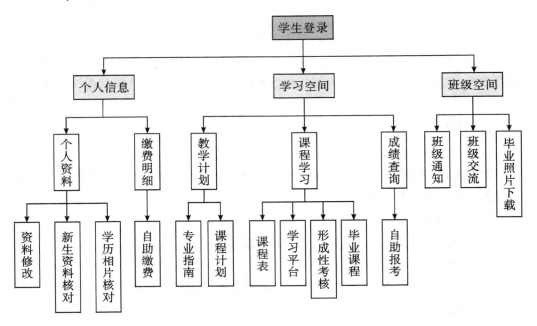

图1　学生模块功能

2. 导学员/班主任模块功能如图2所示。

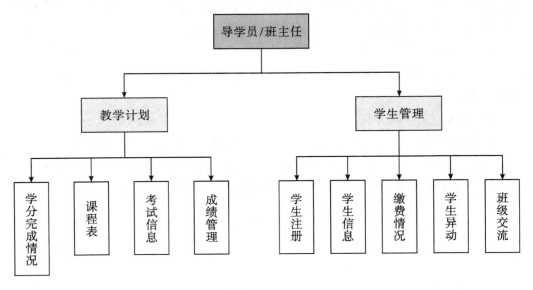

图2　导学员/班主任模块功能

3. 任课老师/指导老师模块功能如图 3 所示。

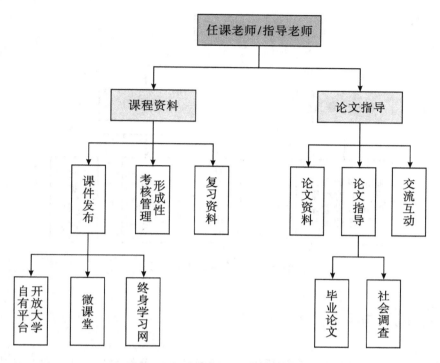

图3　任课老师/指导老师模块功能

4. 基础管理员模块功能如图 4 所示。

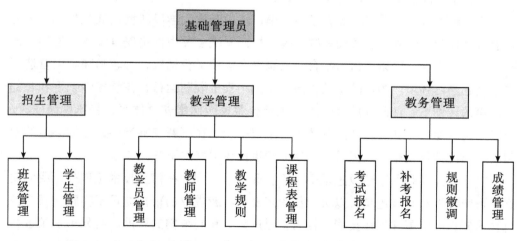

图4　基础管理员模块功能

5. 平台管理员模块功能如图 5 所示。

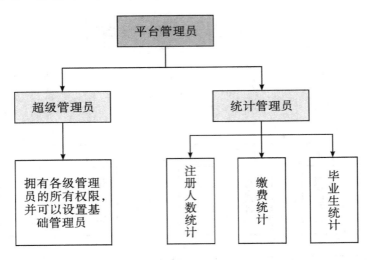

图5　平台管理员模块功能

三、成效与特色

江门开放大学学习平台自运行以来，运行稳定，已经为 2 万多名师生提供学习管理服务，毕业论文提交人次为 15622 人次，论文评阅量为 34755 篇，课程资源量为 12609 个，课程交流贴数为 52198 篇。

为保障课程学习顺畅，提升学习效率，江门开放大学以转型发展为契机，大力发展智慧校园，建立智慧校园系统。智慧校园系统主要由网络安全设备、邑学网云平台、学习平台、网络考试云平台、校园安全监控平台构成，为教师和学生营造了更便利的学习环境。为保障学校智慧校园网络安全顺利运行，在领导带领下和各部门同事的帮助下，江门开放大学逐步完善智慧校园网络安全体系，保障网络安全、可靠、高效运行。如今，江门开放大学学习平台仍在不断完善当中，根据学生的学习管理情况进行调整以及完善，以期为师生提供更好的服务。

在平台开发和网络建设过程中，笔者深深感受到，在信息技术工作中，我们要适应形势发展和科技进步，以负责任的态度、不断进取的精神立足于实践，狠抓信息技术知识的学习和工作技能的提高。通过领导和同事们的帮助、与兄弟学校进行学习交流，笔者进一步强化了责任意识、大局意识、服务意识，增强了提高自身素质的紧迫感和使命感，不断改进服务、转变作风，积极投身于信息技术支持服务的实践活动，努力做好各项工作。

加强信息化建设　提升员工的信息素养
——湛江开放大学信息化服务案例

江文创[*]

一、背景与问题

开放大学作为新型的大学，其特点是以信息技术为支撑，为师生提供服务。近年来，随着信息技术的飞速发展和开放教育对信息化建设要求的提高，湛江开放大学把信息化建设列为重点工作之一，逐年加大资金投入，校内网络基础设施日益完善，信息化建设逐步推进，但仍存在以下问题。

（一）重建设、轻管理、轻服务

目前高校信息化普遍存在的一个问题是，在信息化建设中往往只重视建设基础设施及购买硬件设备，而轻视对业务系统的构建以及发挥系统的管理、服务功能。湛江开放大学在推进信息化建设的过程中也存在这种现象，如对业务系统缺乏整体规划，对业务系统的构建缺乏深入调研，校内信息技术部门长期人手不足而无法及时提供有效的技术支持，等等。

（二）网上教学资源利用率低

网上教学资源是开放教育一大特色，湛江开放大学通过在线系统、教师空间系统、专业网页系统、QQ群、微信群向开放教育学生提供教学服务。但是，教学资源分散在各个系统上，缺乏整体性，学生往往因为经常找不到相应资源在哪个系统上而不愿意使用，各个系统平台的利用率低。

---

[*]　江文创：湛江开放大学信息技术中心科员，助教。

（三）校内信息分发渠道杂乱

校内通知、公告采用 QQ 群、微信群发布，群组划分为班主任群、教师群、单位群、通知群。由于群公告有数量限制，当多条通知或公告一起发布的时候容易错过信息，长时间不看群消息的教职工也容易错过相关消息。此外，信息往往由群管理员直接发布，缺乏审核流程，容易出错；通知、公告没有分类，教职工查询以往信息比较困难。同时，信息发布人也无法知道谁看了信息，谁没有看到信息。

（四）数据存在时效性、数据安全性低

校内文件传输共享通过 QQ 群、微信群、邮件等形式进行，这些群文件可能存在有效期限，到期后就无法再被查看。此外，通过上述渠道传输文件安全性低、保密性差。

（五）教职工信息素养

教职工信息化素养参差不齐，水平普遍一般，甚至有部分教职工不能运用信息化技术为本职工作服务。如果每次遇到技术问题就要请信息技术人员处理，则会严重影响工作效率。

二、方法与举措

在这样的背景下，笔者结合自己多年来提供信息化服务的经验，从管理者、服务者、用户多角度思考，从实际出发，提出以下举措以解决相应的问题。

（一）加强管理、提升服务

针对现有系统，联合相关业务部门，根据实际流程整理需求、制定信息化制度和数据标准，改进系统，充分利用信息化技术为师生提供高效、便捷的服务。

此外，针对人手不足的问题，想办法做到"一人分多身"，采用技术手册文档、视频方式提供信息化服务。同时，定期调查、收集教职工遇到的技术问题，分类整理并进行分析，把解决方案制作成相应的技术文档或者视频，实在解决不了问题的再由技术人员进行远程协助或到现场处理。

（二）教学资源整合

为了让学生更好地获取教学资讯和教学资源，应搭建湛江在线学习系统，将以

往在各个系统平台的资源进行整合统一。学生在湛江在线学习平台上可以实现以下功能：课程直播、录像回放、微课、课程安排、课程相关资源下载、查看专业计划、查看成绩、报名补考、事项通知、网上形考安排等。

（三）统一信息发布

引进协同办公系统（OA），摒弃以往利用 QQ 群、微信群通知的模式，统一在 OA 系统上发布校内相关通知、公告。创建不同板块公告，如全校公告、财务公告、人事公告、信息技术中心公告等。根据内容将通知发布在相应的公告板块，并设置公告审核制度，通过内容审核后才能发布和查看。

（四）建立资源共享

在 OA 系统上根据所属科室、业务内容分类创建文档资源库，文件通过 OA 系统进行传输，提高安全性和保密性。资源库实现数据共享，文件能被长时间保存，方便教职工随时查阅。

（五）加强对教职工信息素养的培养

按工作职能划分，湛江开放大学的教职工主要分为行政人员和教师。应根据其不同的工作性质，分别制订信息素养培养方案。

1. 教师的主要工作是教学

信息技术中心帮助教师了解信息化技术对教学的作用与意义，为教师提供完善的信息技术服务，提升其操作信息系统的能力，鼓励教师运用先进的信息化技术手段，如微课、直播课堂、智慧教室进行教学。

针对教师信息技术素养不高，在制作微课视频时，信息技术人员可提供技术支持协助教师共同完成，并将制作好的微课资源放在湛江在线学习平台供学生观看学习。通过师生在学习平台上的交流互动，教师可以了解所制作的微课资源的不足之处，更好地提升教学水平。

信息化技术是不断创新、与时俱进的，教师也需要不断适应新的要求、掌握新的技术。对此，我们可以制订计划定期展开教师信息技术培训，由信息技术人员或者专家授课。根据培训的内容又可细分为基础类培训和专项培训，如办公软件使用培训、微课制作培训、智慧教室使用培训等。除了培训外，校内还可以举办教学信息化能力比赛，以赛促学。

2. 行政人员的工作主要是协同办公系统和业务系统

针对部分行政人员不能充分认识信息化建设对提高管理工作效率的意义、对信息化技术有畏难情绪等情况，首先可采取试点的方法，选取某个职能科室，将以往重复性的事务工作放到协同办公系统中构建信息化系统。系统完成后，在校内召开介绍会，让行政人员了解到信息化给工作带来的高效。其次，简化流程步骤，使行政人员分阶段逐步掌握相关信息技术。这样一来，就可使以往的"要我学"慢慢转变为"我要学"。最后，我们还可以定期开展信息化业务培训，通过技术人员授课、讨论实践等多种方式巩固、提升行政人员的信息化业务能力。

三、成效与特色

通过以上举措，湛江开放大学的信息化服务能力得到进一步提升，主要表现在以下三个方面。

（1）利用信息技术为学生服务。湛江在线学习平台整合了开放教育教学资讯和教学资源，使学生从低效的多平台的学习方式转变为高效的一站式的学习方式，大大提高了学生学习的积极性。

（2）利用信息技术为教学服务。通过提升教师信息素养，帮助教师优化教学方法、提升教学效果。

（3）利用信息技术为管理服务。基于对实际业务的深入调研，制定了相关信息化制度、信息化数据标准；提升行政人员信息素养等措施增强了职能部门的信息化管理能力，提高了行政人员的工作效率。

基于基层开放大学构建开放教育管理信息系统

朱学广[*]

一、背景与问题

开放大学是我国现代远程开放教育的典范，是利用卫星、微波电视传输网络和广播、录音、录像、计算机辅助等多种现代化教学媒体和技术进行远程教学的现代远程开放教育体系结构。在这个系统结构中，系统的建设、管理、控制和决策十分重要。特别是将现代计算机科学技术及信息处理技术应用于开放教育信息的系统管理，建立开放教育管理信息系统，从而充分发挥开放教育的网络优势和资源优势，对进一步提高开放教育的办学效率和教学质量具有非常重要的意义和作用。

开放大学系统实行"统筹规划、分级办学、分级管理、分工协作"的教学管理体制，在教学管理过程中，各有分工，职责不同。开放大学系统主要举办现代远程开放教育。现代远程开放教育的教学质量涉及的方面很多，其中教学管理是极其重要的一个方面，具有"大教育""相对准分离"和"广泛区域"等特征。对于通过系统整体运作保障教学质量的开放教育来说，教学管理更为重要，因此，各市县的开放大学根据自己地区的实际情况，建立一个符合自己需求的开放教育管理信息系统尤为重要。

目前，汕尾开放大学各办公室都配备了计算机，办公室人员也都具有一定的计算机应用水平。然而，汕尾开放大学内部没有一体化管理信息系统，基本都是独立的子系统，如招生管理系统、学籍管理系统、排课系统、教务管理系统等。对于开放教育管理，若单凭过去的分工管理，不仅工作烦琐，需要耗费大量的人力、物力，而且效果也不理想。原有的分工管理已无法满足现代管理的需要，这就要求我

---

* 朱学广：汕尾开放大学实验中心科员，讲师。

们紧跟时代步伐，利用计算机的管理优势，提高办公自动化水平，提高工作效率。

二、方法与举措

为了解决现有开放教育管理系统分散的问题，汕尾开放大学结合实际工作，以 Microsoft Visual Studio 2010 和 SQL Server 2005 数据库作为开发平台，应用. NET三层架构开发技术设计构建汕尾开放大学开放教育管理信息系统；从汕尾地区实际出发，构造开放教育管理信息系统模型，划分系统子模块，使汕尾开放大学的教学管理更加信息化、规范化和标准化；同时，针对排课管理和考务管理，结合算法流程进行阐述，在数据库基表的设计上，避免数据冗余和处理冗余，并考虑 intranet（内部网）和 internet（公众网）数据的安全性及系统的安全性。

汕尾开放大学迫切希望改变当前信息管理的落后现状，实现开放教育管理一体化。经过探讨，学校决定构建汕尾开放大学开放教育管理信息系统，即对内使用 intranet 系统进行日常业务管理，对外则通过 internet 系统发布教育教学信息，并借此推动开放大学教育的信息化迈上新台阶。该系统是一个集教学自动化和信息化于一体的教学管理信息系统，在为教学工作相关部门提供优质、高效的业务管理和事务处理服务的同时，采用安全可靠的现代教育技术，及时、准确地发布信息，从而建立完善、可靠的教学管理信息系统；实现对教学工作相关部门的信息进行统一浏览，通过招生管理功能、学籍管理功能、教务管理功能、考务管理功能、事务处理功能、决策支持功能等子功能实现开放大学教学资源的共享管理；通过校园网为汕尾开放大学首页访问者提供全面及时的信息和数据，如课程设置、学生的信息查询、网上选课、排课安排、成绩单核实等。

开放教育管理信息系统的建设以及教学管理人员的实际应用可以促进教学管理人员素质的提高，进而促进我校教学管理水平和效率不断提升；开放教育管理信息系统通过提供多层次的教学信息服务和先进实用的使用手段，可以满足校内外对教学信息共享和利用的要求，并为学校各级领导提供有效的辅助决策服务。

根据学校的需求调查和系统本身的功能特性，开放教育管理信息系统需实现七大功能：招生管理功能、学籍管理功能、教务管理功能、考务管理功能、事务处理功能、决策支持功能和系统管理功能。七大功能都包括若干子功能，以完整地实现相应的功能。该系统功能界面如图 1 所示。

| 首页 | 招生管理 | 学籍管理 | 教务管理 | 考务管理 | 事务处理 | 查询决策 | 系统管理 | 退出 |

课程查询

查询条件 课程编号 ∨ 关键字 [　　　　] [查找]

序号	课程编号	课程名称	课程类别	课程性质	课程层次	考试形式	考试类别	形考比例	操作
1	00405	开放教育学习指南(专)	公共基础课	必修	专科	免考		100%	编辑 删除
2	00406	开放教育学习指南(本)	公共基础课	必修	本科	免考		100%	编辑 删除
3	00808	计算机应用基础(本)	公共基础课	必修	本科	机考	全国统考		编辑 删除
4	01810	英语(1)	公共基础课	必修	专科	闭卷	期末正考	30%	编辑 删除
5	01818	英语(2)	公共基础课	必修	专科	闭卷	期末正考	30%	编辑 删除
6	00506	人力资源管理	公共基础课	必修	专科	闭卷	期末正考	30%	编辑 删除

教务管理
　教学计划
　教学任务
　排课管理
　成绩管理
　课程管理
　　◇课程录入
　　◇课程查询
　报表打印

图1　开放教育系统功能界面

系统功能用例如图 2 所示。

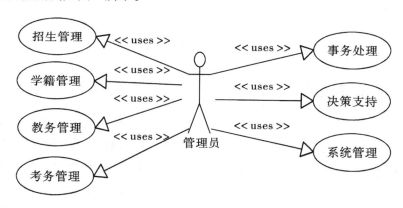

图2　开放教育系统功能用例

系统七大功能各司其职，管理员用户拥有所有功能权限，用户权限不同，所能进行的操作或者实施同样的操作后所得到的结果是不同的。在系统管理功能中，系统通过不同角色的菜单进行分配，获取不同权限。下面详细分析系统七大模块的功能。

（一）招生管理功能

招生管理功能主要是对开放大学学生预报名信息进行管理，包括预报名信息录入、信息分类、信息统计等子功能。开放大学一般在一年中的春、秋两季招生，预报名的方式分为在开放大学网站首页自行录入信息和在开放大学报名处进行现场报名录入信息两种，预报名信息分为已缴费和未缴费两种，招生管理功能能够将已缴费学生数据自动导入学籍管理，并能实现新生数据的录入、查询、更新及制作各种统计报表，从而为整个教学管理信息系统提供新生原始数据，为校领导提供招生决策支持。招生管理功能用例如图 3 所示。

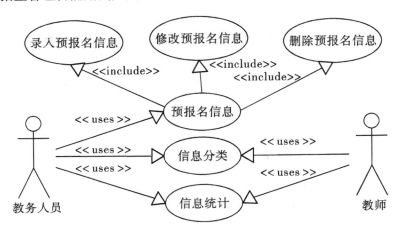

图3　招生管理功能用例

（二）学籍管理功能

学籍管理功能主要是对学生从入学到毕业的在校期间或八年内的学籍进行管理，包括如下子功能：学生基本信息（在读、休学、退学、保留学籍、转学）管理、注册和缴费（现场刷卡缴费或到指定银行缴费）、学籍变动管理（转专业、转学、转班）、毕业资格审查（毕业证审核和学位证审核）、班级信息管理（用"年份＋春/秋＋专业"来标识班级，如2013年春计算机科学与技术）、报表打印（按班级或个人打印学生证，打印学生缴费单，按班级打印学生在读名单和非在读名单）。学籍管理功能用例如图4所示。

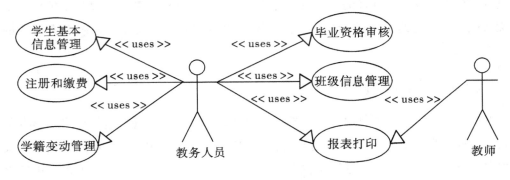

图4　学籍管理功能用例

（三）教务管理功能

教务管理主要是对教学计划、教学任务、排课、成绩进行管理，包括如下子功能：教学计划管理、教学任务管理（教学任务安排和教学任务汇总）、排课管理（根据教学计划、教学任务安排表等进行预排课）、成绩管理、课程管理、报表打印（打印教学计划、打印教学任务、打印课程表、按班级打印成绩单等）。

根据我校的专业特点，每个专业的教学计划包括必修课和选修课计划，由教务人员负责修订；将教学计划录入计算机后，每学期按专业自动生成教学任务。成绩管理是我校开放教育管理信息系统的核心部分，主要以班级为单位管理成绩，有助于高效、便捷地录入成绩（支持从省校成绩管理系统中批量导入数据）；成绩查询（可任意按照学号、姓名、班级等进行成绩多字段组合模糊查询）。教务管理功能用例如图5所示。

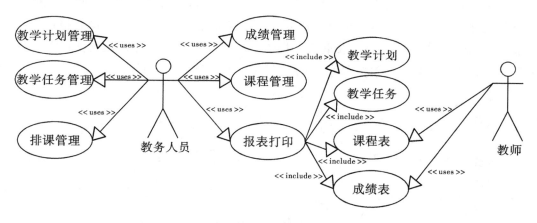

图5 教务管理功能用例

（四）考务管理功能

考务管理主要是对无纸化考试、期末网考、统考、学位英语考试、期末正考进行统一管理，包括如下子功能：补考报名登记、统考报名登记、学位英语报名登记、考试设置（设置考试类型）、基本信息设置（确定课程所属的考试类型、教室容量、学生等）、考试安排（确定具体的考试时间、地点、座位、监考人员等）、报表打印（考场一览表、签名安排表、监考人员表等）。考务管理功能用例如图6所示。

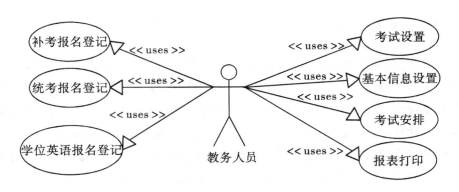

图 6 考务管理功能用例

（五）事务处理功能

事务处理主要是对教材、试卷、毕业设计、教学人员等进行统一管理，包括如下子功能：教材管理（教材征订、学生教材领取情况）、试卷管理（试卷报订、汇总）、毕业设计管理、教学人员管理、报表打印（教材订单打印、试卷报订汇总打印、按班级未领教材名单打印等）。事务处理功能用例如图7所示。

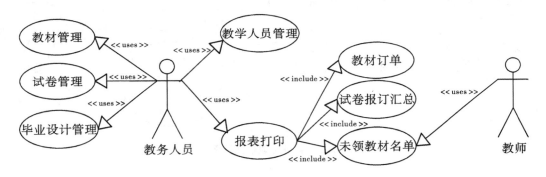

图 7 事务处理功能用例

（六）查询决策功能

查询决策模块主要提供对学生、教学、教务、教材、事务等的相关信息的查询服务，教学管理分析服务，以及决策支持服务，包括如下子功能：信息查询、教学管理分析、决策支持（对学生数量、流失学生数、教师数量、教材征订、教学经费、成绩统计等指标进行综合统计分析，并给出适当的决策建议）。查询决策功能用例如图8所示。

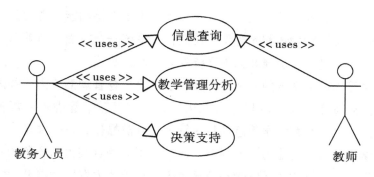

图8 查询决策功能用例

（七）系统管理功能

系统管理主要是添加不同权限的管理用户，并实现每个管理用户可以修改自己的系统密码；完成对各个角色管理员的维护管理，设置相应的权限。对不同权限的管理用户，分配不同的菜单功能，包括如下子功能：用户管理、菜单管理、密码修改。系统管理功能用例如图9所示。

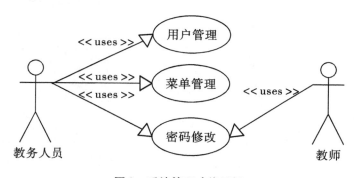

图9 系统管理功能用例

三、成效与特色

开放教育管理信息系统的构建，不仅解决了以前教学管理效率低、信息化薄弱的问题，而且提高了系统的用户界面友好性，促使系统管理一体化，大大提高了工作效率和教学资源利用率，保证了学校教学管理信息化正常进行，使学校更具有竞争力。

系统的设计经历了从确定研究对象、查阅资料、确定项目到最后完成设计的过程，其间遇到了很多难题。由于水平的限制，系统尚存在着一些不足。对此，可以考虑利用数据仓库和数据挖掘技术，进一步增强决策支持功能；考虑到教务管理业务上的复杂性，应不断增强和完善系统功能；在系统安全方面，目前系统还存在一些安全漏洞，需要进一步加强和完善系统的安全性；等等。

开放教育管理信息系统的实现大大缓解了开放教育管理的压力，并逐步把教育工作人员从复杂烦琐的工作环境中解放出来，使教育教学管理走向规范化、现代化、一体化；实现了教育教学信息的集中管理、分散操作、信息共享，有利于充分发挥各级教学工作人员的能力，增强整个建设队伍的综合实力与竞争力。研究开发信息化、智能化、一体化的教学管理信息系统，对于大力发展汕尾开放大学的教育事业，增强开放大学生源的竞争力，其重要性和必要性是不容置疑的，其发展、普及的步伐也将不可阻挡。

强化信息化建设，提升管理服务水平

李光先　张宏伟　蔡　永[*]

一、背景与问题

基层开放大学绩效考核旨在对广东开放大学办学体系的 19 所市级开放大学和 69 所县级开放大学进行过程性检查和评价，其根本目的是规范办学业务，帮助基层开放大学规整档案，对在绩效考核中取得的一些亮点、特色项目予以总结提炼，以供其他基层开放大学学习借鉴，对于在绩效考核中获得名次的单位，给予一定的奖励。

绩效考核工作在采用信息化手段之前，一直都采取人工作业的方式。该项工作涉及六大指标、15 项二级指标和 24 项三级指标，共有 88 所基层开放大学需要填写。在人工作业的情况下，工作量巨大，每年省校规划处都会收到几十箱的考核材料，整个评审周期长达 3 个月之久。

基于上述考虑，广东开放大学规划处历时 2 年之久，对该项工作予以改造，主要在保证该项工作顺利、有序推进的情况下，借助信息化手段，提高工作效率。

二、方法与举措

树立信息化是提升工作效率的重要抓手的管理观念。信息化不是万能的，信息化不能解决管理工作中的所有问题，信息化能发挥提升工作效率的作用的前提是之前的人工作业流程很成熟，能够规范化运行。

---

　　[*] 李光先：广东开放大学规划处处长，副研究员。张宏伟：广东开放大学规划处科长，讲师。蔡永：广东开放大学规划处科长，讲师。

（一）成立项目信息化建设机构

组建由省校规划处工作人员，教务、信息化、科研等业务部门的工作人员以及部分基层开放大学工作人员为项目组团队成员的工作组。

（二）明确项目建设方案

绩效考核涉及 88 所基层开放大学，每所开放大学都有独立的操作账号，功能包括信息上报、信息审核等；明确绩效考核的指标体系，有 24 项具体的指标，每个指标都有明确的观测点；明确绩效考核的业务流程，各基层开放大学进行填报和审核，然后省校各职能部门予以初审，并提供初审意见，最后由专家根据评审材料对基层开放大学的材料进行专家评审。

（三）组织技术力量实施考核

在信息化部门的技术指导下，2016 年，该项目平台被正式推出，供绩效考核工作使用。从 2016 年至今，一方面，该项工作的考核指标随着办学业务的发展而不断改进；另一方面，第一版的平台存在不便于业务部门进行初审的情况。5 年间，该平台已优化、完善了 3 个版本。目前，该平台基本做到了"三方便"：方便基层开放大学填报、方便业务部门审理、方便专家评审。

三、成效与特色

自绩效考核信息化平台实施以来，效果明显，主要是方便了各项工作的开展，另外还有一个很关键的作用在于帮助基层开放大学进行档案的规整。

特色一：网页版可视化窗口操作方便直观填写（见图1）。

图1 绩效考核平台界面

特色二：按年度进行绩效考核，方便规整档案和实施考核（见图2）。

图2 绩效考核平台的年度绩效界面

特色三：分单位、分指标填写，各指标、各业务一目了然（见图3）。

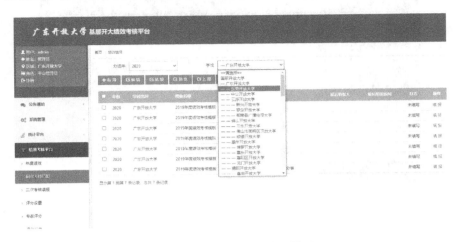

图3 绩效考核平台分单位填写

特色四：关于专家库建设，每年动态调整专家成员，每所基层开放大学由3名专家予以评分，取平均分作为该单位的考核成绩（见图4）。

图4 绩效考核平台专家评分

特色五：各年度、各阶段的绩效考核情况一目了然（见图5）。

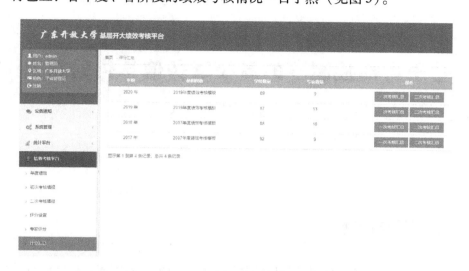

图5　绩效考核平台评分汇总

特色六：每所基层开放大学的考核素材都被储存在服务器上，方便各相关职能部门收集素材（见图6）。

图6　绩效考核平台考核素材

基于内部控制下的高校财务信息化的探究

蓝 晴*

一、背景与问题

为进一步提高行政事业单位的内部管理水平，规范内部控制，加强廉政风险防控机制建设，财政部于 2012 年制定了《行政事业单位内部控制规范（试行）》并指出，内部控制是指单位为实现控制目标，通过制定制度、实施措施和执行程序，对经济活动的风险进行防范和管控。因此，各行政事业单位应重点关注单位内部的预算管理、收支管理、政府采购情况管理、资产管理、建设项目管理、合同管理等方面。为进一步加强行政事业单位内部控制建设，规范单位内部控制报告的编制、报送、使用及报告信息质量的监督检查等工作，提高单位内部控制报告质量，财政部又先后出台了《关于全面推进行政事业单位内部控制建设的指导意见》和《行政事业单位内部控制报告管理制度（试行）》。

（一）必要性分析

《行政事业单位内部控制规范（试行）》第十八条提出，"单位应当充分运用现代科学技术手段加强内部控制。……将经济活动及其内部控制流程嵌入单位信息系统中，减少或消除人为操纵因素，保护信息安全"。

（二）重要性分析

高校财务管理引入内部控制制度，将经济业务流程进行梳理，明确重点业务的风险点，堵住风险防控漏洞，将内部控制要求充分融入业务的各个环节，实现业务

---

* 蓝晴：广东开放大学财务处会计核算科副科长，中级会计师。

的全过程管理，有效提高财务管理工作的效率和质量。

加强高校财务信息化建设，有利于提高财务管理的效率和质量，有利于增强高校内部控制风险的防范能力，有利于推进高校整体信息化建设。目前，高校财务管理系统大多孤立于高校其他业务系统或平台，缺乏统筹部署和整体筹划。基于此，笔者以内部控制为视角，从技术保障层面对高校财务信息化建设提出相应的改进措施。

二、方法与举措

（一）构建财务业务一体化管理平台

财务业务一体化管理平台集成了预算管理、收费管理、工资薪酬管理、网上报销和审批、会计核算、财务查询、票据管理等业务，建立起以全面预算管理为起点的财务管理平台。

一是预算管理系统，使预算从申报、编制、下拨、执行、调整到预算结果分析都高度协调统一，与会计核算系统和网上查询系统相互配合，提高了预算管理的可控性和透明度，方便了使用者及时了解与监控预算执行情况。

二是收费管理系统，与迎新系统、教务管理系统、后勤管理系统融通，共享了学生数据，统一了收费标准，实现了学生从入学到毕业的全过程跟踪管理。

三是网上报销和审批系统，完善了各级审批流程，实现了电子发票查验，规避了虚假发票报销和电子发票重复报销的管理风险。

四是合同管理系统，与校内相关合同管理系统对接，对每一笔合同支付数据进行全过程监管，对不符合支付条件的合同提出预警。

五是科研管理系统，与科研管理部门的业务系统交互，实现了项目经费的全过程管理。

六是会计核算系统，根据项目的属性设置业务类型和项目类型，自动生成财务分录和预算分录，改变了现有财务人员手动录入凭证的方式，大大提升了财务工作人员的工作效率，使其精力集中于业务的审核与监控，不再局限于繁重的单据录入工作，进而减少了会计科目出错、经费项目选错的人为失误。同时，标准化的设置，如将差旅住宿标准置入报销系统，自动判断是否超标，超标部分不予报销，减少了财务人员的人为判断，避免了财务人员与教职工之间的矛盾激化。

七是财务查询系统，包含来款查询及认领、学费查询、工资薪酬查询、项目经费查询、借款和报销查询等功能，实现了学费催缴、借款催还、报销到账通知功能。

八是银校互联系统，能真正做到无现金报账，实现了银行资金的自动划转，自动化对账，促进资金结算业务的高效率发展。

（二）构建数据共享平台，加强信息整合

立足于整个高校的信息化建设，财务业务一体化管理平台需与其他业务管理平台对接，通过进行二次开发实现数据实时共享，统一数据编码规则，做到单一来源输入、多渠道输入，确保数据出处统一。以 G 大学为例，财务业务一体化管理平台需与教务管理平台、人事管理平台、科研管理平台、资产管理平台、采购管理平台、合同管理平台、后勤管理平台等相关业务平台对接，打通信息孤岛，实现财务、教务、人事、科研、资产、后勤的业务交互与信息共享，建立信息系统框架（见图1）。

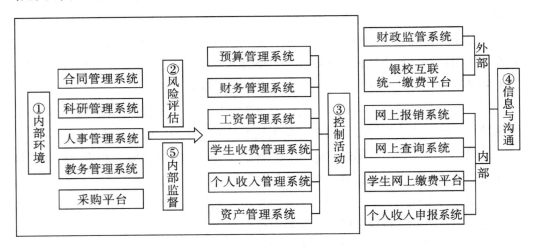

图1　财务业务一体化管理平台

（三）专业人员管理

在财务信息化建设过程中，往往存在设计规划、开发建设、运行维护、病毒防护、信息保密、数据安全、网络安全等方面的风险，因此，高校应高度重视，配备具有专业技术背景的系统管理人员，在做好数据维护的基础上，确保系统的正常运行和数据安全。

三、成效与特色

通过上述措施，可达到各业务层级规避已知的内部控制风险的效果，实现财务相关业务环节的全过程管理。

（1）教职工全过程管理：从教职工入职到离职，通过系统能清晰查看是否有未移交的资产、是否有欠款等情况，防止出现债务未清而人已离职的情况，保障了学校的基本利益。

（2）学生全过程管理：从招生环节到学生毕业离校，学生基本信息录入与修改数据来源唯一，其他各平台实时共享学生学籍异动情况，可以避免在专业调整、复学等情况下因财务信息未更新而少收学费的情况。

（3）采购全过程管理：严格按照国有资产管理相关规定，对集中采购品目商品采取政府采购及定点采购方式。若在单据填报中出现无政府采购合同的商品，系统会弹出相关提示并终止填报流程。相关采购环节结束后，系统自动推送入库信息，防止国有资产不及时入库。

（4）合同全过程管理：将付款与合同管理相结合，按合同签订条款，按实际进度审核并支付款项，可有效避免重复支付等失误，实现合同的全过程封闭管理。

（5）资产全过程管理：对每笔资产的增加、折旧、处置进行全过程跟踪，有效防止国有资产流失。

（6）暂付款全过程管理：强化学校预付款管理，定期清理，要求借款人及时追加发票，或对达到入库条件的预付款进行相关入库工作。

（7）票据全过程管理：加强票据管理，对报销的发票，需同时查验真伪和查重，有效防止虚假发票和发票重复报销；加强预借票据管理，对预借增值税发票的经办人，要求尽快追回相关款项并及时认领来款，做到开具的每一笔增值税发票可关联到具体来款。

（8）原始凭证流转全过程管理：充分利用信息化手段，完善凭证传递程序，将会计原始凭证影像化，减少翻查纸质凭证的烦琐，能有效提高工作效率，并防止原始凭证未及时归还造成缺页、遗失等情况。

日后，学校仍需适时评估，发现可能存在的问题，及时采取措施，不断构建并完善高校财务信息化建设，修补发现的内部控制漏洞，这对高校整体内部控制制度建设及智慧化校园建设有着非常重要的实践意义。

基层开放大学构建直播课堂的实践探究

张志方[*]

一、背景与问题

网络技术及其相关应用的飞速发展和普及，使现代人特别是年轻一代越来越依赖网络。在教育行业，网络直播教学更如不可阻挡的洪涛巨浪。然而，作为专门从事远程开放教育的开放大学体系，远程直播恰恰是短板，没有属于自己体系的直播应用。疫情期间，基层开放大学各显神通，有的建设录播室，有的租用平台。建设录播室自主性强，但建设过程复杂且造价高；录播室作为录制视频课件素材的设备，效果是很好的，但不适用于对带宽要求太高的直播课堂，而且，只有一个录播室也解决不了整个学校的直播教学需求。租用平台自主性差，费用高，还有信息安全问题、作品的著作权归属问题，最不方便的是，与日常教学教务管理平台的衔接难以实现，因为这些平台（包括自主建造的录播室的应用软件）是不开放源码的。

有没有这样一款应用，不仅功能强大，能完全实现同面授教学一样的演示效果，还可作为视频会议使用，实现文件协作编辑，过程可录制，且对带宽要求不会太高；同时，开放源码，允许修改，无须付费，可以配合已有的教学教务管理平台，通过接口无缝衔接，实现教学教务管理的理想功能，让师生在平台自如切换呢？

笔者安装并测试过许多款视频会议应用软件，最后确认 OpenMeetings 就是这样一款应用软件。OpenMeetings 是一个多语言、可定制的视频会议和协作系统，是 Apache 下的一个项目，基于 JAVA 开发，支持音频、视频，含一个白板，通过白板可以导入各种格式文件，如视频、PPT、PDF、DOCX、图片和涂鸦等。OpenMeetings

---

* 张志方：梅州开放大学教学技术科科长，讲师。

提供视频会议、即时通信、白板、协作文档等群件工具，通过使用 Red5 流媒体服务器、视频桥分发处理媒体流。流媒体部分的图像尺寸可设置较小值，从而减轻流量负担，并且可自动根据实时流量负担大小改变图像清晰度。对于导入白板中的其他格式文件，其图像只是分发滚动条信息和新增内容信息，以 XML 格式推送分发，极大地减轻了流量的负担。所以，该软件具有很强的实用性。

二、方法与举措

下面，笔者简要介绍基于 OpenMeetings 的直播课堂的实现。

（一）OpenMeetings 安装

安装 OpenMeetings 时，需要安装一些基础软件，主要包括：

（1）数据库。OpenMeetings 支持多种数据库，如 MySQL、MSSQL、Postgres、IBM DB2、Oracle。建议使用与已有的教学教务管理平台相同的数据库，并将 OpenMeetings 的数据库放置在教学教务平台的同一数据库实例下。

（2）ImageMagick。ImageMagick 是用于创建、编辑位图图像的软件，可以将图像上传至 OpenMeetings 系统的白板。

（3）Ghostscript 和 SWFTools。Ghostscript 和 SWFTools 用于向系统内导入 PDF 文件。

（4）JODConverter 和 OpenOffice。JODConverter 和 OpenOffice 用于向系统导入 Office 格式文件，如 DOC、DOCX、PPT、PPTX 等。

（5）FFmpeg 和 SoX。FFmpeg 和 SoX 用于开启记录功能以及导入视频文件，如 AVI、FLV、MP4 等。

（6）JDK。JDK 用于 Java 开发环境。

（7）OpenMeetings。OpenMeetings 是视频会议的核心软件。

以上相关的软件均可在 Apache OpenMeetings 官网下载，用户只需根据自己的服务器的操作系统下载相应的版本即可。该网站对安装方法、步骤也表述得很清楚，用户只需按步骤安装、设置、启用。OpenMeetings 源码也可以在 Github 下载，笔者不作赘述。

（二）编写代码

OpenMeetings 安装完成后，就要编写相关代码和插件，实现教学教务平台与

OpenMeetings 的数据交换。在教学教务平台方面，需制作各种界面和实现各种功能，用 AJAX 代码向 OpenMeetings 异步提交和获取数据。关键要实现以下三方面的功能：其一，在完成教学教务平台课程编排后，教学管理员只要把选择的课程设置为直播，OpenMeetings 就会为这些课程建立相应的课程组群，并为每个课程组群配置一个私有课室，组群名称和课室名称均为"课程名称_任课教师姓名"，课室的主持人就是任课教师；对于新学期的直播课程，如任课教师不变，OpenMeetings 就会清除该组群的往届成员以接纳新成员，但会保留该组群的文件。其二，教学教务平台用户点击相关按键如"直播课堂"或"视频会议"等，OpenMeetings 就会为其注册，提示初次登录的密码，并将其归入学校组群，允许其进入属于学校组群的演播室和会议室。如果用户是课程表中设置为直播的课程的相关师生，就会成为该课程组群的成员，教师就是课程组群私有课室的主持人。其三，教学督导老师可以在教学教务平台获取当前进入了 OpenMeetings 课室的在线师生人数。

（三）对 OpenMeetings、教学教务平台、服务器和防火墙进行相关设置

完成代码编写后，还要分别对 OpenMeetings、教学教务平台后台、服务器和防火墙进行相关设置。在教学教务平台方面，只要进行两项操作：一是保存 OpenMeetings 所使用的数据库名称和启用"直播课堂"（一次性设置）；二是把课程表中需要直播的课程设为直播（每学期均要进行设置）。在 OpenMeetings 方面，也要进行两项操作。一是设置，即设置本应用的名称为"直播课堂"；设置默认的组群；设置禁止用户注册，以确保只有教学教务平台用户才能进入。二是创建，即根据需要创建一些组群，如校领导组群、科室组群，并创建各组群的私有会议室，把相关人员选入相应的会议室，为各会议室选择指定主持人，并把这类会议室设置为只有成员才可以进入。服务器方面，要设置入站规则，开放 OpenMeetings 要求放开的端口。防火墙方面，主要应做好端口映射。

（四）硬件配置

如果进行在线直播，那么教师和学生均需要配备可上网的电脑以及耳机。其中，教师还要配备一个带麦的摄像头，若能再配备一个手写板就更好，而学生则最好能配备带麦的摄像头。但是，有些学生可能不具备可上网的电脑，对此，只要在现实课室里安装一台投影机就可以实现直播和面授同时进行。课程表中设置为直播的课程，在"课室"一栏会有现实课室名称和一个"直播课堂"按钮，参与面授的学生按时进入现实课室上课，而参与直播的学生则按时点击"直播课堂"按钮进

入虚拟课室上课。

三、成效与特色

OpenMeetings 使基层开放大学拥有功能强大的直播课堂和视频会议室：学校每门课程都可以有一个虚拟课室，每一位教师都可以在办公室或家里上课；教学管理员可在软件自动编排课程后，对于需要直播的课程，只要进行简单的勾选即可实现；师生只要登录教学教务平台，无须注册就可以进入直播课堂；教学督导人员可以在教学教务平台检查师生到课情况；可以通过配置简单的设备实现面授教学与在线直播同时进行，还可以建立固定或临时的视频会议室，在线协同编辑文件、录制过程、共享文件。该软件的特色关键词是自主、免费、功能强大、无缝衔接。

下面，我们用文字和图片来描述直播课堂。我们将 OpenMeetings 命名为"直播课堂"。直播课堂有一个超级管理员，用户被归入各种课程组群，每个组群均拥有各自的房间。房间的类型有演播室和会议室。演播室默认状态是只有主持人才有摄像头和麦克风的使用权以及完整的编辑工具箱，其他成员在默认状态下没有摄像头和麦克风的使用权。课程组群拥有的房间——我们称之为"虚拟课室"——就属于这种房间类型。会议室默认状态是所有成员都有摄像头和麦克风的使用权以及完整的编辑工具箱。无论演播室还是会议室，主持人都可以赋予和收回成员的权限和完整的编辑工具箱。首先，直播课堂的所有用户均被自动归入最大的组群，一般是以单位名称命名的群，该群拥有的房间就是公共会议室或公共演播室；其次，根据用户是否为某一直播课程的师生而由系统决定是否将其归入该课程组群；最后，由超级管理员将用户拉入某个课程组群。

广东开放大学智慧校园建设的探索

周 杰*

一、背景与问题

互联网时代，云计算技术、大数据技术、物联网技术、人工智能技术、区块链技术等不断与校园建设深度融合，智慧校园建设成为每一所学校信息化规划与建设的标准，不断推动着管理和服务模式的创新。智慧校园指的是以物联网为基础的智慧化的校园工作、学习和生活一体化环境，这个一体化环境以各种应用服务系统为载体，将教学、科研、管理和校园生活进行充分融合。

广东开放大学智慧校园建设起步较晚，基础相对薄弱，学校信息化建设尚未统筹好，每个部门各自为营，重复建设现象严重，不仅造成大量应用系统孤岛的出现，还给使用者造成了极大的不便，用户体验较差。这主要表现在以下五个方面。

（1）每个应用系统都有一个独立的用户身份认证模式，这就需要用户记住多个密码。时间一久，用户经常需要管理员进行密码重置，这是制约我校信息化发展的难题之一。

（2）应用系统入口不统一，每个系统都有各自的网址，对用户来讲，往往需要记住多个网址，缺乏一个汇集所有网址的导航网页。

（3）应用系统建设标准不统一，数据标准千差万别，造成数据五花八门；基础数据不统一，学生信息变更、教师离职、部门调整、组织部任命信息在系统之间无法及时流转，造成管理难度大、问题多。

（4）应用系统内信息流转不畅，造成用户无法及时了解最新消息，容易错过重要信息。

---

* 周杰：广东开放大学信息化建设处大数据与信息系统建设科科长，助理研究员。

（5）系统对接、数据共享困难。在建设应用系统时，没有考虑该系统与其他系统之间的数据共享问题，这就造成相同的数据在各个系统之间"打架"；另外，考虑到系统安全问题，也无法开放外网访问权限。

"广东开放大学是以现代信息技术为支撑，面向成人开展远程开放教育的新型高等学校"，这是教育部对广东开放大学的定位。现代信息技术的深度应用应该是我校的主要特色，特别是云计算技术、大数据技术在教学、科研、管理、服务、生活方面的深度融合。但出于各种客观原因，我校智慧校园建设的实际进度比较滞后，甚至连数字化管理都尚未实现，更谈不上信息化、智慧化。究其原因，一方面，我校缺乏专家级专业人员指导信息化规划、建设和实施，技术人才力量储备也严重不足，没有足够的专业技术人员作为技术支撑；另一方面，我校实行体系办学模式，学生类型、层次比较多，给建设带来了极大的困难。

二、方法与举措

2019 年，我校正式开始建设智慧校园第一期——基础平台建设，优先重点解决我校师生最关心的痛点问题。建设完成后，平台能够极大地提升用户体验，更好地为广东开放大学体系师生提供支持服务。此外，学校聘请程建钢教授作为信息化建设顾问专家，指导我校做好顶层设计，确定明确的建设目标和实施步骤，为未来智慧校园的深度建设指明发展方向。我校建设智慧校园起步较晚，这是我校的劣势，但我校可以通过总结前人建设智慧校园的经验和教训，从而节约大量办学成本，择优选择建设方案和技术架构，以此来弥补我校的进度不足，发挥后发优势。

为解决痛点问题，广东开放大学智慧校园基础平台主要建设人事管理系统、统一身份认证平台、一站式服务大厅、"易表通"平台、校级数据中心、消息中心等。

（一）人事管理系统

人事管理系统是服务于本部教师从入职到退休（或离职）的全周期的在线管理系统，对教师的各种信息变动、部门调动、职务变动等进行历史追溯，重要信息通过教师申报、人事处审核加强规范化管理，实现教师档案电子化管理。人事管理系统为每一位教职工分配了唯一的教职工号，这个教职工号将伴随教职工从入职到退休（或离职）的全过程。为便于对广东开放大学体系内教师用户进行管理，我校将人事管理系统开放给广东开放大学体系内的教师，他们也将在这里获取唯一的教职工号，这进而统一了广东开放大学体系内所有教师用户的账号，是整个智慧校园建设的第一步，也是最重要的一步。

（二）统一身份认证平台

统一身份认证平台包括身份认证模块和权限管理模块，主要目的是判断一个用户是否为其合法用户，用户是否具有访问资源的权限，并记录用户的访问日志。统一身份认证平台的教师信息来自人事管理系统，学生信息来自教务管理系统，初始密码是根据身份证号进行设置的，这样就只需要用户名和密码即可完成身份校验和访问资源权限认证，只要对接到智慧校园平台的系统即可完成用户和密码的统一。另外，统一身份认证平台集成了使用微信扫描二维码登录功能，在首次登录时绑定微信后，下次扫描二维码即可登录，给广大师生带来了极大的方便，即使忘记密码，通过微信也能登录系统。如果忘记密码，师生还可以通过绑定的邮箱和手机号自行找回密码。

（三）一站式服务大厅

一站式服务大厅集成了校内各个应用系统并将其展示出来，是在网上办事的主入口，在服务大厅中直接点击应用即可免登录到应用系统。例如，以前只把校园WiFi 的网络访问权限开放给校本部的教职工，广东开放大学体系内的其他教师来校本部出差，则无法直接享受网络服务；但现在网络服务已经被集成到服务大厅，广东开放大学体系的教师通过统一身份认证即可登录网络服务系统认证，认证成功后，就可以享受校本部的网络服务。像网络服务系统这样的面向全体教师的应用，目前已经集成了近十个系统，如教学平台、广东开放大学论文平台、校园网、VPN系统、OA 平台、图书管理系统、一卡通系统等，后续建设的系统也将逐步完成对接。从用户角度来说，只需要记住一站式服务大厅的网址就可以在这里找到其他系统的入口。

另外，一站式服务大厅还集成了"易表通"的流程应用服务，这些服务是根据规章制度通过流程引擎完成设计的，目的就是实现"数据多跑路，师生少跑腿"，将纸质的申请变成数字化申请，纸质的盖章变成领导审批，并实现电子化归档。通过流程引擎，实现一站式申请、审批、办结、提醒，每一步都有明确的处理人或责任人，办理人只需要按照要求发起申请，后续处理人收到提醒后，就可以按步骤进行审批与办理，还可以查看每一步的流程状态和责任人，进一步明确了工作职责和权限。流程办结后，数据中心即对接到电子档案系统存档，实现历史操作永久保存，任何时候均可追溯，即使更换责任人，工作也不间断、不断层。

（四）"易表通"平台

"易表通"平台是强大的网上办事流程设计引擎，是制作网上办事审批流程的主要工具。通过制作表单、审批流程、定义用户、制作菜单和授权访问等，实现办事流程的申请、审核、审批、结束等一系列操作，审批流程会作为一个应用被集成到一站式服务大厅，并向用户展示应用基本信息和办理须知。目前，我校已经完成近30个网上办事流程，前期主要应用于信息化建设处的主要业务，对其他部门的主要业务流程还在不断收集。我校会用1～2年逐步完成业务上线工作，届时，绝大多数网上办事流程均可实现线上办理。

（五）校级数据中心

校级数据中心是保证数据唯一性和标准化的重要保障，它规定了数据的来源、去处，以及服务的对象。数据中心就是我校重要数据的"集散地"，所有系统的重要数据都要与它主动共享，所有系统跨部门请求的数据都要向它请求，这样就保证了数据唯一性和标准化。任何数据在系统只需要更改一次，即可实现在所有系统的同步更改，而无须再进行人工干预。例如，学校新成立了一个部门A，只需要在机构管理中添加A部门即可。数据中心根据定时任务每天向机构管理系统采集机构数据，然后向所有系统进行分发，在24小时以内，所有系统都会收到增加A部门的推送信息，各个系统会定期更新部门数据，从而实现部门数据更新。又如，教师B从学校离职，只需要在人事管理系统中将B的状态设置为辞职，则当数据中心获取到B的状态后，就会在所有系统同步B的信息，应用系统收到B的状态更改信息后，即可发起禁用权限等操作，以确保离职人员不能再操作系统。校级数据中心不产生数据，只负责收集、存储、转换数据并将数据转发，以确保数据的唯一性和标准化。

广东开放大学实施体系办学，各个教学点分布在广东省各个地市县，分布广、数量多，数据流转压力大、标准设计存在困难。通过校级数据中心，可以根据约定的规则实现数据自动流转，达到数据共享的目的，特别是各个教学点关注的教学、教务等关键数据信息，这也将是后续我们工作的重点。

（六）消息中心

消息中心是处理我校信息流转和发布及时提醒的中心，支持一站式服务大厅站内通知（站内信）、电子邮件、短信和企业微信四种方式，特别是对企业微信的集成开发，可实现将一站式服务大厅办事流转信息直接向企业微信用户定向推送，从而达到实时提醒的目的。后续，OA 平台的审批系统也会被集成到消息中心，这样就能保证大多数审批流程都能够收到实时提醒。

值得一提的是，企业微信是腾讯微信团队打造的企业通信与办公工具，具有与微信一致的沟通体验，其提供了丰富的 API 接口，可以实现与机构信息和教职工信息的无缝对接。目前，企业微信集成了统一身份认证、组织机构以及所有教师信息，系统现有校本部教师 800 多人和广东开放大学体系教师 5800 多人可以在企业微信认证登录。企业微信的主要特色是有网上办公交流、网络直播、网络会议、网络电话、文档共享、定向推送等功能。未来，我校还考虑将企业微信向学生开放，把学生也纳入企业微信管理，享受企业微信强大的功能带来的便利。

三、成效与特色

广东开放大学智慧校园基础平台自 2019 年开始搭建与建设，初步解决了痛点问题，规范了办事流程，取得了一定的成效，达到了预期的目的。

（一）系统集成特色

以 Moodle 教学平台为例，教学平台的教师和学生采用统一身份认证登录，教学平台的微信小程序也集成了统一身份认证功能，这样保证了电脑端和小程序移动端的用户名和密码是一致的。而机构数据、学生数据、选课数据和成绩数据则是通过校级数据中心与人事管理系统、教务管理系统进行数据交换，其中，机构数据来自人事管理系统，学生数据、选课数据和成绩数据均来自教务管理系统。在设定的规则下，几乎无需人工干预，系统会自动处理相关数据，相关责任人只需要定期查看日志，保证数据同步准确、处理准确、数据量统一。但是，现在的数据交换仅能满足前期的基本需求，对于更加复杂的其他操作，如教学平台题库与终结考考试系统、大数据平台、论文平台、虚拟实验实训平台的对接等，均需要时间和精力去一一实现。

（二）规范办事流程

一站式服务大厅以教务删除选课为例进行介绍。首先，广东开放大学体系的教务员在网上发起申请，教务处初审人员审核材料是否合规，如果材料合规，就可以提交给技术公司的技术人员进行后台处理。处理完成后，请申请人进行确认，并在教务管理系统删除选课。删除选课完成后，由教务处终审人员负责审核确认，整个流程结束。在信息流转过程中，每一步都有相应的责任人进行处理，当流转到自己的时候，企业微信也会有相应的待办信息提醒。如果责任人没有及时处理，系统有催办功能，申请人可以选择发送短信等方式进行催办。教务删除选课流程如图1所示。

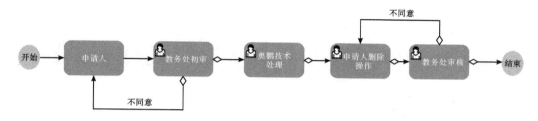

图1　教务删除选课流程

疫情期间的信息化教学组织与实施

钟维秀*

一、背景与问题

疫情期间，笔者作为一名共产党员，时刻铭记党的教诲，以高度的责任感和使命感，第一时间投入疫情防控一线，在"停课不停教、停课不停学"的工作中，与学校教务处的工作人员一起认真学习、积极筹备，为全校师生迅速而稳步地开展信息化教学做出自己的贡献。

二、方法与举措

1. 首抓教师网络教学培训，让每位教师手有良器

磨刀不误砍柴工，要使全校教师能顺利开展线上教学，首先就要让每位教师成为"直播老师"。作为计算机学科带头人，笔者第一时间熟悉网上教学的各软件，并对全体教师进行线上教学培训。任务虽然艰巨，但笔者备感荣幸。任务艰巨是因为线上教学特别是直播课堂对于我们来讲是新事物，虚拟的教学环境和各种电脑操作对很多教师特别是非计算机类学科教师以及年纪较大的教师是一个挑战。让全校教师都能够顺利展开线上教学是首要任务。为此，笔者暗自下决心一定要尽最大努力把这项任务做好，并趁此机会在全校普及信息化教学方式。

接到任务后，笔者首先在网上广泛搜罗和学习各种直播教学类的软件；然后，向教师同事们了解他们使用的线上教学软件和使用心得，因为有些地区很早就已经开始线上教学实践了；接下来，笔者下载、安装、试用了几个被热门搜索且反响普遍不错的软件，如中国大学慕课平台、钉钉、雨课堂、云课堂、腾讯课堂、QQ群

---

* 钟维秀：开平开放大学计算机教研室主任，讲师。

课堂等。通过实践，并结合我校自身情况，学校领导最终确定了使用腾讯课堂和雨课堂两个教学软件作为我校的线上教学工具。其中，腾讯课堂主要用于直播讲课，雨课堂主要用于发布课件、试卷、讨论等。

确定好软件后，笔者进一步对这两个软件进行全方位运用和了解，并在开学前一周多时间里录制了这两个软件的使用攻略，以供全校教师学习，同时在线上继续对教师们进行培训和指导。提前一周多进行这些工作，是为了给教师们足够的时间去准备和消化新的教学模式。

2. 发挥教研室团队协作的力量，做好家校服务工作

作为计算机教研室主任，笔者组织全体教研组成员认真学习了广东省教育厅以及学校关于"开学不返校"的文件精神，与全体教研成员一起完成学校的各项工作任务，如解答教师们在直播时遇到的各种问题；带领全体同事们共建共享教学资源，共同探讨与学生互动的方式、提高教学效果的各种途径；等等。

在这个特殊时期，笔者在带领教研室成员做好教学工作的同时，还做好家长和学生在疫情期间的安全统计工作，做到每天上报班级学生的健康状况以及出行情况，及时与家长和学生分享疫情期间官方网站发布的有关疫情的文章，做好知识与正能量的传播者。

学校对线上教学工作中学生教材的发放问题特别重视。为此，计算机教研室全体成员广泛收集和整理来自家长和学生对教材发放的意见。遵照疫情期间"少出门、不聚集"的原则，很多家长选择了代领或者邮寄或者暂不领取，于是教师们分批到学校分发教材，做好线上教学开学的各项准备工作。

3. 认真做好线上教学，不让一个学生掉队

"开学不返校"特殊背景不但要求老师学习新的教育模式，还需要学生跟上新的学习模式。笔者积极与每一位学生和家长沟通，确保所有学生都能够具备线上学习的条件。

教学上，笔者使用制作学生感兴趣的课件、用任务驱动学习等教学方法，如在讲授"Android 移动开发技术"课程时，将知识还原于生活，使用生活中学生熟悉的语音背诵 App、贪吃蛇 App 等来进行知识点串讲，使学生能够轻松理解和掌握学习内容。另外，线上教学需要教师和学生之间的密切配合，形成良好互动，而这种全新的学习模式对学生也是一种考验，学生需要配合老师在规定的时间内完成学习任务。于是，笔者鼓励学生多进行学习讨论，采用奖励机制、鼓励学生与教师连麦等互动形式来活跃课堂气氛，提升教学效果。例如，在"网页美工"直播课堂上，笔者让学生提前设计一个我校的 LOGO（徽标）并上交，然后在课堂上与学生连麦对作品进行自评和互评，在点评时将色彩、结构、设计思路等知识潜移默化地传递

给学生，课堂气氛活跃，教学效果明显。

三、成效与特色

信息化时代日新月异，信息化教学也必是形势所趋，因此，我们不断地摸索和总结信息化教学模式，试图走出我校的信息化教学特色之路。线上信息化教学和传统的教学模式有很大的区别，利用移动互联网可以突破传统受时间和空间限制的教学模式，实现全天候的教学。关于如何更好地进行信息化教学，我们总结了以下四方面的特点。

1. 信息化教学单元设计

信息化教学和传统教学在模式上区别巨大。在课程设计上，信息化教学需要体现信息化平台的应用；在内容设计上，信息化教学要注重课前预习、课中平台的应用、课后答疑互动等；在情节设计上，信息化教学要利用好平台提供的强大功能，积极调动学生参与，做好师生互动等。

2. 教学资源的设计

我们发现，学生对知识学习接受的方式比较倾向观看视频，因此，教师自己制作视频或选取网络上优秀的视频资源都是非常重要的。此外，对课件PPT、参考资料、题库等配套资源设计，也有利于教学的顺利实施。

3. 教学平台的使用

合理地使用教学平台有利于更好地实现信息化教学。从直播角度来讲，腾讯课堂分享直播非常流畅，但在线上互动方面缺乏相应的功能，不利于教师在教学过程中对学生状态的把握。而超星学习通和云班课等平台在直播中不够流畅，但能很好地实现师生互动，方便教师进行线上课堂的管理和统计工作。

4. 教学评价体制的标准

线上的信息化教学无法实现面对面的教学，如何能够精准分析学生在线上信息化学习过程中的状态呢？这时，我们可以充分利用平台提供的功能，客观记录学生的学习过程，并结合教师评价、组内和组间互评、学生自评，结合个人成绩和小组总分等，使评价形式从单一走向多元化。

线上信息化教学是移动通信迅速发展的一种结果，适应了时代发展的要求，能够更好地满足人们对学习的需求。我们认为，不同的学校、不同的专业课程具有不同的学情，在教学过程中需要教师不断总结经验，改进问题，形成一套符合教师个人的教学方式且受学生喜欢的现代信息化教学手段。

立足用户需求，做好功能整合

——记江门开放大学门户网站升级改版

宗 凯*

一、背景与问题

江门开放大学是集本科、专科、普通中职教育、网络教育及各类培训于一体的公办综合性新型大学，现校区同时为江门社区大学、蓬江区社区学院、江门市老干部大学、江门市工贸职业技术学院、广东开放大学附属职业技术学校江门分校、国家开放大学残疾人教育学院教学中心、江门市老年开放大学、江门市旅游培训中心、江门市成人教育实验中心。作为五邑地区最早创办的大学，特别是自 2014 年挂牌"江门社区大学"以及 2017 年更名为江门开放大学以来，学校已从单纯的开放大学学历教育发展为集学历教育、职业教育、社区教育、各类培训于一体的办学形式丰富的高等院校，是我市终身教育体系的重要组成部分。

学校原有的旧网站已经有十几年的历史，使用的技术比较陈旧，各类系统入口繁杂，版块安排规划不够与时俱进，随着学校转型发展的需要，急需进行升级。根据教育部印发的《教育信息化十年发展规划（2011—2020 年）》文件精神，"建设完善的信息发布、网络教学、知识共享、管理服务和校园文化生活服务等数字化平台，推进系统整合与数据共享"。此次网站升级改造重点在于对现有版块和各系统入口做好功能整合，在此基础上打造一个易维护，可扩展，兼顾美观、安全、稳定的门户网站平台。

对此，我们首先分析了网站现存的问题，并针对这些问题提出总体设计思路。

1. 我校网站现存问题

（1）设备不兼容，手机端效果不佳。

---

* 宗凯：江门开放大学信息技术部，讲师。

（2）版块内容不够清晰，功能不全或不合理。

（3）各类系统入口繁杂，用户不易找到系统入口。

2．总体设计思路

（1）兼容电脑、手机等设备，所有功能在任何设备上都可以使用。

（2）理顺内容和功能，能满足不同身份的用户（公众/学生/教工）的需要。

（3）优化各大搜索引擎，搜索排名靠前并显示为"官网"。

（4）管理员对网站各功能模块可按需自由组合。

（5）优化网站界面，提高易用性，兼顾美观。

二、方法与举措

对于网站升级来说，现有的瓶颈已不在于技术，而在于对网站整体的功能规划，所以，确定网站需求是本次工作的重点。

为了让网站能够满足用户的需求，我们首先对学校各部门发放了意见调查表（见表1），并到学校各部门进行走访，了解各个部门的教职工、授课教师对学校网站的需求，同时也对学生进行了走访调查。

表1　江门开放大学门户网站升级需求汇总

编号	内容或功能名称	需要实现的功能或需求		访问步骤设想	参考网站	优先级
		服务用户类别	目标描述			
1						
2						
…						

根据调查结果，经过对网站升级需求意见的汇总、归纳、筛选、整合，确定网站功能版块。

（一）网站功能结构（见图1）

图1　网站功能结构

1. 信息发布的栏目结构（见图2）

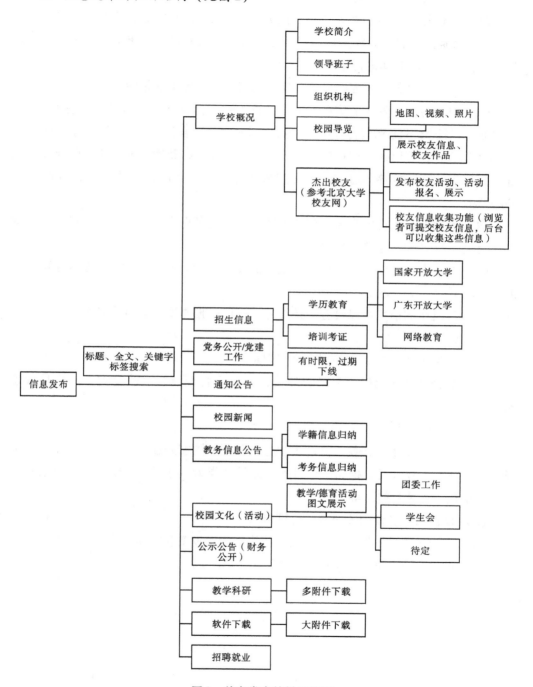

图2 信息发布的栏目结构

信息发布系统的功能需求：

（1）可增加、删除、修改栏目。例如，若需要增加"人才招聘"栏目，管理员可以直接通过后台管理添加该栏目，而且可以在该栏目下发布信息；不需要该栏目时，管理员可以对其进行删除。

（2）可自定义各级页面的显示的模块功能，并设置页面模板。

（3）对于各栏目发布的信息内容可设置关键字标签（可以设置多个标签）。栏目页面可以按照不同标签分类显示内容，如"教务信息"分为"学籍信息"和"考务信息"；也可以通过选择标签名列出有相同标签的新闻，如发布校园新闻时设置"送教进社区"标签，通过点击标签名即可列出所有设置了"送教进社区"标签的新闻。

（4）可抽取各栏目内容组成新的虚拟栏目，也可提取已发布的不同栏目下的信息，组成新的"××专题"栏目页面。

（5）对已发布的信息可以设置时效。例如，"通知公告"中的"放假通知"过期即自动下线，不再显示。

（6）对发布的信息可以设置头条图片，可以根据需要在首页头条图片位置进行推送并显示。

（7）支持标题、全文、关键字标签搜索。

（8）后台管理功能包括多级管理员，如超级管理员、审核管理员、栏目管理员等。

2．服务（见图3）

（1）学生：学生专区要区分两类学生，分别为国家开放大学学生和广东开放大学学生。在学生登录后，根据学号自动区分学生类型（或手动选择），并显示相关平台和推送考试课程提醒等。

（2）教职工：设置相关的教学管理链接。

（3）快捷通道：提供常用的查询等功能、开发投票和问卷系统。

（4）报名咨询：电话、QQ、"我要报名"等栏目。

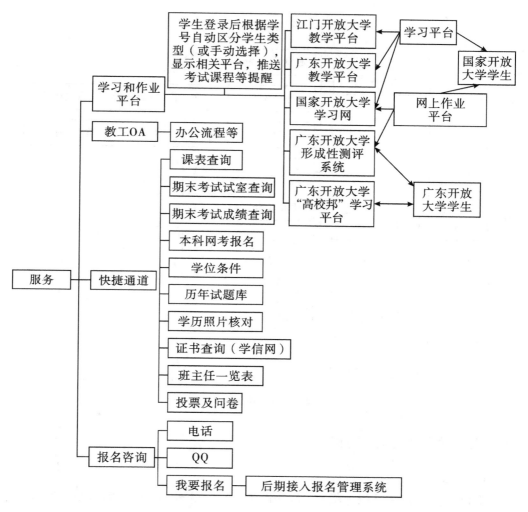

图3 服务结构

3. 专题按钮（见图4）

访问步骤：①点击"专题"图片按钮，弹窗显示相关服务内容按钮；②点击"服务"按钮，打开页面。

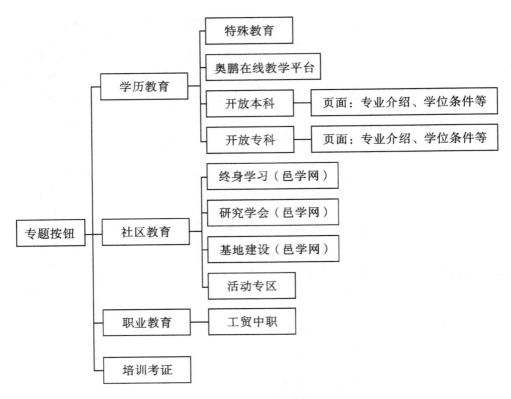

图 4　专题按钮结构

（二）学习平台优化方案

1. 兼容性

平台需支持 IE 9 及以上版本、Safari、Firefox、Chrome、360 极速浏览器等浏览器。移动端设计 H5 页面，界面自适应手机屏幕尺寸，以便兼容手机浏览器。

2. 支持数据批量导入/导出

提供数据的导入/导出，导出格式为 Excel 表格。

3. 网络硬盘

（1）提供存储功能，为每位注册的教师用户提供硬盘空间，从而实现对学习资料的永久保存；提供手机上传、电脑上传、新建文件夹、批量编辑、课程资源转发等功能。

（2）网络硬盘支持任意多级目录。

（3）支持多媒体文件播放与浏览。

（4）支持文件分享、下载。

（5）网络硬盘支持 PC 端和移动端实时同步。

4. 高可用性

支持全天候不间断服务；建立完善的数据备份与恢复机制，支持异地容灾；充分利用 Cluster 技术，实现负载与容错处理。

5. 支持超大附件上传

上传组件进一步优化，支持大附件上传。

6. 历史数据访问

支持历史数据访问，提供往期资源管理功能，学生及教师可以查询往期的课程资源及论文情况。

7. 微信端开发

通过微信绑定学生的学生证号码和微信号，导学员或管理员可以推送信息到学生微信。

根据上述需求，我校后期通过招标流程完成了网站的开发制作，并完成了后期数据导入，通过了网站等级保护 2.0 检测，项目顺利通过验收。

三、成效与特色

学校的门户网站升级后运行稳定，功能齐备，易于使用。由于前期对需求了解得比较深入，功能版块设计合理，易于修改扩展，因此，至今仍然能够满足我校的需要。在这个项目开发过程中，笔者深切地感受到，作为一名技术服务人员，除了要静下心来努力学习，提高自己的技术水平，还要树立服务意识，立足学校需要，深入了解师生需求，尽心尽力为师生提供适合的解决方案。这是笔者在这个成功案例中最大的收获。

校园新媒体（微信公众号）
对学校宣传工作的影响

陈志南[*]

当今网络信息技术飞速发展，伴随着网络化和信息化，各种新媒体应运而生，影响并改变着校园文化的建设与传播方式。微信作为目前最为流行的用户交互平台，已经拥有了十多亿用户，微信公众号依托这个平台，可以将信息快速地扩散，对学校开展宣传工作、提高知名度和影响力，起着举足轻重的作用。建设和维护好学校的微信公众号，对学校开展开放教育的宣传工作和塑造校园文化显得尤为重要。下面，笔者就以微信公众号在我校的具体应用为例进行探讨。

一、背景与问题

（一）信息化发展的需要

国家创办广播电视大学就是希望依托现代化信息化的技术手段，来提高我国人民的科学文化水平，加快教育事业的发展。适应社会信息技术的不断发展，把各种前沿的信息技术合理地应用在开放大学的办学教学中，与时俱进，是办好开放大学的立足点。随着移动互联网的高速发展和手机客户端的普及，人们越来越依赖于微信这样一款即时通信软件来接收和获取信息，学校的主要宣传工具也从报纸、广播、电视等传统媒体转变为微信公众号等新媒体。只有适应信息时代的发展需要，才可以使我们更好地开展开放教育。

---

* 陈志南：潮州开放大学教务处，助教。

（二）服务于招生宣传工作

每季度的招生是我校最为重要的一项工作，生源的数量是直接影响我校生存和各项工作开展的前提条件。以前招生的宣传工作多是单纯地通过发宣传简章，在地方报纸、广播、电视台不定时发布广告等方式开展。这种传统媒体的宣传方式在现在网络信息化的社会中，缺点尤为突出：传播范围有限、表现形式单一、缺乏互动性等。而微信公众号则能够很好地弥补传统媒体的各种缺点，对学校招生宣传工作起到重要的促进作用。

（三）方便开展学生服务工作

开放大学的学生大多是在职从业人员，在大多数学生的思想观念中，工作是首位，然后才是学习；而学习也都是利用工作之余的闲暇时间来进行的，因而时间比较有限，对于学校或班主任老师的班群相关通知，有时容易因工作忙或其他事情而疏忽，给学校开展教学工作带来很多不便。另外，开放大学的分级办学模式、教学管理模式也导致教学平台众多，学习资源分散，给学生的学习带来一定的困难。而微信公众号则可以有效地把各种相关资源整合起来，为学生学习带来便利。

二、方法与举措

（一）做好微信公众号的功能划分和运营维护

运营一个微信公众号，首先要将它的一些基础功能完善好，功能布局划分是建设公众号最为基础的环节，也是很重要的一步，就像建房子需要打好地基一样，地基打牢固了，房子才会稳固。功能划分要简单明了，需要让用户一看就知道版块所讲的内容，从而能快速地从相应的版块中找到自己需要观看的内容。为此，学校专门组建了微信的运营维护团队，从文字、图片的排版到内容的创作，都要进行细致的策划。同时，学校还鼓励校内教师推荐各类优质的文章定期发布到微信公众号上，充实微信公众号的内容，以提高用户的关注度，增强用户的体验感和获得感。如此一来，既增加了用户的黏性，又达到了良好的宣传效果。

（二）配合学校开展形式多样的教学活动

疫情之后，学校的教学模式从原来的以线下教学为主，转变为线上线下混合教学。依托微信公众号这个平台，通过二次开发，学校微信公众号可以接入丰富的资源和内容，教师可以把自己制作的课件、微课或者相关的教学资源等上传到平台，也可以发布调查、反馈等内容，与学生实现互动，更好地开展教育教学活动。学校还定期与其他单位或社会机构合作开展社区教育和讲座课，与企业合作送课进工厂，利用开放教育灵活多变的特点，努力拓展影响力，使学校微信公众号引起社会不同阶层用户的关注，把各种资源相互结合起来，引起共鸣。

（三）把握好微信推送时间

微信公众号要成功推送消息，必须要找准用户的时间节点。在用户愿意读、想要读、需要读的时候，通过微信公众号将信息推送到用户眼前，用户以积极主动而非被动消极的心态点开文章，这样能在沟通和宣传中起到事半功倍的效果。因此，发布微信公众号信息应结合用户习惯及自身定位，确定恰当的推送时间。

（四）拓展学生服务功能

该功能主要针对在校学生的需求，提供学习信息的相关内容，如功课表的查询、学习平台的登录、成绩的查询等，为学生学习提供便利。另外，也可根据学生输入的关键词，设置必要的自动回复功能，引导学生查看相关联的信息，这样能够提高学生对学校微信公众号的使用频率和查看频率。

三、成效与特色

（一）宣传办学优势，扩大招生影响

对微信公众号的建设与运营很好地彰显了我校的办学特色和办学优势。与分发招生海报、设立宣传橱窗和横幅广告等传统宣传方式相比较，微信公众号具有交互性与即时性、共享性与社群性等优势，成为学校宣传互动的新媒体，在运营的过程中为学校带来不少的流量，给学校的招生宣传工作带来了很大的帮助。通过在学校微信公众号上建立网上预报名栏目，简化了报名的手续，优化了招生的报名流程。

（二）增强了校园文化的传播

微信公众号能够及时、有效地将校园文化的相关信息传播给每一位在校学生，学生只要对校园微信公众号进行关注，就能够随时了解到最新的信息，加深对校园

文化的了解。微信公众号对校园文化的传播不受时间和空间的限制，能够随时随地进行信息的传播。另外，微信公众号传播内容丰富，传播形式多样，让阅读更有趣，让传播更生动有效，大大增强了宣传内容的感染力和受众认同度，调动了学生接受校园文化的主动性，显著提升了校园文化的传播效果。

（三）把校园教育和社区教育相结合

近几年，我校和潮州市工会合作开展舞蹈和声乐的社区培训教育，经过双方的不断努力和合作，收到了良好的教学效果，在参加培训的学生中树立了良好的口碑。新开的每一期培训，一经公众号发布报名信息，基本很快就满员。参加培训的学生大都以潮州市各单位离退休人员为主，这些学生均具有良好的人脉资源和社交圈，得益于他们的宣传和推广，随着社区教育的开展，吸引了大量的用户关注学校微信公众号，对我校开放教育的宣传工作扩大在地方的影响力起到了良好的促进作用。

（四）开展潮州特色文化讲座课

我校利用周六日或者寒暑假的时间，邀请潮州非物质文化遗产的文化传承人开展一系列具有潮州文化特色的讲座课，如"麦杆画"制作、潮州剪纸、大吴泥塑等，吸引中小学生及家长到校听课。同时，我校还把教学过程制作成丰富、生动的文案，通过微信公众号对外发布，引起了学生及其家长的关注。通过他们的转发分享，学校微信公众号扩大了受众面，吸引了一大批用户。

（五）合理利用旅游资源，把学校宣传工作和旅游开发相结合

潮州是一所历史文化名城，湘子桥、牌坊街、潮绣、陶瓷、小吃、木雕等潮州旅游文化资源是每一位游客都十分感兴趣的。我校刚好坐落在潮州最有名的牌坊街景区，地理位置十分显眼。通过在学校微信公众号上开设专门介绍潮州相关旅游文化资源的版块，可以吸引游客关注学校微信公众号，游客在了解相关旅游文化信息的同时，也可以增加对开放教育的认识，给开放大学带来了不小的广告效应。

总而言之，微信公众号在先进性、独特性和传播性等方面均较传统媒体具有更明显的优势。将学校微信公众号的运营作为宣传工作的重点来执行，不仅能够提升校园实时信息的宣传效果，而且能够扩大学校开放教育的传播范围和影响力。因此，运营好微信公众号，突出微信公众号的宣传优势，并在此基础上不断创新方法和技巧，实现宣传效益最大化，是学校目前宣传工作的重要组成部分。

国家开放大学广东分部生成性课程学习资源建设

李 飒[*]

一、背景与问题

（一）背景

国家开放大学广东分部目前开设的课程主要分为两个部分：统设课、非统设课（省开课）。统设课由国家开放大学统一部署及建设教学资源，而省开课则属于每个分部的自建课程，由分部统筹建设和管理。

（二）面临的问题

（1）广东分部当前教学工作的主要问题有：教学过程存在虚化现象，有的学校对"以教学为中心"往往只停留在口头上而没有落实到行动上；没有严格执行教学管理制度，教学支持服务不到位；教学队伍知识结构固化、年龄老化比较严重，教研教改能力明显不足。

（2）多年来，广东分部省开课资源更新缓慢，资源老旧，绝大多数还停留在文字资源建设层面，缺少音频和视频资源。

（3）广东分部省校责任教师身兼多职，负责课程量大，没有精力去制作专门针对国家开放大学学生的线上教学资源，省开课的教学资源缺口很大。

（4）国家开放大学广东分部没有充分的资金支持省开课的教学资源建设，广东开放大学建立了教学资源，如再建设国家开放大学广东分部教学资源则属于重复建设，浪费时间和经费。

---

[*] 李飒：广东开放大学国开业务部科员，助理实验师。

（5）国家开放大学分部办学评估指标明确说明将教学资源建设作为重要评估指标之一，广东分部省开课教学资源建设迫在眉睫。

二、方法与举措

部门领导经过协商，决定在目前教师队伍的基础上，开辟一条节约时间的生成性课程学习资源建设新道路，建设内容为导学类资源、授课类资源、测评类资源、拓展类资源。具体方法如下。

（一）加强教育教学研究，推进教学团队建设

（1）依托广东分部体系力量，持续建设网络教学核心团队和实施团队。促进广东分部三级教学人员协同开展教学辅导与服务。

（2）防止教学过程虚化，落实教学过程各环节。在国家开放大学业务部领导的部署下，严格执行国家开放大学和广东分部教学制度，促进教学规范。《国家开放大学广东分部网络教学团队建设实施意见（试行）》包含广东分部技术支持服务团队工作方案、广东分部网络教学实施团队工作规范、广东分部网络教学实施团队成员工作日志表。同时，推进教学团队建设，利用教学团队的优势建设生成性教学资源。

（二）以生成性课程资源为建设重点

（1）以教师为主体，技术人员给予技术支持，开展生成性课程学习资源的挖掘、积累、整合、创新和运用。建设教学案例库、优秀学生作品库、常见问题库等学习资源。

（2）对已开设的省开课生成性在线学习资源进行查漏补缺，根据课程教学的实际需要进行补充或更新。

（3）加强省开课在线学习资源建设，增强省开课在线学习资源可读性和生命力，开展网络教学实施团队直播课活动，利用云课堂直播并录制省开课程资源，向全省分校开放课程资源。坚持体系办学，利用云课堂等新技术开展面向全省市县分校网上面授的探索。

（三）专业负责人统筹，技术人员辅助

（1）专业负责人定期组织所负责的专业教学团队成员梳理、优化本专业开设的

省开课程，对继续保留的省开课在线学习资源进行排查，分类、分批对现有在线学习资源进行完善，一般不进行整门课程资源的重建。

（2）根据专业负责人选择的省开课程进行教学设计，编写教师直播注意细则及直播指引，协助实训中心进行直播间改造，帮助教师顺利开展课程直播。

（3）对生成性学习资源进行简单编辑，将教师直播课程视频进行分段切割，确保每段视频的时间控制在 10 分钟以内，并保证知识点完整、不遗漏。

（四）优先引入、慎重自建

新开课程在建设在线学习资源时应优先引入、慎重自建。对于新开的课程，专业负责人在与教学团队成员经过充分论证后，决定使用教育主管部门认可的开放教学平台上相同学历层次、相同课程的教学资源。

（五）保护知识产权

补充、更新或新建在线学习资源，应严格执行国家关于知识产权的规定，保证无侵权使用的情况，增强知识产权保护意识。

三、成效与特色

（一）依托体系力量，打造网络技术服务团队

加强制度建设，努力补短板。加强国家开放大学广东分部网上教学支持与服务，搭建国家开放大学广东分部技术支持服务团队，开展线上教学支持服务工作。开展基于国家开放大学学习网的教学与应用培训、技术咨询服务，提高学习平台应用能力。

（二）依托课程教学实施团队，建设教学资源

"全省一堂课"解决了 80% 以上的市县开放大学专业师资不足的问题，为学生提供了便捷的学习路径，缓解了工学矛盾。

教学实施团队的成员分别承担讲授任务，各自对教学内容进行认真准备，反复打磨，力求讲出水平、讲出质量。同时，教学资源面向全省开放大学体系开放，打造名师讲座。

论虚拟化技术在学校机房管理维护和教学中的应用

梁　东[*]

一、背景与问题

虚拟化技术自 20 世纪 70 年代以来就受到研究者的关注，该技术是通过虚拟机对计算机元件建立虚拟资源池，在数据中心对所有桌面虚拟机进行统一部署，进而对计算机硬件资源进行配置和管理的技术。虚拟化技术中软硬件的虚拟隔离使得虚拟机可以在没有硬件的支持下进行软件的管理操作，不仅在资源配置效率、物理资源隔离、可靠性等方面极具优势，而且能够极大地降低成本和能耗，非常便于管理和维护。因此，虚拟化技术在学校计算机中心、图书馆、教室和实验室中的应用非常广泛。

当前，学校课程教学过程中对计算机的应用越来越广泛，保证学校机房的高效稳定运行对学校课程教学和学生实验学习有着非常重要的作用。但是，对学校来说，硬件设施的投入是一笔庞大的开支，尤其在机房建设方面，往往投入庞大的资金进行软件或者硬件建设，改造后不久就需要更新或升级，更不用说当今学校机房在管理和维护过程中还面临着诸多局限和困难。因此，实现学校机房虚拟化管理成为学校发展过程中亟须解决的问题，并主要表现在以下三个方面。

（一）系统环境多样化，安装配置及维护困难

当前，各大院校机房的教学任务非常重，不同实验课程对计算机系统的需求不同，进而要求学校机房能够兼容多种系统。随着计算机技术的不断发展，越来越多

---

* 梁东：茂名开放大学网络信息化中心，助教。

的系统被开发出来并不断更新。当前主流的计算机系统包括 Linux、Windows、Unix、Mac 系统等，许多系统的安装配置环境不一，进而导致学校机房许多系统的安装、管理和维护过程变得异常困难且工作量庞大。

（二）软件更新速度快，软硬件不兼容

学校机房的配套设施主要依据不同专业的教学所需。一方面，不同的专业方向有不同的专业学习软件，其中仅计算机类专业学生所需要学习的软件就包括 Microsoft Office、Photoshop、AutoCAD、Visual Basic、Java、SQL Server 等，同时不同层次、不同专业、不同教材可能同时用到一个软件的不同版本，因此，学校学生学习的软件数量非常庞大；另一方面，当前各类软件的更新频率非常快，对计算机系统和硬件的要求也越来越高，这就导致许多软件同时存在不同版本或者在更新过程中出现与计算机硬件不兼容的状况。

（三）实验教学无法实施

当前，许多实验性课程都需要计算机来辅助完成，如多媒体技术、电子信息技术等许多专业性知识的更新速度非常快，对计算机实验设备的要求也越高。但是，由于学校教育经费限制等原因，许多院校的机房配置的计算机过于老旧或者数量不多，许多前沿性的实验课程难以实施。

二、方法与举措

（一）学校机房虚拟化技术在管理维护中的应用

学校机房采用虚拟化技术，在一套相对独立的服务器和硬件设备基础上，实现对一系列计算机设备的管理和维护，可使计算机管理员无需对每一台计算机进行相关服务器和硬件的配置，进而对计算机系统和软件进行维护和管理，极大地提高了设备维护效率，对学校课程教学也具有非常重要的意义。

首先，虚拟化的机房管理在很大程度上降低了课程实验中对计算机硬件的需求，因此可以满足绝大多数课程实验的需求，而且虚拟技术能够满足许多虚拟化实验的实验基础设施要求，满足其实验条件，提升课程实验教学的整体效果；其次，学校机房采用虚拟化技术可以为学校教育建立一整套完整的计算机体系，一方面可使机房的管理和维护变得高效便捷，另一方面有利于课程的设置和管理，进而拓展

学生的视野，提高学生的学习兴趣；最后，虚拟化技术可以创建虚拟网络机房，每台计算机都是一台相对独立的虚拟机，相互之间的隔离性强，而且每台虚拟计算机的使用权限很高，教师可以根据课程要求设置实验环境，学生就可以摆脱传统机房管理条件的约束，进而获得更好的实验实训体验。

（二）学校机房虚拟化技术在学校课程教学中的应用

首先，授课教师不用再紧盯着某间机房，学校也可以更好地对机房做出教学安排与调整；其次，通过配套软件，授课教师在教学过程中可以更好地进行教学演示，同时还可以掌握课堂情况，如到课率、学生操作的情况、课堂数据的分发与收取等，并且可以随时切换到另一套系统进行操作或演示。

针对理工类的课程，虚拟化技术可以极其方便且完整地模拟出课程所需要的环境，如数控系统环境、Android 环境、实训技能考试模拟环境等，这些环境都能在实现了虚拟化技术的机房内随时进行切换或者同时进行。

三、成效与特色

目前，茂名开放大学拥有两个能实现以上技术的机房，我们称之为"云机房"。这两个机房在满足 Windows 软件教学的基础上，目前正在进行 Fyde OS（Chromium OS）和 UOS 统信操作系统的环境测试。如遇教学、考试环境更新，或者受到一些不可抗力因素的影响，我们可随时切换到不同的系统并且保持兼容。

随着云计算技术的不断发展，虚拟化技术会沿着以下方向发展：第一，基于开放性平台架构的虚拟机系统会代替传统封闭架构，基于虚拟化技术的开放性网络课程进而会改变传统的课程教学过程；第二，虚拟化技术的连接协议将会更加标准化，进而最大限度地实现终端与云平台的兼容性，课程教学中的各类软件和应用都可以基于云平台运用虚拟机进行配置安装，而不必担心软硬件不兼容的问题；第三，虚拟客户端的硬件化，随着桌面虚拟化和应用虚拟化的不断发展，基于智能移动终端设备的虚拟客户端将得到更为广泛的应用，学生可以通过手机、平板等智能终端设备实现对教师上课课程视频的回放，教师也可以实现远程教学。